Francisco

El papa de la gente

Evangelina Himitian

AGUILAR

© Evangelina Himitian, 2013
© De esta edición:
   Santillana USA Publishing Company
   2023 N.W. 84th Ave.
   Doral, FL, 33122
   Tel: (305) 591-9522
   Fax: (305) 591-7473
   www.prisaediciones.com

ISBN: 978-0-88272-557-4

Primera edición: junio de 2013

Investigación fotográfica: Silvia Gabanot
Diseño de cubierta: Raquel Cané
Fotografía de cubierta: Christopher Furlong/Getty Images

Printed in the U.S.A. by HCI Printing & Publishing, Inc.

 **PRISA** EDICIONES

Dejen las puertas abiertas
de las iglesias, así la gente entra,
y dejen una luz encendida
en el confesionario para señalar
su presencia y verán
que la fila se formará.

FRANCISCO

Francisco

Índice

A mi hija Olivia

Capítulo I

Uno de los caminos a Roma

Cuando el vuelo de Alitalia finalmente despegó de suelo argentino, el martes 26 de febrero de 2013, Jorge Mario Bergoglio, arzobispo de Buenos Aires, sintió una sensación diferente en el estómago. Eran las 14.15 y el avión acababa de salir del aeropuerto internacional de Ezeiza a horario. El cardenal se ubicó en su asiento, estiró las piernas y respiró profundo. Había pedido sentarse en la fila de la puerta de emergencia porque una dolencia en la rodilla y en la cadera, que lo obliga a tomar corticoides, se acrecienta después de permanecer varias horas sentado. No le gusta permanecer mucho tiempo quieto. Llevaba puestos sus zapatos de siempre. Los otros, esos que unas horas antes le habían regalado sus colaboradores de la Catedral Metropolitana, en Buenos Aires, los guardó en la valija. Se los compraron como si hubieran intuido que el cardenal se negaría a usar los zapatos rojos de papa. "No puede viajar con esos zapatos", se pronunció el cónclave local. Bergoglio agradeció el presente, lo guardó en la valija y se calzó sus viejos compañeros de ruta.

Llegó al aeropuerto con poco más de dos horas de anticipación. Fue solo, como lo hacía cada vez que volaba a

11

Roma. Salió de la curia porteña con una valija y su maletín negro como bolso de mano. Cruzó la Plaza de Mayo y se subió a una camioneta de la empresa de transportes Manuel Tienda León, que lo llevó hasta el aeropuerto. Antes de partir, se despidió de los suyos, como siempre. Como quien va y vuelve. "¿Jorge, vas a agarrar la batuta?", le profetizó el diariero. "No, ese es un hierro caliente", le contestó. A lo largo del día, las personas de su entorno insistían en despedirlo con cierta emotividad. "No me vengan con eso. Nos vemos en un par de semanas", les dijo a todos.

Poco después del despegue, en la soledad y el silencio del vuelo, sentado en su butaca de clase turista —fila 25, pasillo—, comenzaron a asaltarlo los interrogantes. "Quédense tranquilos. No existe ninguna posibilidad de que sea papa." Bergoglio había repetido esta frase a los suyos una y otra vez. "El 23 [de marzo] estoy de vuelta en Buenos Aires." ¿Por qué ese día? "Al día siguiente es domingo de Ramos. Tengo que dar la misa", fue su respuesta.

"No existe ninguna posibilidad." Lo había dicho tantas veces que casi había logrado convencerse a sí mismo. El cardenal estaba seguro de que su momento ya había pasado, entre otras razones, por sus setenta y seis años.

Pero la posibilidad sí existía, y él lo sabía mejor que nadie. No estaba contento. Se sentía contrariado. No quería. Algo similar le había ocurrido cuando lo nombraron obispo auxiliar de Buenos Aires, allá por 1992. Cinco años después, cuando supo que Roma iba a nombrar a un coadjutor con derecho a sucesión del cardenal Antonio Quarracino, no creyó que él fuera el elegido. En cambio, supuso que lo trasladarían a una diócesis del interior del país. Su primera reacción fue pedir que no lo hicieran. "Soy porteño y fuera de Buenos Aires no sé hacer nada", se excusó. Los años, sin embargo, le enseñaron a no dejarse guiar por sus reacciones instintivas. A esperar, entonces, la decantación de las noticias que desbordaban sus emociones. Ahí surgía la respuesta atinada. "¿Sí?"

Mientras el avión se aventuraba sobre el océano Atlántico y las azafatas repartían bebidas a los pasajeros, algunas de las últimas conversaciones que había mantenido antes de partir volvieron a su cabeza.

"¿Lleva mucho equipaje, padre?", le había preguntado una persona de su confianza, intentando discernir si se trataba de un viaje de un par de semanas o de una mudanza. "Con toda la ropa que se tienen que poner los cardenales para el cónclave…", agregó. De todas formas, ese estrecho colaborador sabía que las pertenencias que el padre Bergoglio había acumulado en esta tierra entraban perfectamente en una valija: sus discos de música clásica, tango y ópera; un póster de San Lorenzo —el equipo de fútbol de sus amores— firmado por los jugadores, que tiene colgado en una de las paredes de su oficina; los zapatos negros que le resultan infinitamente cómodos; el crucifijo de sus abuelos, que cuelga sobre su cama en el departamento del tercer piso de la curia porteña, frente a la Catedral. Poco más.

Una vez le preguntaron qué se llevaría consigo en caso de un incendio. La agenda y el breviario, fue la respuesta inmediata. Su agenda es negra y pequeña, y allí atesora los teléfonos de muchas de las personas a las que alguna vez ayudó. Alternativamente, durante el año, las llama para saber cómo están, felicitarlas por el cumpleaños o preguntarles cómo siguen sus hijos. El breviario es el libro litúrgico que sintetiza las obligaciones públicas del clero a lo largo del año. Va siempre con él. "Es lo primero que abro por la mañana y lo último que veo antes de dormir", asegura. Esta vez, para ir a Roma, al cónclave que elegiría al sucesor de Benedicto XVI, guardó los dos tomos en su bolso de mano.

"No, no llevo mucho equipaje —le respondió a su colaborador—. Viajo liviano. Una sola valija, chica, como siempre. Está un poco pesada pero no por la ropa, sino porque llevo alfajores y dulce de leche para mis amigos. No me lo perdonarían…", respondió el cardenal.

"Quédese tranquilo, no existe ninguna posibilidad", lanzó Bergoglio, leyendo entre líneas la conversación que se avecinaba.

—Estoy rezando por usted, padre.

—Qué poco me quiere…

—Usted va a ser papa.

—No. No lo creo. El 23 estoy de vuelta.

—¿Cómo sabe que va a volver? Si el Espíritu Santo dice que no, es una cosa. Pero si usted está diciendo que no, piense a quién le está diciendo que no.

El silencio se hizo eterno. Después se despidieron.

"Usted siempre habla de que hay que ponerse la patria al hombro; en este caso, la Iglesia. Quizás este sea su momento de hacerlo. Es probable que este sea el último servicio que le preste al Señor", le dijo otro colaborador, momentos antes de abordar el avión.

Todos los mensajes parecían encaminados en ese sentido. Un destino que comenzaba a configurarse como inexorable, al menos en su fuero íntimo, en su convicción y en su intuición. Pero no en su deseo. Y tampoco en la opinión pública. El nombre de Jorge Mario Bergoglio, por alguna razón, no figuraba entre los principales cinco candidatos de la prensa ni de los apostadores.

¿Y si era cierto? ¿Y si esa era su hora de ponerse la Iglesia al hombro? La Iglesia pierde —o perdía— miles de fieles por día. ¿Sería él el hombre que tendría que enfrentar esa terrible realidad y ponerse en la brecha? ¿Se convertiría en el buen pastor que sale a buscar a las ovejas alejadas del rebaño o, como suele decir en sus homilías, se convertiría en "el peinador de ovejas: el que se dedica a hacerle los rulitos a la única oveja que le queda en el rebaño", mientras las otras andan extraviadas por el camino?

¿Sería él el papa americano? No sonaba descabellado, ya que en América Latina vive la mitad de los católicos del mundo. Pero en la Argentina sólo uno de cada cinco católicos asiste a misa los domingos. El verdadero desafío sería reconciliar la Iglesia con lo que el mundo entero espera de ella: honestidad, transparencia, austeridad, coherencia, cercanía y mayor apertura.

Al día siguiente de que la fumata blanca avisara al mundo que un nuevo pontífice había sido elegido, el teléfono volvió a sonar en Buenos Aires. La persona que lo había desafiado antes del vuelo atendió. Desde Roma sonó una voz fresca y alegre. Era el Papa. "Usted tenía razón. Al final… me la hicieron los cardenales", le dijo, en tono risueño, irónico, inconfundible.

Los cardenales… Con ellos fue más directo. En el cónclave, cuando se supo que había superado los 90 votos, sin rodeos emitió su primera absolución: "Los perdono", les dijo.

* * *

Unos meses antes, un grupo de sindicalistas porteños había llamado a las oficinas de la Pastoral Social de la Arquidiócesis de Buenos Aires. Estaban preocupados. "Dígale al padre Bergoglio que no ande solo por la calle. Está peligroso. Hay mucha gente que no lo quiere. Se tiene que cuidar", dijeron. No era una amenaza, todo lo contrario. Era un pedido de personas cercanas al poder genuinamente preocupadas por su seguridad y por su elección de andar por las calles como un porteño más.

"La calle no la dejo", respondió Bergoglio, desinteresado por el comentario que le traían sus colaboradores. "Yo necesito estar en contacto con la gente. Si no, me neurotizo. Me convierto en una rata de sacristía", agregó.

Su elección tiene un fundamento. Él sabe que la clave de la revolución que comienza en la vida de aquellos que recién lo conocen reside en el hecho de verlo como una persona cercana. Como uno más de ellos. Como un hombre de a pie. "Jesús lo pasó haciendo el bien. Él pasó, caminó en medio de su pueblo. Se metió entre la gente. ¿Saben cuál es el lugar físico en el que Jesús pasaba más tiempo? La calle", dijo durante un mensaje público en octubre de 2012.

"¿Qué le gusta mucho de Buenos Aires?", le preguntaron en una entrevista realizada por el equipo de prensa del Arzobispado de Buenos Aires en noviembre de 2011, cuando concluyó su mandato como presidente de la Conferencia Episcopal Argentina. "Callejear. Cualquier rincón de Buenos Aires tiene algo que decirnos. Buenos Aires tiene lugares, barrios y pueblos. Lugano es algo más que un barrio: es un pueblo con idiosincrasia que lo diferencia de un barrio común. Hay lugares, como grandes avenidas, que son sólo lugares; algunos barrios mantienen siempre su encanto", contestó, siempre enamorado de su ciudad.

Quizás haya sido por eso que, cuando desde el balcón del Vaticano se anunció la elección del sucesor de Benedicto XVI, que era argentino, la fiesta estalló justamente en el lugar que Bergoglio más ama de su ciudad: la calle.

Buenos Aires, miércoles 13 de marzo de 2013. Los instantes que siguieron a la fumata blanca fueron eternos. La humanidad entera sabía que ya había un papa y esperaba conocer su nombre. En la ciudad, en los bares, en los trabajos, en las casas se abrió un paréntesis temporal, un paréntesis en el que estaba permitido abandonar la rutina y mirar televisión. Pero sólo unos pocos, quizá los más cercanos, esperaban escuchar un nombre argentino. Para los demás, el italiano Angelo Scola o el brasileño Odilo Pedro Scherer encabezaban las apuestas.

"Bergoglio podría convertirse en la sorpresa", publicó en un destacado de la página 3 del diario argentino *La Nación* la periodista Elisabetta Piqué, corresponsal en Roma, el mismo día del cónclave.

Hay que decirlo: esa no era la expectativa cuando el cardenal francés protodiácono del Vaticano, Jean-Louis Tauran, salió al balcón principal de la Basílica de San Pedro, escoltado por dos sacerdotes. Con voz temblorosa y tono pausado, se acercó al micrófono y pronunció lo que ya todo el mundo sabía: *"Habemus Papam"*. En la plaza del Vaticano estalló el aplauso y la tensión se contagió a todo el planeta. Y entonces llegó el anuncio del nombre en latín que muy pocos comprendieron en esa primera instancia: "*Eminentisimum ac Reverendisimum Dominum, Dominum Georgium Marium Sanctae Romanae Ecclesiae Cardinalem Bergoglio*".

"¿Qué dijo? ¿Dijo Bergoglio?", eran las preguntas que repetía la audiencia universal. La duda duró sólo unos segundos. Enseguida las cadenas de noticias lo confirmaron: el argentino Bergoglio era papa. En la ciudad de Buenos Aires la sorpresa fue como un estallido. Hubo gritos, abrazos, aplausos, manos en la boca, incredulidad, festejos y, por supuesto, también comentarios pesimistas.

Como si se tratara de un gol de oro en la final de un mundial de fútbol. La noticia dejó sin palabras. Desbordó.

Aferrado a los barrotes de su balcón del piso 12 en un edificio sobre la Avenida del Libertador casi esquina Salguero, en un barrio elegante de la ciudad de Buenos Aires, un joven gritaba la noticia a quien quisiera oírlo: "¡El papa es argentino! ¡El papa es Bergoglio! ¡Gracias, Dios!". Eufórico, emocionado.

Los automovilistas no soltaban las bocinas, en un concierto que en pocos segundos se extendió por toda la ciudad. Se escuchó en barrios tan distantes entre sí como Palermo, Flores y Almagro.

En las calles de Buenos Aires, el lugar favorito del nuevo papa, había alegría, saludos, gente que gritaba la novedad, que llamaba por teléfono, que hablaba con desconocidos sin importar la religión, sin juzgar la noticia como buena o mala… El papa era argentino.

Capítulo II

No se nace papa

El barrio de Flores es el centro geográfico de la ciudad de Buenos Aires. Está convulsionado. Ocurre que no todos los días los vecinos se enteran de que fue en su propia comunidad donde el Papa vino al mundo.

En la calle Membrillar 531, entre Francisco Bilbao y Espartaco, aún se mantiene en pie la casa de su infancia, en la que vivió hasta los veintiún años Jorge Mario Bergoglio, el hombre que hoy se sienta en el trono de Pedro. De la versión original de la vivienda sólo subsisten dos rejas y una glorieta que corona el patio. Hay que recorrer un largo pasillo, de esos en los que resuenan los tacos de los zapatos, para llegar hasta allí. A pesar de que la fachada fue remodelada, la estructura de la vivienda se mantiene firme tras unos setenta y seis años. "Tiene buenas bases", apunta Arturo Blanco, actual dueño de la propiedad, un ex seminarista que vive allí con Marta, su esposa. En los días siguientes a la designación de Francisco, la casa de Flores se convirtió en el epicentro de las peregrinaciones vecinales. Son muchos los que dicen compartir recuerdos de la infancia con el nuevo pontífice. Y juntarse, contarlos y rememorarlos es la forma que los vecinos encontraron para sumarse al furor por el nuevo papa.

19

Bergoglio nació el jueves 17 de diciembre de 1936, y fue el primero de los cinco hijos que tuvieron Mario José Francisco Bergoglio, contador, y Regina María Sívori, ama de casa. Después llegaron Oscar, Marta, Alberto y María Elena, la única que vive en la actualidad. Rosa Margarita Vasallo, su abuela, vivía a la vuelta de su casa. Ella le enseñó a memorizar las oraciones y lo impulsó, desde pequeño, a abrazar la fe cristiana. Cuando nacieron sus hermanos menores, el pequeño Jorge solía pasar el día en la casa de sus abuelos, donde aprendió a hablar piamontés.

Aunque ambos habían emigrado de Italia, los padres de Bergoglio se conocieron en Buenos Aires, cuando participaban de una actividad de la iglesia. La historia de cómo llegó la familia Bergoglio a la Argentina desde Italia es larga.

El bisabuelo del Papa compró en 1864 una casa de campo en Bricco Marmorito, que se encuentra a la sombra de los Alpes, en una región del noroeste de Italia productora de vinos. Allí también estalló la fiesta cuando se escuchó el último "*Habemus Papam*". Una rama de la familia, primos lejanos del papa Francisco, seguía atentamente la elección. "Cuando nos enteramos de la noticia, quedamos todos sorprendidos porque realmente nunca pensamos que podría llegar a ser papa", dijo Anna Bergoglio, una prima lejana.

Los Bergoglio se establecieron en ese pueblo de la provincia de Asti junto con otros miembros de la familia. Unos años más tarde volvieron a mudarse, a Portacomaro, en plena Lombardía, donde nació y creció Angelo, el abuelo del Papa. También en ese pequeño *villagio* italiano, de sólo 1960 habitantes, sonaron las campanas y se organizó una gran fiesta en la plaza, a celebrarse dos días después. En la ciudad de Buenos Aires, en el barrio de Flores, y también en Bricco Marmorito, y en Portacomaro, todos querían reivindicar al nuevo papa como auténtico hijo de su tierra. "Es el nieto de Angelo Bergoglio", le anunciaba a todo el que pasara el padre Andrea, responsable de la iglesia de San Bartolomeo.

En 1920, Angelo se mudó con sus seis hijos a Torino. Dos años más tarde, tres de sus hermanos emigraron a la Argentina y se instalaron en la ciudad de Paraná, en Entre Ríos, donde levantaron una empresa de pavimentación. En 1929, Angelo decidió sumárseles. No porque tuviera problemas económicos sino porque extrañaba a sus hermanos. Así fue como decidió vender la confitería de la que era dueño y comprar pasajes para la Argentina en el buque *Principessa Mafalda*. Pero la nave sufrió una avería y finalmente se hundió en el norte de Brasil, de modo que viajaron en el *Giulio Cesare*. Mario José, el padre de Francisco, tenía veintiún años, era soltero y se había recibido de contador.

Cuando desembarcaron en el puerto de Buenos Aires era una calurosa tarde de verano; Rosa —la abuela del pontífice—, sin embargo, llevaba puesto su tapado de piel de zorro ya que había cosido al forro del abrigo una verdadera fortuna: todos sus ahorros. No podía sacárselo.

Los recién llegados no se instalaron en el Hotel de los Inmigrantes, ubicado en la zona portuaria, como solían hacer los que arribaban en aquellos años. Siguieron viaje hacia Paraná.

Una imponente edificación los esperaba allí, cerca del río. La habían levantado los tíos abuelos del papa Francisco, y la habían bautizado con el ambicioso nombre de Palacio

Bergoglio. Había un piso para albergar a cada una de las familias. Pero cuando estalló la crisis de 1931 las cuentas no dieron como habían estimado y un año más tarde se quedaron sin nada. Tuvieron que vender hasta la bóveda que la familia poseía en el cementerio.

El mayor de los hermanos Bergoglio falleció de cáncer, el menor se trasladó a Brasil y el del medio, junto con Angelo, volvió a empezar de cero, relata María Elena, la hermana menor del Papa, que actualmente vive en Ituzaingó, en la zona oeste del Gran Buenos Aires.

Volver a empezar. Angelo consiguió un préstamo y compró un almacén en Buenos Aires. No era un negocio refinado como la confitería que había administrado en Italia, pero conocía el rubro. Mario José, el padre del cardenal, comenzó a buscar trabajo como contador en otras empresas. Mientras tanto, hacía los repartos de mercadería en bicicleta.

En 1934, los padres de Bergoglio se conocieron en el barrio porteño de Almagro, en el oratorio salesiano de San Antonio, durante una misa. Un año después se casaron, y un año más tarde nació el Papa.

El cardenal Bergoglio pasó buena parte de su primera infancia en casa de su abuela paterna. Hace poco, cuando le preguntaron por una de las personas que más hubiera influido en su vida, sin dudarlo apuntó: "Mi abuela". Fue durante la última entrevista radial que concedió antes de ser papa. Un amigo, el padre Juan Isasmendi, a cargo de la radio de la parroquia Nuestra Señora de los Milagros de Caacupé, en la villa de emergencia Nº 21, en el barrio porteño de Barracas, lo había invitado. Bergoglio, que no es partidario de dar entrevistas y si es posible evita la exposición pública, había accedido con una condición: que le enviaran las preguntas por correo electrónico. En ocasiones, luego de ser entrevistado, el cardenal suele infundir en el periodista la duda acerca de la utilidad de sus respuestas. "¿Usted cree que lo que le dije va a servir para algo?", desliza. ¿Candidez o modestia? Es difícil discernirlo. Cuando Bergoglio finalmente decidió aceptar la entrevista de la radio parroquial, no dudó ante la pregunta: "¿Una persona?". "Mi abuela", contestó. Y a continuación justificó: "Fue ella la que me enseñó a rezar. Me marcó mucho en la fe. Me contaba historias de santos. A los trece meses de nacer yo, nació mi hermano. Mamá no daba abasto para atendernos a los dos y mi abuela, que vivía a la vuelta, me llevaba a la mañana con ella y me traía por la tarde. Lo que más recuerdo es esa vida compartida entre la casa de mamá y papá y la casa de los abuelos. Y la que me enseñó a rezar más bien fue mi abuela".

"Habla mucho de su abuela Rosa. Se ve que era muy apegado a ella y también la vincula con su vocación al sacerdocio", recuerda Francesca Ambrogetti, autora junto con Sergio Rubín de un libro de entrevistas y experiencias de Bergoglio titulado *El jesuita*. Entre otras cosas, su abuela le transmitió las costumbres piamontesas. La hora de la comida era un momento especial para la familia, en particular los domingos, cuando las cenas podían extenderse hasta la madrugada.

Bergoglio asegura haber aprendido de su abuela la respuesta contenedora y bondadosa hacia aquel que está a punto de aventurarse en un desafío incierto. Así lo hizo cuando él le dijo que quería entrar en el seminario: "Bueno, si Dios te llama, bendito sea… Pero, por favor, no te olvides que las puertas de la casa están siempre abiertas y que nadie te va a reprochar nada si decidís volver".

La devoción del cardenal por su abuela se mantuvo intacta hasta el final. En los años setenta, siempre que podía iba a visitarla a la residencia para ancianos de la Orden de San Camilo, donde ella se alojaba. Era al único que le hacía caso. El día de su muerte, cuentan las monjas enfermeras que lo acompañaron, Bergoglio permaneció a su lado todo el tiempo. "Cuando su vida se apagó, se postró en el suelo y nos dijo: 'En este momento mi abuela enfrenta el momento más importante de su existencia. Está siendo juzgada por Dios. Ese es el misterio de la muerte'. Unos minutos después se puso de pie y se fue, sereno como siempre", relató sor Catalina.

En el seno familiar, María Elena recuerda que Mario José fue un padre firme, pero jamás les levantó la mano a sus hijos. Ese era el papel que cumplía la madre. "Papá nos miraba, y uno prefería diez latigazos antes que esa mirada. ¡Con mamá volaba el sopapo! ¡Pero, también, pobre mujer… éramos cinco!", comentó riendo.

"Con mamá escuchábamos, los sábados a las dos de la tarde, las óperas que pasaba Radio del Estado. Ella nos hacía sentar alrededor de ese aparato, y antes de que comenzara la ópera nos explicaba de qué trataba. Cuando estaba por empezar un aria importante, nos decía: 'Escuchen bien que van a cantar una canción muy linda'. La verdad es que estar con mamá, los tres hermanos mayores, los sábados a las dos de la tarde, gozando del arte, era una hermosura", relató Bergoglio en *El jesuita*.

Coleccionar estampillas fue una de sus pasiones infantiles. ¿Las otras? Leer y jugar al fútbol; en ese orden. También callejear.

El barrio de Flores era en aquellos años un pulmón en la ciudad, ya que casi todas las casas tenían un patio o un parquecito. Todos se conocían y las familias de antaño, que aún permanecen en el barrio, se atreven a contar las anécdotas de la infancia del sucesor de Benedicto XVI.

La plaza Herminia Brumana, a pocos metros de la casa de los Bergoglio, era el epicentro de las actividades. "Yo lo conozco desde hace cincuenta años. Nos juntábamos a jugar a la pelota, pero él estaba casi siempre con los libros", dice Rafael Musolino, un compañero de la vida.

Otros amigos de la infancia recuerdan que era un líder de perfil bajo. Se juntaban a jugar a la pelota y después de los encuentros él ayudaba a sus compañeros con los deberes escolares. Estaban en el colegio primario y aún faltaba para que se le despertara su vocación religiosa.

En la plaza de las calles Membrillar y Bilbao todavía se escuchan algunos testimonios de vecinos que lo veían pasar corriendo a la salida de la escuela municipal Nº 8, Coronel Pedro Cerviño, sobre la calle Varela al 300. Se sacaba el guardapolvo blanco mientras recorría presuroso la calle, que tenía más tierra que pasto. Cada tarde, cuando salían del aula, Bergoglio y su primo se sumaban a un grupo de niños que apuraban el paso para dar inicio a un partido de fútbol. Entre ellos ya era un líder. Quizá no ese referente que organiza el juego con la pelota bajo el brazo y determina quién va para cada equipo. El liderazgo de Bergoglio empezaba a perfilarse de manera mucho más sutil, como desde abajo. Era a quien el equipo miraba para organizar el juego, aunque no fuera ni de lejos el mejor jugador o el goleador. Convocaba, organizaba, repartía. Era un líder, sí, pero de bajo perfil, como hoy lo ve el mundo.

En la escuela en la que cursó los estudios primarios todavía existe documentación que certifica que Bergoglio fue uno de sus hijos. Son los gruesos libros de calificaciones que, ya con una tonalidad amarillenta, resistieron los embates del tiempo: unos setenta años. Allí, entre las hojas ásperas y secas, de puntitas resquebrajadas, quedaron registrados los nombres y las calificaciones de cada uno de los alumnos que pasaron por sus aulas. "Jorge Mario Bergoglio, edad: 6 años, calificación: suficiente."

"Es que en nuestra época no se ponían notas sino sólo eso: suficiente o insuficiente. A él le iba bien, pero no lo recuerdo como un chico extraordinario, sino como parte de la barra", cuenta Ernesto Lach, de setenta y siete años, eximio pianista y compañero de escuela del nuevo papa.

Su maestra de primer grado fue Estela Quiroga. El Papa la recuerda bien porque hasta el día en que ella murió, en 2006, mantuvo una amistad epistolar. En el intercambio, en misivas escritas siempre a máquina, Bergoglio le contaba cada paso que daba en su camino de fe. Hasta la invitó de manera especial cuando se ordenó sacerdote. Después solía relatarle cada una de las historias que lo conmovían, cada una de las personas a las que había podido ayudar.

Cinco años antes de sentir el llamado de Dios para consagrarle su vida, Bergoglio se enamoró de una vecinita y soñó con casarse con ella y tener una casa y una familia propias. Con sólo doce años, se enamoró loca y perdidamente. Ella se llamaba Amalia y tenía la misma edad que él. Fue un amor preadolescente, casi platónico, detalla María Elena, la hermana del Papa. La sencillez y el candor de niño quedaron plasmados en la carta que Jorge Mario le envió a Amalia: "Si no me caso con vos, me hago cura". El haber recibido esa carta le valió a Amalia el enojo de su padre, y hasta una paliza. Por eso lo rechazó, aunque le gustaba. "Tal vez seamos almas gemelas. Los dos amamos a los pobres", dijo Amalia a los medios de comunicación al día siguiente de que se conociera la noticia de que su "festejante" había sido electo para ocupar el lugar de Pedro.

En todos estos años, a pesar de que Amalia siguió adelante con su vida, se casó y tuvo hijos y nietos, siempre le quedó dando vueltas en la cabeza la posibilidad de que el nuevo Papa hubiera encontrado su vocación por Dios en el amor que ella no había podido corresponderle. Tenían sólo doce años.

"Nosotros salíamos a jugar como lo hacían todos los chicos. Él era una maravilla, un chico siempre correcto, muy amigo. La mamá de él era una Virgen María", contó Amalia entre lágrimas de emoción.

"La única carta que él me mandó me costó una buena paliza de mi padre. Él había dibujado una casita blanca con techo rojo y arriba decía: 'Esta casita es la que te voy a comprar cuando nos casemos. Si no me caso con vos, me hago cura', me escribió, y cumplió", dice Amalia. "Era un romántico. Por lo menos me queda la ilusión de saber que fui la primera mujer que lo inspiró a pensar en un hogar, en una familia."

En la entrevista radial mencionada, el propio Bergoglio contó: "De chico, una vez se me había ocurrido ser cura, pero como se le ocurre a uno ser ingeniero, médico, músico… Se me ocurrió eso".

El mismo año en que se enamoró de Amalia, el padre de Bergoglio tomó una decisión. Además de inscribirlo en el colegio secundario, comenzaría a trabajar con él en el estudio contable. "M'ijo, es hora de que empiece a trabajar", le dijo. No fue porque en su casa hubiera necesidad. "En casa no sobraba ni faltaba nada", señaló en una oportunidad Bergoglio. No tenían automóvil ni se tomaban vacaciones, pero no había carencias sobre la mesa. Como italiano e inmigrante, don Mario sabía que el mejor legado que podía dejarles a sus hijos era la educación y el amor por el trabajo, dos conceptos vertebrales a los que se aferró a lo largo de su vida el hombre que hoy es papa.

Fue así que empezó bien desde abajo: durante dos años, con tareas de limpieza en el estudio contable. Fue diligente y cumplidor. Poco tiempo después comenzó a trabajar en una fábrica de medias que lo tenía a su padre como contador.

El Papa cursó sus estudios secundarios en la escuela técnica industrial Nº 12 (hoy Escuela Nacional de Educación Técnica Nº 27 Hipólito Yrigoyen), montada en una casa de familia, en la calle Goya al 300, en el barrio de Floresta. En una de las habitaciones, él y otros doce alumnos comenzaron a aprender las primeras nociones de Química y Física. De la docena de compañeros, sólo sobreviven tres. Uno de ellos es Néstor Carabajo, que sigue siendo su amigo íntimo. "Estudiábamos química, pero él era bueno en literatura, en psicología y en religión. Para esa época, a los catorce, quince años, ya era militante religioso", contó al diario *Clarín*. Nadie sabe bien por qué terminó estudiando química. Probablemente haya sido por la vocación de su padre de educar a sus hijos para el trabajo, y la escuela técnica podía verse como una salida laboral segura.

"Jorge era bueno en todas las materias, pero no era de los que se la pasaban estudiando", asegura Carabajo. "Los lunes nos juntábamos después de clases a discutir sobre fútbol y a veces nos íbamos a un terreno de la iglesia Medalla Milagrosa a jugar a la pelota. Algún que otro vidrio ha roto, claro. Después de los desafíos de fútbol nos ayudaba a estudiar a todos, incluso a los de las divisiones inferiores. Además, jugaba al básquet y le gustaba mucho ir a ver boxeo."

Sus conocimientos sobre literatura ya lo perfilaban como un sibarita de las palabras. "Era experto en Borges. Cuando venía, nos comentaba todo lo que leía. Pero, además, se sabe el *Martín Fierro* de memoria y acá guardamos sus discursos, que son verdaderas joyas literarias", dice ahora el padre Gabriel Marroneti, párroco de la iglesia San José de Flores, donde Bergoglio recibió el llamado al sacerdocio.

No fueron ni la química, ni el fútbol, ni siquiera el básquet, que practicaba como su padre, las disciplinas a las que dedicó más horas durante su adolescencia. Fue la literatura. Cuentan sus amigos que, así como a otros los veían pasar corriendo por la plaza de la calle Varela al 300 para ir a jugar al fútbol, no eran pocas las veces en que Bergoglio llegaba, libro en mano, y se quedaba horas sentado ahí, leyendo.

Con *Los novios* de Alessandro Manzoni, o *La divina comedia* de Dante Alighieri, en primera línea, el joven descendiente de inmigrantes fue descubriendo su amor por las letras. También disfrutaba de los textos de Johann Hölderlin, el gran poeta del Romanticismo alemán. Siguió leyéndolos y releyéndolos hasta estos días en Buenos Aires. En su biblioteca, en el segundo piso del departamento que habitó hasta ser papa, frente a la Catedral Metropolitana, hay una sección de grandes clásicos a los que Bergoglio recurre una y otra vez en sus pocos ratos libres.

Con los años, se sumó a su biblioteca personal la obra completa de Jorge Luis Borges y la de Leopoldo Marechal, dos autores que admira con fervor.

También posee una interesante colección de discos de tango. Conocedor de sus dos etapas, con Carlos Gardel y Azucena Maizani —a quien dio la extremaunción—, y Astor Piazzolla y Amelita Baltar. No hace mucho tiempo le pidió a un amigo que le grabara un casete con las mejores canciones de Piaf. Sí, porque él no usa CD. Para dormir o para trabajar, prefiere escuchar música clásica.

En su adolescencia, como parte de su búsqueda laboral, consiguió un puesto en el Laboratorio Hickethier y Bachmann, en las calles Arenales y Azcuénaga, donde trabajaba desde las siete de la mañana hasta la una de mediodía. Era un laboratorio de análisis de materias grasas, agua y productos alimenticios. Bergoglio se dedicaba a los alimentos; realizaba los análisis bromatológicos de las muestras que enviaban las empresas para efectuar sus controles.

En aquel período, Bergoglio conoció a una mujer que resultaría decisiva en su vida. Se llamaba Esther Ballestrino de Careaga. Ella le mostró cómo era la militancia política y hasta lo llevó a incursionar en lecturas comunistas, que recuerda con precisión, así como a ella, a quien define como "extraordinaria". Fue su jefa en un laboratorio químico y hasta le enseñó algo de guaraní, ya que era paraguaya. Mucho después, en los años setenta, la dictadura lo golpearía al volver a cruzar sus caminos del peor y más triste de los modos: la mujer fue secuestrada junto con las desaparecidas monjas francesas Léonie Duquet y Alice Domon.

"Recuerdo que, cuando le entregaba un análisis, me decía: '¡Che, pero qué rápido que lo hiciste!'. Y enseguida me preguntaba: '¿Pero hiciste ese dosaje, o no?'. Entonces yo le respondía que para qué lo iba a hacer si, después de todos los dosajes de más arriba, ese debería dar más o menos así. 'No, hay que hacer las cosas bien', me reprendía. En definitiva, me enseñaba la seriedad del trabajo. Realmente, le debo mucho a esa gran mujer", contó Bergoglio en *El jesuita*.

Sus estudios secundarios, en la entonces escuela industrial N° 12, ya mostraron otro Bergoglio. Adolescente, más comprometido, incluso politizado. Como los tiempos que corrían. De hecho, hay quienes recuerdan, por ejemplo, que lo sancionaron en una oportunidad por portar un escudo peronista en su ropa.

Eran los años de Juan Domingo Perón y Evita, años de confrontación, de iglesias quemadas y de violencia en la procesión de Corpus Christi. También, de bombardeo de la Plaza de Mayo por parte de la Fuerza Aérea, del golpe de Estado de la Revolución Libertadora, de los fusilamientos a militantes peronistas en los basurales de la localidad bonaerense de José León Suárez y del "tirano prófugo", como era obligatorio denominar al depuesto Juan Perón. Años de intolerancia recíproca que jamás olvidará.

Sin embargo, cuando la vida de Bergoglio parecía encaminarse en un sentido, su corazón dio un vuelco. A los diecisiete años Dios le salió al cruce, un 21 de septiembre de 1954, día de la primavera. Iba a festejar la llegada de la estación del amor junto con su noviecita y un grupo de amigos cuando, al pasar por la parroquia de San José de Flores, sintió deseos de confesarse, y se apartó del grupo. Hace unos años le preguntaron qué lo había impulsado a ser sacerdote y él no dudó: "Fue una…", dijo. No se refería a Amalia, sino a lo que había sentido al pasar por la puerta de aquella iglesia. Nunca llegó a los festejos de la primavera ese año. "Dios me 'primerió'", definió el propio Bergoglio en su última entrevista radial antes de ser consagrado papa.

"Estaba haciendo el colegio industrial, estudiaba química, y un 21 de septiembre —de eso me acuerdo siempre porque salía para ir a pasear con mis compañeros— pasé por la iglesia de Flores. Yo asistía a esa iglesia. Y ahí nomás entré. Sentí que tenía que entrar. Esas cosas que vos sentís adentro. Que no sabés cómo son. Y miré. Estaba oscurito esa mañana de septiembre. Y vi que venía un cura caminando. No lo conocía. No era de la iglesia. Se sentó en el último confesionario, a la izquierda, mirando al altar. Y ahí yo no sé qué me pasó…"

32

"Sentí como que alguien me agarraba desde adentro y me llevaba al confesionario. No sé lo que pasó ahí. Evidentemente le conté mis cosas, me confesé. Pero no sé lo que pasó. Y cuando terminé de confesarme, le pregunté al padre de dónde era, porque no lo conocía", rememoró Bergoglio. "Me dijo: 'Yo soy de Corrientes y estoy viviendo cerca, en el hogar sacerdotal. Vengo a celebrar misa aquí, a la parroquia, de vez en cuando'. Tenía un cáncer, una leucemia. Murió al año siguiente. Ahí sentí que tenía que ser cura. No lo dudé, no lo dudé", aseguró.

Fue exactamente ahí, en el confesionario ubicado al lado de la Virgen de Luján y de la imagen de San José, donde descubrió su vocación religiosa. Dios lo estaba esperando y salió a su encuentro. No regresó con sus amigos. Volvió a su casa, a meditar bajo la glorieta, en soledad, la decisión que estaba por tomar.

Recibir semejante llamado de Dios no fue algo sencillo de elaborar. Al principio no dijo nada. En su fuero íntimo, se libraba una lucha intensa. Vivió esos años como en una "soledad pasiva", ya que sufría "aparentemente sin motivo o por una crisis o una pérdida, a diferencia de una soledad activa, que se siente al tener que tomar decisiones trascendentales", contó en una ocasión.

Recién unos años más tarde le comunicaría a su familia la decisión de ingresar al seminario y ordenarse cura.

Terminó los estudios secundarios a los diecinueve años, porque el industrial insumía seis años de escolaridad. En ese momento le dijo a su madre que se había decidido, que su camino continuaría en la Facultad de Medicina. Regina se alegró por la noticia. "Lo apoyó y le acondicionó una habitación, que era un cuarto de cachivaches que había en la terraza, para que pudiera estudiar tranquilo", recuerda María Elena Bergoglio.

Un día, sin embargo, Regina entró en la habitación para limpiarla y se topó con una sorpresa: libros de teología y filosofía. María Elena aún recuerda la conversación que tuvieron madre e hijo:

—Jorge, vení. Vos me dijiste que ibas a estudiar medicina.

—Sí, mamá.

—¿Por qué me mentiste?

—No te mentí, mamá, voy a estudiar medicina del alma.

Ese día su madre lloró. En aquel tiempo, para una familia de inmigrantes como la de ellos, que un hijo estudiara medicina y se convirtiera en doctor significaba un ascenso social. Era motivo de orgullo para los padres, que tras tanto esfuerzo veían el fruto de su trabajo. Su padre, en cambio, se alegró. "Entendió que Jorge se iba. Por eso la 'carucha' de mamá", cuenta María Elena, o Mariela, o Malena, o "Nena", como suele llamarla Bergoglio.

Cuando ingresó al seminario, Regina todavía no podía digerir la noticia. No iba a visitarlo; era Francisco el que volvía a la casa familiar para compartir sus días libres. "No porque estuviera enojada conmigo o con Dios —aclara Bergoglio—. No estaba de acuerdo. 'Pensalo: yo a vos no te veo cura', me decía."

Presentarle la noticia a los amigos tampoco fue sencillo.

Aquella tarde de 1957 la vida de Jorge Bergoglio cambió para siempre. Había decidido hacerse sacerdote y se lo comunicó a sus amigos en una vieja casona del barrio de Flores, en Carabobo y Alberdi. Allí, su "barra" recibió la noticia con alegría y algo de nostalgia por la pérdida del trato cotidiano. Un par de chicas, incluso, lloraron a causa de su decisión. Y ese fue el primer paso de su larga caminata hasta la Santa Sede.

Alba Colonna recuerda bien aquella tarde. Formaba parte del grupo de amigos que se había formado precisamente por la comunión que existía entre las parroquias de Flores y de Villa Lugano. Cuenta que "era un chico muy delicado, muy sociable. No era un súper intelectual ni alguien místico. Solamente le interesaban las cuestiones sociales y por eso recorría los barrios carenciados".

No llamaba la atención. No era el clásico líder carismático, todo lo contrario. Se lo veía humilde, cordial y llevaba una vida acorde con la de cualquier joven de su edad en aquella época. Y, como ellos, asistía a los famosos "asaltos", encuentros en la casa de alguno de los chicos para bailar y divertirse. Bergoglio se acercaba a sus amigas vestido de traje, extendía su mano y las invitaba a bailar los clásicos de David Carroll, como "Tirando manteca al techo" o "La mecedora del abuelo". Alba recuerda también que "Jorge era un gran bailarín de tangos. Le gustaban mucho".

Las de Bergoglio, con sus amigos de la adolescencia, eran fiestas divertidas y largas. El sábado por la noche, ellas llegaban con la comida y ellos, con la bebida. Si además se festejaba algún cumpleaños, entre los chicos no faltaba el riguroso saco blanco. El baile se extendía hasta las cinco de la mañana, cuando los muchachos acompañaban a las damas hasta sus casas. "Eso sí. A las ocho ya estábamos todos en misa", cuenta Alba.

Jugador de básquet y fanático de San Lorenzo, en su juventud Bergoglio solía ir al viejo "Gasómetro", el estadio de fútbol donde por entonces jugaba su equipo. De chico, asistía junto con sus padres y sus cuatro hermanos. De adolescente, iba con los amigos. ¿Insultaba? Como máximo, lanzaba un "atorrante" o un "vendido" al árbitro, pero no más. Según el periodista Ezequiel Fernández Moores, Bergoglio apoya el reclamo de los seguidores de San Lorenzo de recuperar su viejo estadio en el barrio porteño de Boedo, el Gasómetro, donde hoy funciona un supermercado de la cadena Carrefour.

Francisco

Capítulo III

Así se educa al obispo de Roma

Cuando el marcador empezó a acumular voto tras voto a favor del cardenal porteño durante la quinta votación del cónclave, los demás obispos empezaron a codear a Bergoglio y a hacerle bromas. El nombre del futuro papa era el tema. Alguno le sugirió, según el propio Francisco contó el día después de la elección, que se bautizara Adriano, por Adriano VI. "Porque acá hay que reformar", le dijeron entre risas. Los comentarios jocosos siguieron. "Deberías llamarte Clemente." "¿Por uno de los papas que condujo el cristianismo romano?" "No, así podés tomar venganza por Clemente XIV, que suprimió a los jesuitas", fue el remate.

Finalmente la inspiración llegó de boca del arzobispo emérito de San Pablo, Claudio Hummes, que cuando superó el voto 70 y alcanzó la mayoría necesaria lo abrazó, lo besó y le dijo: "No te olvides de los pobres". La frase quedó resonando en su cabeza. Mientras el cómputo seguía —por una cuestión protocolar se debía contar hasta el último de los 115 votos—, decidió el nombre: ni Adriano, ni Clemente, ni Ignacio, como el fundador de la orden a la que pertenece. Eligió llamarse Francisco, como el Loco de Asís.

Bergoglio se ordenó cura el 13 de diciembre de 1969, a tres días de cumplir los treinta y tres años. Desde entonces, cada vez que alguien le preguntaba cómo debía llamarlo, él decía: "Padre Bergoglio o padre Jorge". A los seminaristas que tenía a cargo en el Colegio Máximo, de la localidad de San Miguel, en la provincia de Buenos Aires, los instaba a llamarlo simplemente Jorge. "No me digan padre, que somos compañeros", les reclamaba.

Unos días después del cónclave, el Papa en persona levantó el teléfono y realizó varios llamados. A Daniel del Regno, su vendedor de diarios, para avisarle que cancelaba la suscripción. También llamó a su odontólogo y a sus colaboradores del Arzobispado porteño. La recepcionista del Arzobispado atendió y, cuando comprobó que efectivamente era el Papa, se le dificultó el habla. "¿Cómo tengo que llamarlo?", atinó a preguntar. "Por favor, llámeme padre Bergoglio", le respondió.

La cuestión de los nombres y de los cargos no es un asunto que lo desvele. De hecho, en vez de Papa se refiere a sí mismo como "el Obispo de Roma". "Por favor, nada de Su Santidad, ni de Excelentísimo… ¿No se dan cuenta de que los títulos de ricos no combinan con el nombre Francisco", dijo, apenas asumió, a uno de sus colaboradores en Buenos Aires, que atravesaba por el mismo dilema al dirigirse a él. "El obispo de Roma que preside en la caridad a las otras iglesias cristianas", así le gustaría que lo llamasen. "¿Demasiado largo? Bueno, papa Francisco. O sólo Francisco." Mejor aun, como él mismo le dijo al vendedor de diarios: "Llámeme Jorge, como toda la vida".

Aunque es sumamente metódico, al nuevo papa no le gustan los protocolos del Vaticano. O al menos esas normas que lo hacen sentirse una pieza de museo, que lo alejan de la gente. Romperlas, en cambio, lo acercan. Cuando llamó a su hermana María Elena para saludarla, se despidió con un irónico: "Bueno, te dejo porque no quiero vaciar las arcas del Vaticano".

No importa cómo lo llamen. Eso sí, cuando estampa su firma, con letra chiquita y apretada, Jorge M. Bergoglio remata con dos letras en minúscula: s.j. Significa sacerdote jesuita, la orden a la que Francisco ingresó cuando tenía veintidós años y a la que tuvo que renunciar en 1992 para convertirse en obispo auxiliar de Buenos Aires.

Los miembros de la Compañía de Jesús son los únicos que a los votos de pobreza, obediencia y castidad agregan un cuarto: la obediencia al papa. Los tres primeros son de por vida y se asumen al terminar los dos años del noviciado, en el inicio de la carrera sacerdotal, que en el caso de los jesuitas insume catorce años de estudio. (En los seminarios del clero secular representan cinco u ocho años, según el seminario.) No obstante, al ordenarse también asumen un quinto compromiso: el voto especial por el que se comprometen a rechazar todas las dignidades, sean obispado, arzobispado o cardenalato, con dos excepciones: ser enviado a tierras de misión o por pedido expreso del papa para que renuncie a su voto.

Este voto especial de los jesuitas tiene su origen en la época de San Ignacio de Loyola, fundador de la orden, en tiempos en que se había vuelto encarnizada la lucha por el poder y las dignidades dentro de la Iglesia, con todo lo que eso conllevaba. San Ignacio instituyó este voto en su orden como una valla para resguardarla de esa lucha por el poder dentro de la Iglesia. Si emergía alguna competencia por asumir puestos de liderazgo, los jesuitas automáticamente quedaban excluidos de esa carrera, no por vocación personal sino por el compromiso asumido ante la Compañía. Simplemente, si se les ofrece un obispado, deben rechazarlo.

Existe otra explicación: el funcionamiento orgánico de la orden, sumamente verticalista, indica que un sacerdote jesuita no puede responder a la vez al papa negro y al papa blanco. Papa negro es la manera popular de designar al general de la Compañía de Jesús, la máxima autoridad de los jesuitas, por estos días el español Adolfo Nicolás, vigésimo noveno sucesor de San Ignacio, que tenía como uno de sus lemas las palabras de Jesús: "No se puede servir a dos señores".

¿Por qué un miembro de la orden no puede aceptar el cargo de obispo sin salir de la esfera de obediencia a la Compañía? Un jesuita lo explicó sin rodeos: por un problema de superposición de autoridad. La pertenencia a una orden religiosa está supeditada al voto de obediencia plena al superior. En el caso de los jesuitas, es el provincial, autoridad máxima en el ámbito de cada país. Pero cuando un miembro es solicitado por el papa como obispo, se convierte en el jefe geográfico de esa región, que es la diócesis. El provincial deja de ser su jefe. Entonces, ya no tiene que vivir en una comunidad jesuita ni responder a la autoridad del local.

Bergoglio tenía cincuenta y seis años y llevaba treinta y dos de obediencia a la Compañía de Jesús cuando fue nombrado auxiliar de la Arquidiócesis de Buenos Aires. Cuando le solicitaron que fuera obispo auxiliar se excusó, como debe hacer todo jesuita. De modo que Juan Pablo II decidió hacer valer el cuarto voto que el sacerdote había asumido después de su tercera probación, en Alcalá de Henares, en 1971: el de obediencia al papa. De esta forma, el Papa "le exigió" que aceptara la designación.

Al convertirse en obispo, Bergoglio tuvo que salir de la órbita de la Compañía. Desde entonces, si bien sigue siendo un sacerdote jesuita, ya no debe obediencia al provincial y al general de la orden.

"Los jesuitas tenemos el compromiso de no aceptar obispados, pero cuando la Santa Sede pide a un jesuita que sea obispo, entonces pertenece a la conciencia del interesado discernir cuál es su opción", explicó el padre José Aldunate, s.j.

La historia de Francisco, el jesuita

Los jesuitas y los franciscanos tienen en común su predilección por los pobres, aunque ideológicamente proceden de distintas vertientes. Estas dos órdenes, junto con los dominicos y los capuchinos, son en la actualidad las principales dentro de la Iglesia. Los benedictinos se diferencian de las cuatro anteriores por estar dedicados a la vida en silencio.

Los salesianos, por ejemplo, no son una orden sino una congregación, lo mismo que el Opus Dei, a la que Juan Pablo II elevó al rango de prelatura apostólica. Lo que diferencia a una orden de una congregación es el hecho de que sus miembros tomen los votos o no antes de ordenarse.

Los capuchinos también tienen a San Francisco como su fundador. Son una escisión del mismo movimiento. Los dominicos rematan su firma con las siglas "O.P.", que significa "orden de predicadores", y de las cuatro órdenes principales son los que cuentan con la mayor representación dentro del cónclave, si bien en total no alcanzan a sumar el diez por ciento de los votos, dado que la inmensa mayoría de los miembros no pertenece a ninguna orden sino que procede del clero secular.

Hasta hace muy poco, los jesuitas contaban con diez cardenales, aunque por razones de edad sólo dos de ellos tuvieron participación activa en el último cónclave: Julius Riyadi Darmaatmadja, de Indonesia, y Bergoglio. Ahora los cardenales de la Compañía de Jesús son nueve, pero sumaron un papa, el número 266 del Vaticano y el primer jesuita de la historia.

¿Por qué Francisco se hizo jesuita?

El propio Bergoglio simplificó de esta manera la cuestión: "En realidad, no tenía muy en claro hacia dónde rumbear. Lo que estaba en claro era mi vocación religiosa". Al final, después de pasar por el seminario arquidiocesano de Buenos Aires, ingresó en la Compañía de Jesús atraído "por su condición de fuerza de avanzada de la Iglesia, desarrollada con obediencia y disciplina". Y por estar orientada a la tarea misionera. Ansiaba ir a misionar a Japón, donde los jesuitas desarrollan una obra muy importante.

¿Cómo se siente por dentro el llamado de Dios? ¿Lo convocó a ser sacerdote o papa? "¿Qué sentí? Nada, que tenía que ser cura. Punto. Me llamó. En ese momento tenía diecisiete años, esperé tres años más, trabajé y después entré al seminario", relató Bergoglio durante su entrevista con la radio de la iglesia Nuestra Señora de los Milagros de Caacupé, en la villa de Barracas.

Una persona que resultó gravitante en su elección por los jesuitas fue su director espiritual, el padre Enrique Pozzoli, de la comunidad salesiana de Almagro, en la basílica de María Auxiliadora, según cuenta su amigo de los años de seminario, el padre Roberto Musante, que hoy está al frente de una misión en Angola.

Pozzoli fue un cura que lo marcó a fuego en los primeros pasos de un camino que, efectivamente, lo llevaría a Roma. Poco después, este salesiano de fe se embarcó en la empresa de llevar a Don Bosco hasta la isla de Tierra del Fuego, el verdadero "fin del mundo". "Conocí a Bergoglio cuando tenía apenas dieciocho años y yo veinte. Fue cuando estaba definiendo su entrada con los jesuitas", detalla Musante.

Cuando cumplió los veintiuno, Bergoglio ingresó al Seminario Metropolitano, que se levanta en el barrio porteño de Villa Devoto, en la calle José Cubas. Allí tuvo de compañero, entre otros, al periodista de espectáculos Luis Pedro Toni. "Era muy estudioso, pero para nada místico. Tenía 'una novia' que vivía por ahí. Jugábamos al fútbol, charlábamos", recordó el periodista en una entrevista, pocos días después de que asumiera Francisco.

El propio Bergoglio cuenta la historia de esa supuesta novia en su libro *Sobre el cielo y la tierra*: "Nunca se me cruzó por la cabeza casarme. Pero cuando era seminarista me deslumbró una 'piba' que conocí en el casamiento de un tío. Me sorprendió su belleza, su luz intelectual... y, bueno, anduve 'boleado' un buen tiempo y me daba vueltas la cabeza".

Tras una semana en la que ni siquiera consiguió rezar ("Cuando me disponía a hacerlo, aparecía la chica en mi cabeza", apunta), debió replantearse la elección del celibato. "Tuve que pensar la opción otra vez. Volví a elegir, o a dejarme elegir por el camino religioso. Sería anormal que no pasara por este tipo de cosas", aseguró.

Poco después, cuando Bergoglio se vio obligado a dejar el seminario por una afección pulmonar —no por una mujer—, su camino y el de Toni se separaron. Luis Pedro continuó su formación durante ocho años más pero nunca se recibió. Cuando se volvieron a cruzar, el entonces cardenal lo instó a que concluyera sus estudios de Teología. El periodista le hizo caso y se inscribió en la Universidad Católica Argentina.

Antes de que uno de sus pulmones lo obligara a guardar reposo durante unos meses, y mientras cursaba su primer año en el seminario de Villa Devoto, Bergoglio se sumó a la actividad religiosa de la iglesia San Francisco Solano, en el barrio porteño de Villa Luro. Los vecinos de la parroquia que se levanta en la calle Zelada al 4700 conservan la ilusión de que el Papa tal vez haya sido inspirado por la imagen austera de ese otro Francisco, un monje español que a fines de 1500 viajó en misión a América, se instaló en el Virreinato del Río de la Plata y desarrolló una sensible tarea entre los aborígenes.

El pulmón derecho, su aguijón en la carne

El padre Bergoglio recuerda la desesperación y el dolor que experimentó aquel año, cuando comenzó a sentir que un hierro le atravesaba la espalda. Tenía veintiún años y los médicos no lograban dar con un diagnóstico certero. Acabó internado en el hospital Sirio Libanés, en la ciudad de Buenos Aires. La infección requirió un tratamiento con sondas que le provocaba fuertes dolores. Él mismo cuenta en *El jesuita* que un día, cuando sentía que no podía sobrellevar más ese calvario, una monja se le acercó y le dijo: "Con tu dolor estás imitando a Jesús".

Uno de sus compañeros de curso en el seminario, que asumió la responsabilidad de visitarlo en el hospital, fue monseñor José Bonet Alcón, actualmente vicario judicial de Buenos Aires y presidente del Tribunal Eclesiástico Nacional. Bonet Alcón recuerda a Francisco como un joven de una gran virtud y una gran capacidad para cargar con el sufrimiento. Y ese sufrimiento estuvo presente en su vida desde muy temprano. "Lo visitábamos en los ratos libres y pasábamos parte del día con él. Incluso a veces nos quedábamos a dormir en el hospital. Lo cuidábamos y sufríamos mucho por él", cuenta monseñor.

La afección pulmonar que lo acercó a la muerte también despertó lazos de solidaridad duradera con sus compañeros. "Otro seminarista, José Barbich, y yo le donamos un litro o un litro y medio de sangre, en una transfusión de persona a persona", agrega Bonet Alcón. Finalmente, lo operaron y le extrajeron la parte superior del pulmón derecho (no todo el pulmón, como muchos creen). Esta mella en su salud nunca le impidió practicar deportes ni caminar a paso vivo por la ciudad. En cambio, sí lo obliga a cuidarse los días húmedos y a dosificar sus esfuerzos, por ejemplo, para subir una escalera empinada, como las de los subterráneos de Buenos Aires.

En aquellos años, la compañía de su padre espiritual, el salesiano Enrique Pozzoli, fue fundamental. Tanto que le expresó su reconocimiento en el prólogo a su primer libro *Meditaciones para religiosos*, por la "fuerte incidencia" que tuvo en su vida, y por su "ejemplo de servicio eclesial y consagración religiosa".

"Este sacerdote también le aconsejó pasar un tiempo en las sierras de Tandil [en la provincia de Buenos Aires], en la Villa Don Bosco, para recuperar sus pulmones. Allí los aspirantes salesianos pasaban sus vacaciones y yo estaba de asistente; tuvimos ocasión de conocernos, aunque se mantenía más bien silencioso y humilde", relata Musante.

Cuando el papa Francisco comenzaba su carrera hacia el sacerdocio, los religiosos de la Compañía de Jesús dirigían el seminario de Villa Devoto. Los mejores seminaristas se iban con los jesuitas, sobre todo por el buen ejemplo que daban. Fue durante la estadía en Tandil que Bergoglio finalmente decidió seguir los pasos de San Ignacio de Loyola. Musante, en cambio, eligió a Don Bosco. De algún modo, sus misiones siguieron emparentadas. Hoy, el salesiano predica en Angola, donde cuida y educa a cientos de niños en uno de los barrios más pobres de Luanda (Lixeira), que significa "basural" en portugués.

Tiempo después, en los años de muertes y secuestros de sacerdores, durante la dictadura militar que gobernó a la Argentina entre 1976 y 1983, los caminos de Musante y de Bergoglio se volverían a encontrar.

El ingreso en la Compañía de Jesús

Luego de cumplir los veintidós años, Francisco dejó el seminario del barrio de Villa Devoto y el 11 de marzo de 1958 ingresó en el noviciado de la Compañía de Jesús, en la provincia de Córdoba. Fue el primer paso dentro de la carrera de sacerdocio que años más tarde lo llevaría a Roma.

¿Cómo se educa a un papa? Es una pregunta que por estos días muchos se formulan. Para ser justos, hay que decir que la formación que recibió Bergoglio no tenía como objetivo educar al futuro sumo pontífice ni prepararlo para conducir la Iglesia. Como vimos, los jesuitas son los únicos sacerdotes que realizan un voto específico de autoexclusión para no enrolarse en esa carrera. Significa que "educar a un jesuita" implica prepararlo para todo lo contrario a ser papa. "Sentarse en el trono de Pedro no era un objetivo que Bergoglio se hubiera propuesto en ningún momento de su carrera sacerdotal", confirma un íntimo amigo de Francisco.

La formación de sacerdotes entre los jesuitas insume, como se mencionó, catorce años de estudio. Los dos primeros corresponden al noviciado, que en esa época se cursaba en la provincia de Córdoba. Es allí, al final de ese primer período, cuando los jesuitas, a diferencia de otras órdenes, toman los votos de castidad, obediencia y austeridad. (Los seminaristas de los credos seculares no realizan esos tres votos.) Después, se cursan dos o tres años de humanidades, que por entonces se impartían en Chile, y se egresa como juniorato. Luego siguen tres años de estudio para licenciarse en la Facultad de Filosofía y Teología del Colegio Máximo San José, en la localidad de San Miguel, provincia de Buenos Aires. Y a continuación, tres años de prácticas de magisterio, en los que los estudiantes dan clases a alumnos del secundario en alguno de los colegios de la Compañía de Jesús. Por último, se obtiene la licenciatura en Teología, en la facultad del colegio de San Miguel.

Recién entonces, luego de haber sido novicios, junioratos, filósofos, maestrillos y teólogos, los jesuitas se ordenan como sacerdotes. Por delante, todavía tendrán que realizar la tercera probación, que consiste en un año o dos de práctica de ejercicios espirituales diseñados por San Ignacio de Loyola, al término de lo cual deben asumir el cuarto voto, de fidelidad al Papa, y se celebra el rito de la profesión perpetua.

En marzo de 1958 Bergoglio ingresó en el noviciado de la Compañía y dos años más tarde, el 12 de marzo de 1960, realizó sus primeros votos como jesuita. Poco después, se trasladó al seminario jesuita de Chile.

La casona de la Compañía de Jesús en la que se alojó Bergoglio en 1960 está ubicada en la comuna rural de Padre Hurtado, en la Depresión Intermedia de la Región Metropolitana, a 23 kilómetros de la ciudad de Santiago. Francisco llegó allí para prepararse para el sacerdocio y estudiar humanidades. Se encontró con una exigente rutina, que iniciaba a las seis de la mañana, con misa en latín y cantos gregorianos. A medida que avanzaban las horas, en el edificio de tres pisos y noventa habitaciones de Padre Hurtado podían abrirse breves lapsos para el deporte al aire libre. Pero el rigor marcaba la vida comunitaria. Había dos compromisos ineludibles: madrugar y comer en completo silencio.

El lugar se conoce como Casa Loyola. Es un edificio semirrectangular, construido en 1938. La comuna rural poco a poco quedó integrada al ejido urbano, gracias al desarrollo inmobiliario. No obstante, el predio conserva su arboleda de manzanos, perales, ciruelos y nogales. También, un entorno de jardines, que preserva el silencio dentro de la parcela.

El presbítero Juan Valdés, vicario de la parroquia San Ignacio de Loyola y actual colaborador de la casa de ejercicios espirituales a la que arribó Bergoglio en 1960, recuerda haber quedado impresionado por una exposición que realizó quien hoy ocupa el trono de Pedro.

"En ese momento, yo era novicio. Los alumnos estaban separados por niveles, por lo que no se compartía mucho con cursos superiores. Recuerdo que lo escuché en una charla oratoria mientras comíamos", sostuvo Valdés en una entrevista con el diario chileno *La Tercera*. El vicario relató que Bergoglio llegó en la época anterior al Concilio Vaticano II y que en aquel período las reglas eran muy estrictas en cuanto a la vida en comunidad, que incluían la separación física entre los novicios y aquellos que estaban en los cursos superiores. No se compartían patios, aulas ni conversaciones.

El día a día para Bergoglio y sus compañeros comenzaba a las seis de la mañana y las actividades terminaban pasadas las seis de la tarde. "Nos debíamos bañar con agua fría, y puede que dos días a la semana con agua caliente", recuerda Valdés.

Por norma, no se podía hablar más que lo estrictamente necesario. "Si un alumno debía comunicarse con otro, lo hacía bajo el dintel de la puerta de su habitación y de manera muy acotada", cuenta Valdés. El silencio se rompía sólo durante los recreos, cuando se podía conversar entre compañeros: "La mayor parte del tiempo se vivía muy conventualmente. Se oraba mucho".

Francisco ocupó los dormitorios del ala norte del edificio. Se trata de pequeñas habitaciones donde, además de camas, había sencillos escritorios de madera. En cada dormitorio dormían entre dos y cuatro seminaristas. "Se rotaba a los alumnos para que no estuvieran siempre con las mismas personas", relata el religioso.

"Que el rey de la eterna gloria nos haga partícipes de la mesa celestial." Esta frase está escrita en latín en un mural que aún se conserva en el comedor al que alguna vez concurrió el actual papa.

Los almuerzos y las cenas eran momentos de introspección para los jesuitas, y "se debía comer en silencio" mientras un estudiante leía una escritura o alguna reflexión. Fue ahí donde Valdés escuchó hablar por primera vez a Bergoglio.

Los estudiantes debían servir la mesa o lavar los platos al finalizar las comidas, ya que se quería inculcar en ellos el amor y el compromiso por el trabajo, un mensaje que quedó grabado en el corazón del Papa. De hecho, ya como obispo, mientras vivía en la Curia porteña, un grupo de monjas se encargaba de dejarle preparado el almuerzo y la cena, siempre con un estilo frugal, y después el propio Bergoglio se la servía. Llevaba sal a la mesa y media copa de vino. Después, no tenía inconveniente en levantar todo y lavarlo antes de seguir con sus ocupaciones. También tendía su propia cama. Había, eso sí, una persona que se encargaba de realizar la limpieza, una sola vez por semana, los martes.

En los años del seminario en Chile, luego del almuerzo la rutina continuaba con el estudio de idiomas y las lecturas. El padre Emilio Vergara, que fue rector espiritual en ese centro de estudios, señala en el artículo de *La Tercera* que la formación humanista que cursó Bergoglio incluyó el estudio de latín, griego, literatura e historia del arte, entre otras asignaturas. Además de aprender esas lenguas, se analizaban diversas obras de autores como Cicerón o Jenofonte.

Según Valdés, "a quienes estaban en el noviciado se les prohibía leer el diario. La idea es que se mantuvieran en un ambiente de estudio". Sólo podían escuchar música clásica. En la casa jesuita había un pasillo que todos los jóvenes usaban para estudiar y conversar en latín. "Era un tramo corto, donde siempre iban cinco o seis religiosos por un lado, y otros cinco o seis en dirección contraria. Hoy recuerdo con mucha impresión que en esas caminatas me crucé con el actual papa. Suena muy impresionante", relató Fernando Montes, actual rector de la Universidad Chilena Alberto Hurtado.

Había un cuarto, una especie de cabaña, a la que los estudiantes llamaban "La Tom" por el libro *La cabaña del tío Tom*, donde muchas veces se reunían para compartir experiencias y tomar té.

Una de las actividades que más esperaban los jóvenes jesuitas era la práctica de deportes, una o dos tardes a la semana. El complejo posee una piscina. Los estudiantes argentinos se destacaban en el fútbol, pero en aquellos años Francisco tuvo que alejar la pelota de sus pies, no de su corazón, porque todavía se agitaba a causa de la cirugía del pulmón.

Bergoglio sentía que su problema de salud lo estaba excluyendo de muchas cosas. Unos meses antes de viajar a Chile, cuando terminó el noviciado en Córdoba y tomó los votos de austeridad, castidad y obediencia, pidió ser enviado a la misión de la Compañía en Japón. Le dijeron que no sería posible, a causa de su afección pulmonar. Le costó mucho aceptar esa situación, que lo alejaba de lo que, él creía, era su propósito en la vida. Decenas de veces, durante la hora de oración, le preguntaba a Dios por qué. ¿Por qué le había despertado el deseo de ser misionero y no le había dado las condiciones de salud para hacerlo? Entonces recordaba las palabras de la monja que le había dicho que con su dolor estaba imitando a Jesús. Años más tarde descubriría que Dios le estaba marcando otro camino, muy cercano a su alma misionera, aunque alejado de Japón. "Más de uno se habría salvado de mí, si me hubieran mandado a ese país", ironizó.

Su elección por los pobres

No sería Japón, pero allí donde le tocaba estar, acabó por completar su vocación. Trabajar por los más pobres.

"Quiero ver una Iglesia pobre para los pobres", dijo en una de sus primeras declaraciones como papa.

Muchos atribuyeron el significado de esas palabras al voto por la pobreza. Eso proviene de los jesuitas, dijeron muchos. Sin embargo, sus propios amigos, aquellos que hicieron sus primeras experiencias con él en la Compañía de Jesús, reconocen que su opción por los pobres va mucho más allá de su voto de austeridad. "Eso a Jorge le viene de la casa. Él es así. No le gusta derrochar. En su casa no había necesidades, pero tampoco sobraba nada. Esa pasión y militancia por la austeridad no le vino de los jesuitas sino de su familia. Los padres llegaron como inmigrantes y con mucho esfuerzo se hicieron un lugar. Él mamó en su familia la fe católica pero a su vez el estilo austero, porque eran cinco hermanos y el dinero no alcanzaba. Los hijos de otros inmigrantes se rebelaron contra ese estilo de vida, que obligaba por ejemplo a comer todo 'con pan, para que alcance'. Así, la generación siguiente fue mucho más consumista. Pero Jorge no. Él abrazó ese estilo austero de su casa, donde administrar muy bien los recursos era la única opción para que lo que había alcanzara para todos", confía un amigo personal de Bergoglio, que lo conoce desde su adolescencia.

Fue en Chile donde ese amor por los desposeídos, que ya había nacido desde el momento en que recibió el llamado al sacerdocio, se profundizó. ¿El factor desencadenante? Entrar en contacto directo con la necesidad.

Así quedó plasmado en una carta que le escribió a su hermana María Elena desde Chile, el 5 de mayo de 1960. Si bien ella y Jorge se llevaban doce años de diferencia, cuando el padre de la familia murió, a los cincuenta y un años, como consecuencia de un ataque cardíaco, Francisco asumió a María Elena un poco como su hija.

"Cuando se fue a Chile, ya no nos podíamos ver tanto como queríamos, pero hablábamos todas las semanas. Lo hicimos siempre, hasta hoy. No sé si podremos mantener eso", se lamentó María Elena, sin ocultar las lágrimas.

Desde entonces, la pobreza ya lo inquietaba. "Te voy a contar algo: yo doy clases de religión en una escuela, a tercero y cuarto grado", le escribió Bergoglio a su hermana. "Los chicos y las chicas son muy pobres; algunos hasta vienen descalzos al colegio. Muchas veces no tienen nada que comer, y en invierno sienten el frío en toda su crudeza. Tú no sabes lo que es eso, pues nunca te faltó comida, y cuando sientes frío te acercas a una estufa. Te digo esto para que pienses… Cuando estás contenta, hay muchos niños que están llorando. Cuando te sientas a la mesa, muchos no tienen más que un pedazo de pan para comer, y cuando llueve y hace frío, muchos están viviendo en cuevas de lata, y a veces no tienen con qué cubrirse. Los otros días me decía una viejita: 'Padrecito, si yo pudiera conseguir una frazada, ¡qué bien me vendría! Porque de noche siento mucho frío'. Y lo peor de todo es que no conocen a Jesús. No lo conocen porque no hay quién se lo enseñe. ¿Comprendés ahora por qué te digo que hacen falta muchos santos?"

En ese fragmento de la carta, escrita a máquina, costumbre que mantuvo hasta el último día como arzobispo de Buenos Aires y cardenal primado de la Argentina, Francisco, que entonces tenía sólo veintitrés años, abrió su corazón. Le dolía el dolor ajeno. Sentía el frío de aquellos que no tenían un abrigo y se estremecía al pensar que un niño no tendría qué comer. El contacto con la necesidad lo hizo más humano y a la vez, paradójicamente, lo volvió una persona espiritual, un santo que debía andar en la tierra para clamar al cielo por las necesidades de los menos favorecidos. Su misión también consistía en abrir los ojos y el corazón de los otros, movilizarlos para impulsarlos a ayudar. Eso es lo que intentó hacer con su hermana.

"Me quedo, pues, esperando una pronta carta tuya en la que me digas cuál es el propósito que hiciste para ayudarme en mi apostolado. No te olvides que de 'tu propósito' depende el que algún niño sea feliz", le disparó.

"Yo quisiera que fueras una santita. ¿Por qué no haces la prueba? Hacen falta tantos santos." Ahora que su hermano es papa, María Elena lee la carta en voz alta, en su casa de Ituzaingó, y se larga a reír. Mientras enciende un cigarrillo mira a Jorge, su hijo, al que nombró así en honor de su hermano. "¿Santita? Los tres más chicos éramos terribles. Pero Jorge y Oscar eran muy buenos", sostuvo.

El profesor que llevó a Borges al aula

El Colegio de la Inmaculada Concepción, en la ciudad de Santa Fe, es, con más de cuatrocientos años de existencia, el más antiguo de la Argentina. Además de contar con un indudable reconocimiento internacional por la calidad de su educación, tiene desde el miércoles 13 de marzo de 2013 un nuevo motivo de orgullo: el papa Francisco fue uno de sus destacados docentes.

Un joven Bergoglio, que por entonces aspiraba a convertirse en cura y formaba parte de la Compañía de Jesús, llegó para cumplir una de las misiones que todo jesuita debe sortear: la docencia.

Fue así como, entre 1964 y 1965, a los veintiocho años, Bergoglio arribó a la institución santafesina para enseñar literatura, psicología y arte. "A priori no parecía ser el área donde mejor podía desempeñarse, ya que él era técnico químico", recuerda el periodista y escritor Jorge Milia, que por entonces era uno de sus alumnos y que más tarde se convertiría en uno de los amigos con los que entablaría una relación estrecha, aunque epistolar, por la distancia que los separaba.

"Fue algo medio loco que lo pusieran a enseñar literatura, aunque le gustaba mucho leer. Los jesuitas tienen una regla: 'Por lo difícil, a las estrellas'. Es decir, para llegar arriba hay que recorrer un camino complejo. Supongo que no querían hacerle la cosa fácil."

El maestrillo Bergoglio —tal la gradación que corresponde a los que estudian para ser sacerdotes y se dedican a la pedagogía— dejó una huella indeleble en sus alumnos. "Nos hizo enfrentar la literatura española, nos la puso en la cara y nos empujó al abismo —relata Milia—. En ese momento los planes de estudio contemplaban la lectura de libros desde *La Celestina* hasta García Lorca. Fue maravilloso. Él transmitió mucho incluso a los alumnos a los que no les atraía el tema. Nos hizo sumergirnos dentro de la literatura española, disfrutarla. Y a quienes teníamos un poco más de interés, nos fomentó la investigación y nos ofrecía su tutoría si era necesario."

De todos los alumnos que tenía a cargo, Milia llamó la atención de Bergoglio por su elección del tema a investigar: "Yo siempre me enredaba en cuestiones complejas. Me había metido a leer algo tan aburrido como *La suma teológica* de Santo Tomás de Aquino, algo extrañísimo sobre todo en un adolescente de dieciséis años. Recuerdo que se acercó y me preguntó por qué lo había elegido. Eran tomos con mucho olor a humedad, que estaban en la biblioteca; calculo que nadie los había sacado en años. A él eso le pareció fantástico pero me dijo: 'Estás loco, querés suicidarte'. Calculo que quería evitarme a toda costa el sufrimiento".

El Colegio de la Inmaculada Concepción tenía, en ese tiempo, una muy especial forma de enseñanza: se impartían clases de lunes a sábado, una costumbre que se fue abandonando con los años. La mayoría de los alumnos eran pupilos, y provenían de varias provincias del país, e incluso de los países limítrofes, como Chile, Uruguay y Paraguay. "Los miércoles y sábados no teníamos clases, pero debíamos hacer obras de asistencia social o actividad catequística. Los domingos a la tarde era el momento de distensión y esparcimiento, porque íbamos al cine. Y Bergoglio nos acompañaba. La mayoría de los maestrillos lo hacían", cuenta Milia, que ahora vive en la norteña provincia de Salta, en una casa con jardín y olor a naranjos.

Para los alumnos de cuarto y quinto grado, el colegio tenía academias especializadas en distintas áreas del conocimiento. "Yo ingresé a la de literatura, que era la de mayor antigüedad y prestigio. A las academias se ingresaba por solicitud personal de puño y letra, diciendo por qué uno quería integrarse a ella y después los profesores decidían quién debía estar. Bergoglio se integró a la academia como una especie de adjunto, lo hacía como complemento de su cátedra. Yo era un alumno fatal, de los peores promedios, y me aceptaron igual. Nunca supe si Bergoglio había intercedido por mí, pero entrar a esa academia creo que fue la mayor alegría que le di a mi padre, que también la había integrado."

Otro de los alumnos en los que Bergoglio dejó una huella profunda fue José María Candioti. Este abogado en la actualidad, de sesenta y cuatro años, recuerda al ahora papa como un profesor "muy exigente". Y sobre todo destaca que Bergoglio les abrió un abanico de posibilidades a muchos alumnos, porque hizo un esfuerzo muy grande para despertar en todos ellos su vocación.

"Recuerdo —dice Candioti— que trajo al colegio gente relacionada con la literatura: [las escritoras] María Esther de Miguel, María Esther Vázquez y, en 1965, nada menos que a Jorge Luis Borges, quien nos vino a dar un seminario de literatura gauchesca. Era un gran admirador de Borges. De aquel encuentro entre el escritor y el ahora papa Francisco surgió la idea de un concurso de cuentos. Se seleccionaron ocho textos de alumnos del colegio y se editó *Cuentos originales*, un libro en el que el propio Borges escribió el prólogo."

Del paso de Borges por el Colegio de la Inmaculada Concepción, Milia también guarda un recuerdo por demás grato. "Fueron toda una experiencia esos cuatro o cinco días que estuvimos con él. Tuvimos la oportunidad de ver a un Borges que el común de la gente no conoció. Él sabía que no tenía que venir revestido de ninguna coraza, no venía armado de su clásica ironía o sarcasmo. En cambio, el día que fue a la academia de literatura dijo: 'Estoy un poco cohibido por esto de estar rodeado de académicos'. Tuvimos una charla mano a mano, muy cálida. Yo le pregunté sobre el libro *Evaristo Carriego*, porque lo había leído y era un gran admirador de su obra, y él me dijo que se había arrepentido de haberlo escrito porque Evaristo era amigo de la familia y el libro estaba teñido de afecto y por eso no valía nada."

Milia volcó varias de las anécdotas de esos inolvidables años de liceo en el libro *De la edad feliz*, editado en 2006, que empezó a pergeñar luego de una reunión de ex alumnos, al cumplirse los cuarenta años de egresados en 2005. Pero no fue sino después de mostrarle los manuscritos a su amigo, el entonces arzobispo de Buenos Aires, que tomó forma de libro. "Bergoglio me dijo: 'Esto es un libro'. Ante mi escepticismo, me dijo: 'Vos escribís muy bien, pero de la vida no entendés nada, estás desconectado'. Y entonces le puse una condición: que él escribiera el prólogo. Obviamente, primero me dijo que no, pero al final accedió. Muchos me 'cargan' y me dicen que no debe haber mucha gente en el mundo que haya sido prologada por Borges y por el Papa."

Risueño, Candioti relata una anécdota propia del joven rebelde y difícil que era en esos años de liceo. "En un examen le puse: He respondido correctamente lo preguntado y no se debe a que haya estudiado demasiado sino a mis vastos conocimientos sobre la materia. Su respuesta me marcó para toda la vida. Me puso un diez por el examen pero agregó: 'Como no estudió, le pongo un cero. Diez

más cero da diez, divido dos, cinco. Esa es su nota final'.
Me dio una clase de humildad."

Por estos días, Milia debe de ser uno de los pocos argentinos que no está feliz con el nombramiento de su amigo como obispo de Roma. "Cuando oí al cardenal francés Jean-Louis Tauran pronunciar el nombre de Bergoglio en latín me largué a llorar; fue una conmoción enorme —reconoce el escritor—. Yo había cancelado una audiencia que tenía con él el 22 de febrero. Ese día iba a viajar a Buenos Aires y de paso había arreglado para ir a verlo. Pero como tuve que suspender mi viaje a Buenos Aires, cancelé la audiencia y me pareció lógico llamarlo para que dispusiera de ese espacio. Me agradeció el llamado y ahí hablamos de la renuncia de Ratzinger, que se había conocido ese mismo día. Me dijo: 'Para hacer lo que hizo hay que tener un enorme coraje y una humildad todavía más grande'. Y quedamos en vernos cuando volviera del cónclave. Ahí sentí algo raro, y se me ocurrió preguntarle: '¿Y si no volvés?'. Él me dijo: 'Dejate de embromar… ¿cómo no voy a volver?'. Él suponía que sus posibilidades se habían agotado en el cónclave anterior."

Hoy Milia no puede evitar sentirse triste y algo huérfano al ver a su amigo consagrado papa y ocupando el sillón de San Pedro. "Tengo un sentimiento de pérdida muy grande —confiesa—. Siento que desde el punto de vista de mi egoísmo lo he perdido. Por cómo es Bergoglio, no creo que vaya a negar sus raíces. Pero el haber sido proclamado papa es arrancarlo bruscamente de sus raíces. Lo convierte en un hombre universal. Sin duda voy a extrañar nuestras charlas."

Luego de trabajar dos años como maestro en Santa Fe, Bergoglio volvió a Buenos Aires y continuó dando clases un año más en el Colegio del Salvador. A partir de 1967, y hasta 1970, cursará la licenciatura en Teología en la facultad del Colegio Máximo San José. La tesis doctoral la terminaría varios años más tarde, en Alemania. Finalmente, el 13 de diciembre de 1969, tres días antes de cumplir los treinta y tres años, Bergoglio se ordenó sacerdote.

A pesar de la resistencia inicial que había sentido ante el hecho de que su hijo mayor se consagrara a Dios, Regina Sívori asistió a la ceremonia de ordenación. Para sorpresa del flamante sacerdote, cuando Bergoglio bajó del escenario, su madre lo esperó de rodillas para pedirle que le diera una bendición. Lamentó mucho que su padre no pudiera estar ahí. Además de sus hermanos, tuvo una visita muy especial. Estela Quiroga, su maestra de primer grado en la escuela N° 8 Coronel Pedro Cerviño, quiso estar presente en ese día tan importante. Su abuela Rosa, la misma que había llegado en el barco con un tapado de piel de zorro en pleno enero, parecía la más emocionada. Con varios años de anticipación, le había comprado un obsequio y le había escrito una carta "por si no llegaba viva" al día de su ordenación. Entre lágrimas, la misma mujer que le había enseñado a rezar el rosario cuando era apenas un niño, lo abrazó y le dijo cuán orgullosa estaba de que ahora fuera un "médico de almas".

El domingo siguiente a la consagración de Francisco como papa, el nuncio apostólico, monseñor Emil Paul Tscherrig, presidió una misa en la Catedral Metropolitana de Buenos Aires y leyó una oración que Bergoglio había escrito unos días antes de su ordenación como sacerdote. A monseñor Tscherrig le parecía que era el mejor indicio de que en el corazón de ese estudiante a punto de convertirse en sacerdote se albergaba ya el alma del papa. "Esta oración refleja lo que el papa Francisco ha sido siempre: un hombre de profunda fe y un cristiano sin compromisos. Poco antes de su ordenación sacerdotal, en un momento de gran intensidad espiritual, escribió lo siguiente en forma de oración: 'Creo en mi historia, que fue traspasada por la mirada de amor de Dios. Y espero la sorpresa de cada día en la que se manifestará el amor, la fuerza, la traición y el pecado, que me acompañarán hasta el encuentro definitivo con ese rostro maravilloso que no sé cómo es, que le escapé continuamente, pero que quiero conocer y amar'."

Lo que siguió a la ordenación como sacerdote fue su tercera probación en Alcalá, España, en lo que constituye el año que los jesuitas dedican a reflexionar, realizar ejercicios espirituales y algún trabajo pastoral.

A fines de 1971 Bergoglio realizó su cuarto voto como jesuita, ese al que Juan Pablo II apelaría para instarlo a aceptar el obispado. Así concluyó la etapa de formación, y comenzó la de su trabajo como sacerdote. Tenía treinta y cinco años y el mundo por delante.

Capítulo IV

La difícil misión de aprender a gobernar

El 5 de agosto de 1973, los diarios argentinos publicaron la noticia. Los jesuitas acababan de elegir a su nuevo provincial, Jorge Mario Bergoglio, que, con sólo treinta y seis años y cuatro como sacerdote de la orden, lograba posicionarse como la máxima autoridad de la Compañía de Jesús en la región.

El Superior de los jesuitas a nivel mundial, el padre Pedro Arrupe, lo había designado como reemplazante de Ricardo O'Farrel. "Completó su formación en España y se especializó en espiritualidad y en vida religiosa. En 1971 regresó a nuestro país para desempeñarse como maestro de novicios, cargo que ejercía al ser nombrado provincial", señala la prensa ese día. Quedaría a cargo de supervisar 15 casas, 166 sacerdotes, 32 hermanos y 20 estudiantes.

"Una de las primeras actividades que desarrollará el nuevo provincial será recibir al prepósito de la Compañía de Jesús, que visitará a los jesuitas de nuestro país. El viaje del padre Arrupe forma parte de una gira por Brasil, Paraguay, Argentina, Uruguay y Chile, para informarse de los problemas actuales que deben encarar los jesuitas en su actividad apostólica", sigue la crónica de la época.

La visita de Arrupe no era casual. No eran años sencillos aquellos en los que le tocó a Bergoglio asumir la jefa-
tura de la Compañía. En América Latina corrían tiempos
de violencia política, guerrilla y terrorismo. Los golpes
de Estado y los gobiernos militares se contagiaban de un
país a otro, a la vez que el populismo y la lucha de clases
se refugiaban en la clandestinidad. Arrupe era la autoridad
máxima de los jesuitas desde 1965 y fue uno de los impulsores de Bergoglio, que en muy poco tiempo a partir de
su ordenación llegó a ocupar un puesto estratégico en la
región.

En su juventud, el médico vasco Arrupe había sido
enviado como misionero de la Compañía de Jesús al Japón.
Estaba dando misa en Hiroshima cuando, el 6 de agosto
de 1945, explotó la bomba atómica. El sacerdote cayó al
piso por el estallido. Cuando descubrió que se trataba de
un bombardeo, envió a sus novicios a pedir ayuda y a rescatar a los heridos. Convirtió el colegio en un hospital de
emergencia. Esa tarde atendió a más de ciento cincuenta
personas abrasadas por la radiación y operó a otras tantas
con tijeras de coser en medio de los escombros. Su rápida
reacción y su compromiso para salvar vidas le valieron su
ascenso como autoridad máxima de la Compañía. Claro
que para ello pasaron veinte años.

El ascenso de Bergoglio como provincial fue mucho
más rápido. Por alguna razón, Arrupe lo consideró una
pieza estratégica dentro del contexto latinoamericano.

Siete meses después de que Arrupe se convirtiera en el
papa negro, el Concilio Vaticano II emitió su documento
final, luego de tres años y medio de sesiones deliberativas,

de las que participaron unos tres mil cardenales, obispos, teólogos y especialistas en derecho pontificio, entre otros.

Al asumir como sumo pontífice, en 1959, Juan XXIII había anunciado su intención de convocar a un concilio ecuménico de toda la Iglesia católica. Los objetivos eran promover el desarrollo de la fe católica, lograr una renovación moral de la vida cristiana de los fieles, adaptar la disciplina eclesiástica a las necesidades y los estilos de vida de los tiempos que corrían y lograr una mayor y mejor interrelación con las demás religiones, principalmente las orientales.

Juan XXIII había asumido como el papa de la transición. Pero finalmente su concilio ecuménico se convirtió en una de las mayores transformaciones de la Iglesia en el siglo xx.

"El Concilio Vaticano supuso la gran conversión de la Compañía de Jesús, que, de ser una orden dedicada al estudio, a la enseñanza y las elites, pasó a empeñarse también en las vanguardias de la Iglesia, promoviendo la Teología de la Liberación en Latinoamérica y llegando hasta a flirtear con ciertas guerrillas de liberación", dice el periodista español Juan Arias, que por entonces entrevistó a Arrupe para un documental de la RAI-Televisión de Italia, titulado "El Papa Negro". Años más tarde, "esa transformación de la Compañía de Jesús, que de las universidades bajó a las favelas y a la violencia de las comunidades más pobres de América Latina, le valió al carismático y místico superior general, el padre Pedro Arrupe, una ruptura con el entonces papa Juan Pablo II", agrega.

Antes del Concilio Vaticano II, la Compañía de Jesús tenía treinta y seis mil miembros en todo el mundo. Pocos años después, había perdido diez mil, y hoy no llegan a veinte mil.

En 1974, cuando Bergoglio llevaba un año como provincial, Arrupe convocó a la Congregación General N° 32 de la Compañía de Jesús. Se emitió un documento en el que se dejaba constancia de que la proclamación de la fe en Dios debía ir "insoslayablemente unida a la lucha infatigable para abolir todas las injusticias que pesan sobre la humanidad". Ya durante la reunión de obispos de América Latina, en 1968, en Medellín, los representantes de la Iglesia habían comenzado a hablar de "dejar el Estado y los regímenes de seguridad e ir hacia los pobres".

El documento de la Congregación General N° 32 de los jesuitas asentó el principio rector de sus acciones sobre la base de la austeridad máxima.

"Nuestra Compañía no puede responder a las graves urgencias del apostolado de nuestro tiempo si no modifica su práctica de la pobreza. Los compañeros de Jesús no podrán oír 'el clamor de los pobres' si no adquieren una experiencia personal más directa de las miserias y estrecheces de los pobres.

"Es absolutamente impensable que la Compañía pueda promover eficazmente en todas partes la justicia y la dignidad humana si la mejor parte de su apostolado se identifica con los ricos y poderosos o se funda en la seguridad de la propiedad, de la ciencia o del poder.

"Sentimos inquietud a causa de las diferencias en la pobreza efectiva de personas, comunidades y obras.

"En este mundo en que tantos mueren de hambre, no podemos apropiarnos con ligereza el título de pobres. Debemos hacer un serio esfuerzo por reducir el consumismo; sentir efectos reales de la pobreza, tener un tenor de vida como el de las familias de condición modesta", apunta el documento final e insta a los miembros de la Compañía a examinar sus comidas, bebidas, vestuario, habitación, viajes y vacaciones, entre otras cuestiones.

En ese contexto, no fue sencilla la tarea de Bergoglio al frente de la Compañía de Jesús. A lo largo de la historia, los jesuitas se caracterizaron tanto por su opción por los pobres como por su trayectoria de vínculos con el poder. Su presencia fue intermitente ya que los vínculos con la política y el poder hicieron que en distintas épocas adquirieran protagonismo, pero que en otras debieran refugiarse en el ostracismo intelectual.

La Compañía de Jesús fue fundada por el noble y militar vasco Ignacio de Loyola, en 1536, como respuesta no oficial a la reforma protestante que en poco tiempo había expandido su influencia sobre toda Europa. En menos de cuatro años, el Vaticano, atraído por las virtudes de San Ignacio para sumar fieles al catolicismo, confirmó a la Compañía como orden de la Iglesia. Desde entonces, por su voto de obediencia ciega al papa, por su disciplina militar y su vocación por la educación, los jesuitas empezaron a ser considerados soldados y maestros del papa. La clave del éxito de su misión no era la confrontación sino la palabra. Fundaron escuelas, universidades, seminarios y bibliotecas en numerosos países; en muchos casos los primeros que existieron. Así forjaron su reputación de ilustrados educadores.

Los últimos datos disponibles indican que la Compañía de Jesús está integrada por 19.216 miembros. De ellos, los sacerdotes son 13.491; los escolares (que se preparan para ser sacerdotes), 3049; los hermanos (jesuitas no sacerdotes), 1810, y los novicios (quienes acaban de ingresar en los seminarios de la Compañía), 866. Además, administran una red de 200 universidades y 700 colegios en todo el mundo.

Seis años después de la fundación de la orden, llegaron los primeros jesuitas a Brasil. Durante el período colonial, tuvieron una importante presencia en el continente americano. Instalaron más de treinta misiones en el Alto Perú y se extendieron hacia el sur. Las actuales provincias argentinas de Misiones, Salta, Tucumán, Córdoba y Santiago del Estero, y el Río de la Plata, fueron sus enclaves principales, lo mismo que el Paraguay, donde instalaron sus famosas estancias agroganaderas, que funcionaban como verdaderas unidades autónomas. La misión de los jesuitas era evangelizar a las poblaciones locales mediante la educación. En las haciendas de la selva paraguaya, los guaraníes participaban de talleres de educación, música y fe cristiana. Como contaban con una organización propia que les permitía mantener cierta independencia de la corona española, no tardaron en surgir los conflictos.

Los *bandeirantes*, colonos españoles y portugueses que se dedicaban a cazar aborígenes para venderlos como esclavos, comenzaron a presionar a sus autoridades para que expulsaran a los jesuitas del territorio americano. La Compañía de Jesús se refugió en su voto papal para argumentar que ellos respondían al Vaticano y no a las coronas española y portuguesa. Finalmente, en 1759, los jesuitas tuvieron que irse de Portugal, a instancias de José I.

El rey Carlos III ordenó su expulsión de los territorios de la corona española en 1767.

Los soldados del rey llegaron a América y de manera violenta arrestaron a los jesuitas, les confiscaron sus posesiones y los sacaron del continente. Muchas de las misiones quedaron abandonadas y se convirtieron en ruinas.

En 1773, Clemente XIV cedió ante las presiones de los reyes de España, Francia, Portugal y las Dos Sicilias y suprimió la orden dentro de la Iglesia. Recién medio siglo más tarde volverían los jesuitas a la Argentina, durante la gestión gubernativa del caudillo Juan Manuel de Rosas. El "Restaurador de las Leyes" invitó a la Compañía a enviar sacerdotes a Buenos Aires para hacerse cargo de los colegios y facultades que ellos mismos habían fundado. También, para misionar en los pueblos de la campaña, donde faltaban párrocos.

Sin embargo, la connotación política que el gobierno de Rosas les imponía difundir hizo que los jesuitas volvieran a dividirse. Los que no querían politizar la misión se marcharon a otras jurisdicciones y los que se alinearon con el gobierno abandonaron la Compañía y se sumaron a la parte más oficialista del clero.

Así continuó, a lo largo del siguiente siglo, la participación de los jesuitas en la vida política argentina, tal como detalla el historiador Roberto Di Stefano.

En 1852, tras la batalla de Caseros, en la que Rosas fue derrotado y depuesto, los jesuitas volvieron a Buenos Aires, invitados por el obispo Mariano Escalada, que en 1857 les restituyó un seminario. Ese mismo año, el obispo decidió expulsar a los masones de la Iglesia. Por supuesto, para muchos, los jesuitas fueron los instigadores de esa decisión. El discurso antijesuítico quedó plasmado en libros y folletos de la prensa liberal.

En 1874, tras ganar las elecciones presidenciales Nicolás Avellaneda, el arzobispo de Buenos Aires, Federico Aneiros, volvió a convocar a los jesuitas y les devolvió las iglesias de San Ignacio y de la Merced. Hubo reclamos, marchas y enfrentamientos en las puertas de las iglesias, ya que muchos de los feligreses de San Ignacio eran masones.

Misión, división, expulsión. Si bien las crisis por razones políticas se alejaron de la Compañía de Jesús durante las últimas décadas del siglo XX, el proceso se había repetido tantas veces a lo largo de la historia argentina que había que gobernar con mucho celo.

Bergoglio lo sabía. Eran años turbulentos en el país, y puertas adentro de la Compañía comenzaba a marcarse la división entre los que proclamaban que debían alinearse con la Teología de la Liberación y los que consideraban que había que preservar de la situación política imperante la misión educadora y apostólica de la Compañía. ¿Era válido recurrir a la violencia para lograr un mundo más justo?

Bergoglio estaba entre los que creían que no. Según él, esa creencia resulta incompatible con el Evangelio, y no guarda relación con su preferencia por los pobres. Él marcaba una diferencia entre la Doctrina Social de la Iglesia y la Teología de la Liberación (véase el capítulo 10, "¿Un papa latinoamericano?"). Por aquellos años tenía a cargo muchos curas que trabajaban en los barrios más humildes, las villas, y debía evitar que la militancia política que promocionaban los curas tercermundistas desmembrara a los jesuitas.

Pero no lo logró. En pocos años, cuando la dictadura militar desembarcó con su sangriento accionar, la Compañía de Jesús estaba dividida en bergoglianos y antibergoglianos.

Antes del golpe militar, durante el gobierno de María Estela Martínez de Perón, "Isabel", ya habían comenzado los secuestros en las zonas en las que la Iglesia trabajaba con los más humildes. Luego del asesinato del sacerdote Carlos Mugica —integrante de los llamados curas villeros, acribillado el 11 de mayo de 1974 cuando salía de dar misa en la iglesia de San Francisco Solano, en el barrio porteño de Villa Luro—, muchos curas se preocuparon y empezaron a tomar ciertos recaudos, como no entrar solos a los barrios y, de noche, moverse siempre en compañía, según declaró Bergoglio ante la Justicia. El párroco Rodolfo Ricciardelli —sacerdote del equipo de pastores de las villas y una de las figuras más carismáticas del Movimiento de Sacerdotes del Tercer Mundo— le advirtió un día en la iglesia Santa María Madre del Pueblo sobre el peligro que corrían si continuaban el trabajo en las villas. Había recibido información acerca de que las Fuerzas Armadas tenían un plan contra aquellos a los que consideraban "sus enemigos". Faltaba poco para que se pusiera en marcha.

Bergoglio tomó cartas en el asunto. Comenzó a disolver residencias y comunidades jesuitas que habían sido "marcadas". Con el argumento de realizar retiros espirituales, dio alojamiento en el Colegio Máximo de San Miguel a personas que necesitaban protección. Pensaba que hasta allí no llegarían los militares. Y no se equivocó. Una de esas personas fue Alicia Oliveira, quien por entonces actuaba como jueza penal de la ciudad de Buenos Aires. Ella había impulsado numerosas investigaciones contra la Policía Federal por el encarcelamiento de menores y su relación con el tráfico de drogas.

Oliveira cuenta que Bergoglio la fue a ver para advertirle que su vida corría peligro y le ofreció que se instalara en el Colegio Máximo. "Prefiero que me lleven presa antes que ir a vivir con los curas", le dijo. Tenían una relación de amistad desde hacía cinco años (véase la entrevista a Alicia Oliveira en el "Anexo").

El domingo 23 de mayo de 1976, los sacerdotes jesuitas Orlando Yorio y Francisco Jalics fueron secuestrados de la casa que compartían en el barrio Rivadavia, en el Bajo Flores, junto a la Villa 1-11-14, una de las más populosas de la ciudad de Buenos Aires. Fueron encerrados y torturados en la Escuela de Mecánica de la Armada (ESMA), el mayor centro clandestino de detención que instaló la dictadura militar en la Argentina. En el mismo operativo se llevaron a cuatro catequistas y a sus respectivos esposos. Yorio y Jalics fueron liberados tras cinco meses de torturas, y de inmediato salieron del país, con la ayuda de Bergoglio. Los demás nunca aparecieron.

En 2000, Yorio falleció. Antes, había hablado sobre su detención y dijo que consideraba que su superior, Bergoglio, les había quitado la cobertura de la Compañía, dejándolos en el terreno a merced de la represión. "Podría haber hecho más", dijo. Esta versión fue publicada por el periodista Horacio Verbitsky en 1999, en el diario *Página/12*.

Al testimonio de Yorio se sumaron otras voces, como la de la monja Norma Gorriarán; Emilio Mignone, fundador del Centro de Estudios Legales y Sociales (CELS); un funcionario de la Cancillería, Anselmo Orcoyen, y la catequista Marina Rubino, además de la hermana del fallecido Yorio.

En cambio, salieron a desmentir esa versión y a defender a Bergoglio el premio Nobel de la Paz, Adolfo Pérez Esquivel; el obispo y referente de los derechos humanos durante la dictadura Miguel Hesayne; Oliveira, ex abogada del CELS, y la integrante de la Asamblea Permanente por los Derechos Humanos (APDH) y de la Comisión Nacional sobre la Desaparición de Personas (CONADEP) Graciela Fernández Meijide, entre muchos otros.

Luego de que el Vaticano denunciara una campaña de difamación en contra de Francisco, el propio padre Jalics, que vive en la casa espiritual de Alta Franconia, en Baviera, puso un punto final a las especulaciones. "Estos son los hechos: Orlando Yorio y yo no fuimos denunciados por Bergoglio", ratificó Jalics en un comunicado publicado en la página web de los jesuitas en Alemania. El religioso aclaró que el padre Orlando Yorio y él fueron secuestrados por su conexión con una catequista que primero trabajó junto a ellos y luego ingresó en la guerrilla. "Durante nueve meses no la vimos más, pero dos o tres días después de su detención también fuimos detenidos. El oficial que me interrogó me pidió los documentos. Cuando vio que había nacido en Budapest creyó que era un espía ruso", dijo.

Según relató el padre Jalics, luego de su liberación se fue del país y recién muchos años después de lo sucedido pudo hablar con Bergoglio. "Celebramos juntos una misa y nos abrazamos solemnemente. Yo me he reconciliado con lo sucedido y considero, por lo menos de mi parte, el asunto cerrado", dijo.

Según consta en la causa (véase el "Anexo"), Jalics declaró ante la Justicia que le constaba que Bergoglio había intercedido ante el embajador argentino en Roma y que se había entrevistado con distintas autoridades del gobierno militar para pedir su libertad.

Al denunciar que se trataba de una campaña de desprestigio contra el sumo pontífice, los voceros del Vaticano hicieron especial énfasis en que Bergoglio se había prestado a todos los requerimientos que le había hecho la Justicia argentina, en carácter de testigo, y que no estuvo imputado en ninguna causa. Ricardo Lorenzetti, presidente de la Corte Suprema de Justicia de la Nación, lo confirmó: "No existe ninguna condena en su contra. Es absolutamente inocente", dijo.

Bergoglio declaró dos veces ante el Tribunal Oral Federal N° 5 como testigo: en la causa por la cual se condenó a doce represores de la ESMA a cadena perpetua, y en la causa por el robo de bebés durante la dictadura de Jorge Rafael Videla. "Es totalmente falso decir que Jorge Bergoglio entregó a esos sacerdotes. Lo analizamos, escuchamos esa versión, vimos las evidencias y entendimos que su actuación no tuvo implicancias jurídicas en estos casos. No es un cruce de opiniones. No da para la controversia. Ya hay un fallo", sentenció el juez Germán Castelli, miembro del tribunal, junto con Daniel Obligado y Ricardo Farías.

En octubre de 2011, se condenó a doce represores a cadena perpetua y otros cinco recibieron penas de entre veinticinco y dieciocho años de prisión por crímenes de lesa humanidad. Fueron hallados culpables por los homicidios del periodista y escritor Rodolfo Walsh, por los asesinatos de las doce personas secuestradas en la iglesia Santa María de la Cruz, entre las que se encontraban las monjas francesas Léonie Duquet y Alice Domon y Azucena Villaflor, fundadora de Madres de Plaza de Mayo, y por la privación ilegítima de la libertad y tormentos en ochenta y cinco casos, entre otros delitos. El tribunal además aceptó el pedido de los familiares de las víctimas para que los delitos contra la integridad sexual fueran considerados delitos de lesa humanidad. También quedó establecido que los hechos se habían cometido en el marco de un genocidio.

La verdadera historia de Yorio y Jalics

"En aquella época, todo sacerdote que trabajaba con los pobres era blanco de acusaciones. Estaba instalado, desde antes del golpe militar, que los curas que trabajaban con los pobres eran considerados 'zurdos'. Era una calumnia, pero ese era el ambiente que se vivía en este tiempo, y uno tenía que estar al lado de quienes realizaban esa tarea pastoral", dijo el entonces cardenal en su declaración (véase el "Anexo").

Bergoglio se enteró del secuestro de los sacerdotes jesuitas ese mismo día, un domingo a la tarde. Un vecino lo llamó por teléfono y le dijo que había habido una redada. Esa persona no se identificó. También el padre Luis Dourron estaba con ellos, pero al ver lo que pasaba desde su bicicleta, siguió de largo por la calle Varela. Enseguida, el provincial informó a las autoridades de la Compañía, de la Iglesia local y de la Nunciatura e inició gestiones para que todos recuperaran la libertad, según declaró.

El secuestro llegó en un momento de mucha conflictividad. Yorio y Jalics habían tenido a Bergoglio como profesor en el Colegio Máximo y vivían en el barrio porteño de Rivadavia, un conjunto de monoblocs que se levanta junto al Bajo Flores, en la zona sur de la ciudad, donde abundan las villas de emergencia. En 1972, habían armado una comunidad en la calle Rondeau, en el barrio Parque Patricios. Tenían el aval de Bergoglio y Yorio era el responsable.

Dos años antes de que Bergoglio fuera elevado a la máxima autoridad local, Yorio recibió un llamado del entonces provincial O'Farrel, quien le dijo que el padre Arrupe le había manifestado "la urgencia de profundizar sobre la reflexión desde la Teología en el hecho político latinoamericano", según consta en el expediente. (El testimonio de Yorio fue aportado a la causa por su hermano, y mediante un escrito con su declaración testimonial ante la justicia antes de su muerte.)

Según Yorio, en 1971 el provincial le había pedido que "insistiera en la importancia de la investigación teológica latinoamericana". También le dijo que en la Argentina la persona que estaba en mejores condiciones para hacerlo era él. De alguna manera, Yorio, que era partidario de la Teología de la Liberación, lo vivió como un legado, como la posibilidad de desarrollar un liderazgo. Jalics, que también compartía esa visión, estuvo de acuerdo en fundar una comunidad.

Yorio declaró que al principio las actividades eran supervisadas por el propio Bergoglio. Entonces, empezaron a correr rumores: se decía —según consta en el expediente— que ellos realizaban oraciones extrañas, que convivían con mujeres, que profesaban herejías, que tenían un compromiso con la guerrilla... "Eran calumnias", descartó Bergoglio ante los jueces. Sin embargo, les advirtió a los sacerdotes sobre el peligro que corrían ellos y su comunidad al ser vistos de ese modo.

Si bien alentaba el trabajo pastoral en las villas, Bergoglio se oponía a que los jesuitas se involucraran en una participación política, porque le parecía que el riesgo era alto, no sólo para los curas sino también para la gente que tenían a cargo. La recomendación fue abandonar ciertas comunidades antes de que se desatara la persecución, pero a Yorio y a Jalics no les pareció una buena medida. Y cuando el provincial les comunicó que debían reubicarse en otras comunidades y disolver el grupo que habían creado, los jesuitas se opusieron. Los sacerdotes sabían que desde hacía tiempo eran vigilados por las Fuerzas Armadas.

"La comunidad que habían formado se disolvió por una política de reordenamientos dentro de la provincia argentina, para fortalecer ciertos lugares", explicó Bergoglio en su declaración.

Las gestiones se iniciaron en 1974, pero la resistencia de los dos sacerdotes hizo que el conflicto se prolongara casi un año y medio. La negativa a disolver la comunidad exacerbó los rumores. Los sacerdotes ya no eran vistos sólo como "zurdos", sino que Bergoglio recibía acusaciones de que en realidad eran guerrilleros. Él sabía que no, pero la amenaza de la Teología de la Liberación empezaba a pesar sobre la orden, y todos sus miembros corrían peligro.

Desde su posición, es probable que Yorio no interpretara la negativa de Bergoglio como un acto que intentaba protegerlos sino como una puja por ese "incipiente protagonismo" suyo en la avanzada de la Compañía.

Para evitar que se disolviera la comunidad, Yorio y Jalics elevaron su reclamo al padre general, ya que los jesuitas tienen derecho a explicar por qué no obedecen una disposición de la autoridad. Intervino Arrupe.

En febrero de 1976, Bergoglio volvió de Roma con una orden del padre general de disolver la comunidad. Cuando se produjo el golpe de Estado, el 24 de marzo de ese año, a los dos sacerdotes y a Dourron ya les habían revocado las licencias para oficiar misa, como consecuencia de su desvinculación de la Compañía de Jesús. Debían incardinarse dentro del clero secular, esto es, buscar un obispo que los recibiera. Por alguna razón, el arzobispo de Buenos Aires rechazó el pedido de acogerlos bajo su órbita y entonces se quedaron sin sus licencias. De todos modos, Bergoglio los autorizó a seguir dando misa hasta que se resolviera la situación, es decir, hasta que encontraran un obispo.

El 23 de mayo se produjeron los secuestros. Según declaró ante la Justicia, Bergoglio tuvo cuatro entrevistas con autoridades del gobierno de facto para pedir por su liberación. Una de ellas fue con el jefe de la Armada, el almirante Emilio Massera. "La primera vez me dijo que iba a averiguar. Mientras tanto, yo seguí haciendo gestiones para averiguar sobre ellos, y a los meses, como no aparecían, lo volví a ver. La audiencia fue muy fea", dijo Bergoglio. Ante las evasivas del jefe de la Armada, que le decía que ya había informado a monseñor Adolfo Tortolo, ex vicario castrense (falleció en 1986 y fue acusado de justificar las torturas), el provincial se puso de pie y lo increpó: "Mire, Massera, *quiero que aparezcan*. Me levanté y me fui".

Las otras entrevistas fueron con el entonces presidente, general Jorge Rafael Videla. El mismo día en que Francisco fue elegido papa, por las redes sociales circularon fotos que mostraban a un Bergoglio de espaldas, dándole la ostia a un Videla, de rodillas. Poco después se supo que las fotos eran falsas. Ese no era Bergoglio. Sin embargo, la misa sí existió: no fue para darle la bendición sino, por el contrario, para tenerlo frente a frente y volver a pedirle por la libertad de los sacerdotes. La primera vez lo había recibido en su despacho y le había dicho que iba a averiguar. La segunda vez, Bergoglio no pidió audiencia. Averiguó quién era el sacerdote que iba a celebrar misa en Olivos y lo convenció para que alegara que él estaba enfermo y lo enviara en su reemplazo. Después de la misa, se acercó a Videla y le pidió hablar con él. Según declaró, en esa oportunidad su impresión fue que se iba a ocupar.

Cuando finalmente Yorio fue liberado, se comunicó por teléfono con Bergoglio y acordaron que debía salir del país. En persona, el hombre que hoy es papa fue junto con el secretario de la Nunciatura, con una cobertura diplomática, al Departamento de Policía para conseguirle un pasaporte. Lo mismo hizo con Jalics.

Debían salir del país en forma urgente. Para no comprometer su integridad, les pidió que no le contaran nada.

"A mí nunca ninguno de los dos me dijo que sentía que yo podría haber hecho más. No me reprocharon nada. Después supe que Yorio pensaba que los había descuidado

79

un poco, que no había hecho todo lo posible. Que al no cuidarlos bien, los había desprotegido", aclaró Bergoglio.

En aquellos años, "el trabajo de los curas villeros era variado en distintos países y en algunos estuvo muy mediado por cuestiones políticas y una lectura del Evangelio con una hermenéutica marxista, lo que dio lugar a la Teología de la Liberación. Y otros, en cambio, optaron por la piedad popular, dejando de lado la política, dedicándose a la promoción y acompañamiento de los pobres", dijo el cardenal ante la Justicia. Así, sintetizó las dos facciones en las que había quedado dividida la Compañía durante su provincialato.

Para la Justicia quedó probado que Bergoglio no los había entregado, sino que incluso había intentado advertirles, protegerlos. Y que los sacerdotes siguieron adelante, asumiendo el riesgo al que se exponían.

En su declaración, Yorio señaló que una de las personas que lo interrogaron le dijo que haberlos apresado a ellos resultaba un gran problema porque había desencadenado una reacción fortísima de la Iglesia y de muchos sectores del país. También declaró que, cuando fue liberado, Bergoglio fue a verlo a la casa de su madre y que ahí mismo se comunicó con un obispo para pedirle que lo acogiera de modo que pudiera incardinarse. "Lo hizo delante de mí para que no hubiera problemas. Informó muy favorablemente. Dijo además que yo no salía [del país] por ningún problema con la Compañía, ni religioso ni sacerdotal. Que el único problema era el de 'tensiones entre grupos humanos'. El padre Bergoglio hizo los trámites de mis documentos y me pagó el pasaje a Roma. Allí, también intervino en el Colegio Pío Latino para facilitar mi ingreso en la [Pontificia Universidad] Gregoriana", declaró.

Yorio aclaró que ese día no le pidió a Bergoglio ninguna explicación de lo sucedido. Que el provincial se le adelantó indicándole que no se la solicitara, que "se sentía demasiado confundido por lo que había sucedido, que no se sentía en condiciones" de dársela, según sus propias palabras.

El tribunal desestimó las acusaciones contra Bergoglio y sacó sus conclusiones. Un par de cosas quedaron probadas: "Que la reacción eclesiástica refleja que las gestiones realizadas por las autoridades de la Orden y por la Iglesia católica persuadieron acerca de la liberación de los secuestrados. Que Jalics y Yorio sabían del peligro que corrían sus vidas por la actividad desplegada, ya que precisamente el régimen dictatorial creía ver en el trabajo pastoral en las villas una fachada que escondía la guerrilla. Que también constan las advertencias eclesiásticas (ante el riesgo al que se exponían) traducidas en el retiro de sus licencias".

ANGELELLI Y LOS PALOTINOS

Durante la última dictadura militar, la persecución de personas comprometidas con la labor social alcanzó incluso a miembros del Episcopado. Tal fue el caso de monseñor Enrique Angelelli, arzobispo de La Rioja. En julio de 1976, le había reclamado a Videla por la aparición de dos hombres secuestrados en la parroquia El Salvador, en El Chamical, provincia de La Rioja: el sacerdote franciscano Carlos de Dios Murias y el párroco francés Gabriel Longueville. Poco después, ambos aparecieron en un descampado, con las manos atadas a la espalda, torturados y fusilados. Habían pasado dos semanas de los asesinatos de los sacerdotes palotinos Alfredo Leaden, Alfredo Kelly y Pedro Duffau, y de los seminaristas Salvador Barbeito y Emilio Barletti, de la parroquia de San Patricio, en Buenos Aires.

El 4 de agosto de 1976, Angelelli también fue asesinado, cuando volvía a la ciudad de La Rioja. La camioneta en la que viajaba fue encerrada por un Peugeot 504 y volcó. Aunque las primeras versiones indicaban que se trataba de un accidente, años más tarde la Justicia comprobó que había sido un homicidio. Videla y el ex general Luciano Benjamín Menéndez están procesados por ese hecho, como autores mediatos.

Unos meses antes de ser asesinado, Angelelli le pidió a Bergoglio que protegiera a los tres seminaristas de la diócesis de La Rioja. Le explicó que el diseño curricular que había trazado para ellos no podía completarse en su provincia. En realidad, le estaba pidiendo que los amparara, porque sus vidas corrían peligro. Así fue como Bergoglio los recibió en Buenos Aires y, como no tenían dónde vivir, autorizó que se alojaran en el Colegio Máximo.

"En el Colegio se escondía gente, se preparaba la documentación y se hacía todo lo necesario para sacarla del país. Yo lo vi, no me lo contaron. Los jesuitas tenían una organización para ayudar a gente a salir del país. La diócesis de La Rioja quedó muy golpeada y él asumió la paternidad de nosotros", contó el sacerdote Miguel La Civita (véase la entrevista con los sacerdotes que Bergoglio salvó en el "Anexo").

"Él ayudó a mucha gente perseguida", confirmó Roberto Musante, ese amigo que conoció cuando reencauzó su vocación religiosa hacia la Compañía de Jesús. "A raíz de nuestra relación con el obispo mártir Enrique Angelelli, tuve ocasión de conversar varias veces con él; siempre estuvo convencido de su asesinato. Él recibió a sus seminaristas cuando en La Rioja comenzaron las agresiones a los sacerdotes y laicos en tiempos de la dictadura. También ayudó a mucha gente, a pesar de haber tomado decisiones que muchos cuestionaron cuando los sacerdotes Jalics y Yorio fueron secuestrados. Siempre se mostró sencillo, ausente de protocolos, amigo de los curas villeros y de los pobres. Solamente su gesto de llamarse Francisco, de presentarse como obispo de Roma y de pedir la bendición del pueblo antes de dar la bendición como papa, manifiestan su línea pastoral como sucesor de Pedro. Ojalá que esta actitud pastoral haga más evangélica la Iglesia de Jesús", dice Musante.

"Bergoglio no dudó en prestar hasta su propio documento de identidad para ayudar a salir del país a personas que eran perseguidas por el gobierno militar. Se lo dio a un joven que se le parecía e incluso, para que no tuviera inconvenientes, le prestó una camisa con su *clergyman*, el tradicional cuello sacerdotal, para que fuera más creíble", detalla Alicia Oliveira.

Carlos Murias, el primer beato de Francisco

Carlos de Dios Murias, uno de los sacerdotes torturados y masacrados en La Rioja, podría convertirse en el primer beato del papado de Francisco. Murias era franciscano y lo había ordenado el obispo Angelelli.

"Si se respeta el pedido del arzobispo de Buenos Aires, Jorge Bergoglio, de beatificar a Carlos Murias, el primer santo del papa Francisco será un mártir de la última dictadura militar argentina." Así comienza una nota de diario italiano *La Stampa*, escrita por el periodista Paolo Matrolilli, enviado a Buenos Aires tras la elección del nuevo pontífice.

La causa para solicitar la canonización fue firmada por Bergoglio en mayo de 2011. Según Carlos Trovarelli, superior de los franciscanos conventuales en la Argentina, lo hizo con discreción para evitar que fuera bloqueada por otros obispos que son contrarios a esas iniciativas basadas en el compromiso social de los sacerdotes.

Carlos Murias nació en la provincia de Córdoba en 1945. Su padre, agente inmobiliario y ligado a la política, quería que su hijo fuera militar. Carlos cursó el Liceo Militar, pero cuando terminó ingresó al seminario y fue ordenado sacerdote por Angelelli.

Murias recaló en el pueblo El Chamical en compañía del francés Gabriel Longueville. La misión era fundar una comunidad franciscana. En 1976, llegaron el golpe de Estado, las advertencias y las amenazas.

Murias fue secuestrado el 18 de julio. Dos días después, su cadáver fue encontrado en medio del campo: le habían sacado los ojos y le habían cortado las manos antes de dispararle.

Su amiga Careaga, secuestrada y asesinada

El 8 de diciembre de 1977, un "grupo de tareas" comandado por el capitán de navío Alfredo Astiz, "el ángel de la muerte", secuestró a la ex jefa de Bergoglio en el laboratorio y guía en las lecturas políticas, Esther Ballestrino de Careaga. Tras la desaparición de su hija Ana María y de sus dos yernos, Careaga se había convertido en una de las fundadoras de las Madres de Plaza de Mayo.

Cuando los militares se llevaron a Ana María, Careaga llamó a Bergoglio y le pidió que fuera a su casa para darle la extremaunción a un familiar, su suegra. Bergoglio se sorprendió porque la familia de Careaga no era católica. Del pedido real se enteraría al momento de llegar a su casa. "Me llamó la atención que me hubiera llamado para que le diera la extremaunción, ya que ni ella ni su familia son católicos. Después me enteré de su propósito. Su hija había sido secuestrada. Quería entregarme unos libros y otros materiales", declaró Bergoglio en la causa "ESMA".

Le pidió que se llevara los libros sobre marxismo que tenía en la biblioteca, que los escondiera. Su hija había sido detenida y liberada y temía que en cualquier momento allanaran su casa o se la llevaran a ella detenida.

Bergoglio cumplió con el pedido y se llevó los libros. La presunción de Careaga se hizo realidad: el 8 de diciembre de 1977, Esther Ballestrino y María Ponce fueron secuestradas en la iglesia de la Santa Cruz, en Buenos Aires, cuando trabajaban con otras madres para publicar una lista de familiares desaparecidos. Se habían reunido en esa iglesia para juntar fondos y publicar la primera lista de desaparecidos en el país.

El agente de inteligencia que las delató fue Astiz. Se había infiltrado. Decía tener un hermano desaparecido y asistía a las reuniones del grupo con una mujer que había estado secuestrada en la ESMA, a quien presentaba como su hermana. Entre el 8 y el 10 de diciembre de 1977, hubo once secuestros; entre los detenidos estaban las monjas francesas Alice Domon y Léonie Duquet, y la fundadora de Madres de Plaza de Mayo, Azucena Villaflor.

Esther Careaga fue arrojada desde un avión, en lo que luego se denominó los "vuelos de la muerte", y el mar la devolvió a la playa de Santa Teresita, en la provincia de Buenos Aires. Fue enterrada como NN, y muchos años después su cuerpo fue identificado por el equipo de antropólogos forenses.

"En 2005 aparecieron los restos de mi mamá", relató Mabel Careaga, otra de sus hijas. "Quisimos enterrarlos en el solar de la iglesia de la Santa Cruz porque era el último territorio libre que ella y María Ponce habían pisado, el lugar donde la secuestraron. Le pedimos permiso a Bergoglio."

Bergoglio, ya como arzobispo de Buenos Aires, autorizó que fuera sepultada en el jardín de la iglesia de la Santa Cruz. Allí descansan sus restos.

Ayudar a tantas personas en años tan difíciles no lo hizo a Bergoglio un hombre popular. De hecho, cuando se conoció que había sido elegido papa, recién entonces muchos argentinos comenzaron a descubrir esta y otras labores solidarias que el sucesor de Pedro había desarrollado en silencio.

Apareció un aluvión de testimonios de personas a las que había ayudado cuando sus vidas corrían peligro a causa de la persecución de la dictadura militar. Como el del gobernador de Córdoba, José Manuel de la Sota, quien relató que, mientras estuvo desaparecido, el papa Francisco ayudó a su familia e "intercedió infinidad de veces" ante los jefes militares para dar con su paradero.

Algo similar contó el sacerdote paraguayo José Luis Caravias. Dijo que Bergoglio lo había salvado en los años setenta de la Triple A, la fuerza parapolicial manejada por el ministro de Acción Social de Isabel Perón, José López Rega.

En mayo de 1972, perseguido por la dictadura del general Alfredo Stroessner, Caravias había abandonado el Paraguay para radicarse en la provincia argentina de Chaco. Pero ahí también fue perseguido debido a su opción por los pobres. Bergoglio fue quien le advirtió que le habían "decretado la muerte y lo protegió".

Estos y otros testimonios constituyen una prueba del compromiso de Bergoglio con los derechos humanos durante la última dictadura militar. Incluso Hebe de Bonafini, presidenta de Madres de Plaza de Mayo, que en un principio había cuestionado su aptitud moral para el papado y lo había acusado de "formar parte de los obispos que asesinaron a nuestros hijos", una semana más tarde se alineó con el fervor por la figura de Francisco. Hasta le escribió una carta: "Hoy, ante mi sorpresa, escucho a muchos compañeros explicar de su entrega y trabajo en las villas. Me alegro infinitamente al saber de su trabajo y siento esperanzas de un cambio en el Vaticano".

¿Un papa peronista?

"La política es una actividad noble. Hay que revalorizarla, ejerciéndola con vocación y una dedicación que exige testimonio, martirio. O sea, morir por el bien común", dijo Bergoglio en una homilía en junio de 2004. Esto es así en el plano intelectual. En el plano real, las cosas son distintas: según él mismo reconoció en su libro *Sobre el cielo y la tierra*, Francisco no vota. La última vez que concurrió a las urnas fue para una elección legislativa en 1960 durante el gobierno de Arturo Frondizi. "Tal vez esté cometiendo un pecado contra la ciudadanía", sostuvo el padre jesuita. Primero, no hizo el cambio de domicilio, y cuando lo hizo, seguía apareciendo empadronado en Santa Fe. "Después, encima, cumplí setenta años y ya no tengo obligación de votar. Es discutible si está bien que no vote, pero al fin y al cabo soy padre de todos y no debo embanderarme políticamente."

Dos días después de que se lo eligiera papa, la ciudad de Buenos Aires amaneció empapelada con afiches callejeros que rezaban: "El papa es peronista".

"¿Es peronista?", le preguntaron a su sobrino Pablo Narvaja Bergoglio. "En función de su tarea pastoral, él rechazó siempre un encolumnamiento político. Yo podría decir que sus concepciones lo ponían muy afín con el peronismo, pero él nunca se embanderó políticamente porque, si no, se sectorizaba, y él era un pastor de todos. Pero hay mucha afinidad", confirmó.

Los amigos de Bergoglio reconocen que es peronista. "Pero un peronismo de bases, no justicialista. Él admira la figura de Perón, en tanto que revalorizó e instauró la cultura de la dignidad del trabajo, una idea muy arraigada en él por su trasfondo como familia de inmigrantes. No le gustaba lo que vino después, el clientelismo, los planes sociales y el uso político de la pobreza. Mucho menos la corrupción instaurada como política de Estado y asumida como un costo a pagar para llevar adelante la revolución. Con eso no comulga para nada", confió una fuente cercana a Francisco.

Los peronistas aseguran que en los años previos al retorno de Juan Domingo Perón al país, en 1973, luego de su exilio, Bergoglio tuvo un acercamiento a la agrupación de derecha Guardia de Hierro, que tomaba su nombre del movimiento ultranacionalista rumano, y que se presentó tiempo después como la facción opuesta a la guerrilla de Montoneros. Surgida durante la proscripción del peronismo, Guardia de Hierro se caracterizó por un apego casi exegético al pensamiento de Perón. Algunos creen encontrar en ese acercamiento de Bergoglio al grupo opuesto a Montoneros la explicación de por qué la presidenta Cristina Fernández de Kirchner lo consideró durante muchos años un enemigo político. Si bien en los años setenta todos habían trabajado entre los pobres en la búsqueda de una sociedad más justa, lo habían hecho con orientaciones diametralmente opuestas.

"¡A mí no me va a dar órdenes un Guardia de Hierro!" Dos periodistas del diario *Clarín* aseguran haber oído bramar esa frase a un funcionario y legislador muy cercano al kirchnerismo en los años en que aún vivía y era presidente Néstor Kirchner. De todos modos debe quedar en claro que Bergoglio nunca habló de su cercanía a Guardia de

Hierro. En cambio, fueron sus líderes de antaño los que mencionaron que Francisco había sido para ellos algo así como "un capellán".

"En su momento nos acercamos a Bergoglio, pero no fue miembro de Guardia de Hierro. Lo describiría como un asesor espiritual", admite el histórico dirigente peronista Julio Bárbaro, al ser consultado para este libro. "Era un jesuita ligado a nosotros. Él y otros padres nos acompañaban, pero tuvieron el acierto de no meterse en la violencia. Bergoglio nos confesaba y nos daba indicaciones sobre religiosidad. Ejercíamos nuestra vocación así, combinando las dos cuestiones", señaló.

"El papa Francisco no perteneció a Guardia de Hierro. Fue [alguien] muy especial para mí, fue confesor de la dirección y hasta asesor espiritual. Pero nunca delató a nadie", asegura Mario Gurioli, ex diputado de la nación, que entonces ejercía la dirección nacional de Guardia de Hierro.

En 1979, Bergoglio terminó su mandato como provincial de la Compañía con un sabor amargo por no haber conseguido evitar la fractura de la orden a causa de la politización de la misión. Muchos murieron, muchos otros se alejaron de las filas del catolicismo y otros tantos desertaron y se casaron. Una vez más, la Compañía de Jesús se había debilitado. La labor de Bergoglio, sin embargo, había sido fundamental para que no se desmembrara por completo. Pero el proceso había resultado muy desgastante.

En 1975, el padre general Arrupe le había dado instrucciones para que reencauzara los esfuerzos. Había que concentrarse en "lo importante". No en "educar a los cultos". Como había mermado el número de curas jesuitas, la actividad se focalizaría en los colegios y se priorizaría la labor solidaria con los pobres. "La universidad no permitía educar a una generación", pensaba Arrupe, de modo que le dio instrucciones a Bergoglio para que se desvinculara de la Universidad del Salvador y la cediera para que fuese administrada por los laicos. "En vistas de que la Compañía de Jesús ya administraba la Universidad Católica de Salta, la de Córdoba y que en Buenos Aires se había instalado la Universidad Católica Argentina, Arrupe consideró un despropósito que hubiera dos universidades católicas en una misma ciudad", confió una fuente de los jesuitas.

Para muchos, esa era sólo la versión oficial de los hechos. "Elegirán al rector de la Universidad del Salvador", publicó *La Nación* el domingo 25 de mayo de 1975.

"El padre provincial de la Compañía de Jesús Jorge Bergoglio dio un mensaje a la asociación civil de la Universidad del Salvador y a la comunidad universitaria. En un documento, tras reiterar que la Compañía se desvinculaba realmente de la Universidad del Salvador, señaló que ello significaba: 'Primero, la determinación de dejar la libre conducción a los laicos que la asumían; segundo, que la seguridad de que ese equipo de laicos eran considerados como la única garantía posible para la preservación de la identidad de la Universidad del Salvador', dijo", detalla el artículo.

"Esta es la hora del coraje creativo, de la contemplación fecunda, de las decisiones que generan unidad. Pero también es la hora de la sagacidad para saber detectar los reales enemigos y sus proyectos, que, en definitiva, atentan contra lo más importante y sagrado que tiene una institución educativa: sus alumnos", expresó Bergoglio en su discurso. ¿Un mensaje críptico, como los que le gusta dar a Francisco, para alertar sobre algún peligro? Probablemente.

Las críticas a su conducción entre los mismos jesuitas no tardaron en llegar. Además de los que se oponían a la politización de la misión, figuraban los que cuestionaban que la orden hubiese dado un giro hacia la pobreza, dejando de lado la importancia del ministerio didáctico que la había caracterizado a lo largo de cinco siglos: la educación.

Estos últimos interpretaron la decisión de entregar la Universidad del Salvador a los laicos como una traición por parte de Bergoglio, aunque la decisión se hubiera tomado más arriba. También llegaron las acusaciones acerca de que la institución educativa había quedado en manos de jóvenes laicos de derecha, con ciertos vínculos con Guardia de Hierro. "Se lo acusó de que, para no dársela a la izquierda, le entregó la Universidad del Salvador a la juventud de derecha", dijo una fuente.

El 25 de noviembre de 1977, la Universidad del Salvador distinguió al entonces almirante Emilio Massera con el doctorado "honoris causa", y aún hoy no se lo ha retirado. Los opositores a Bergoglio barajaron dos posibles explicaciones: la cercanía a Guardia de Hierro, que tenía cierta proximidad con Massera, o una contraprestación asumida para garantizar la liberación de los sacerdotes Jalics y Yorio. "Recibí la invitación para el acto, pero no fui. Además, la Universidad ya no pertenecía a la Compañía de Jesús y yo no tenía ninguna autoridad más allá de ser su sacerdote", cuenta Bergoglio en *El jesuita*, la única declaración que hizo al respecto.

En ninguna de las fotos de los archivos de la Universidad del Salvador de aquella ceremonia aparece Bergoglio.

Dos años más tarde, en 1979, con una sensación amarga por el devenir de los acontecimientos, el liderazgo de Bergoglio en la Compañía llegó a su fin. Con cuarenta y dos años, asumió como rector del Colegio Máximo —hasta 1986— y de su Facultad de Filosofía y Teología, además de continuar siendo sacerdote de la Universidad del Salvador.

Capítulo V

El destierro,
un master *en pastorado*

"Saludá siempre a todas las personas cuando subas, porque es muy probable que al bajar te las vuelvas a encontrar." Estas palabras de su abuela, repetidas hasta el cansancio durante la infancia, quedaron grabadas en el corazón de Francisco. Y fue justamente en la época en que su abuela falleció cuando cobraron un nuevo sentido en su vida adulta.

Hasta ahí, su ministerio como sacerdote había tenido dos etapas muy marcadas: la primera, la de los catorce años de estudio y capacitación en la Compañía de Jesús, donde recibió su amplia formación teológica y cristiana. Después vinieron los años de ascenso dentro de la estructura de la orden, un crecimiento veloz y vertiginoso, con gran exposición, en los que debió aprender a gobernar en medio de la crisis y haciendo frente a mucha oposición.

Lo que llegaba ahora era la bajada. El descenso. ¿El ostracismo? No. Él nunca lo vivió así, a pesar de que, después de ser la máxima autoridad de los jesuitas en el país, lo mandaran de confesor a una iglesia en la provincia de Córdoba, o a alimentar a los chanchos —literalmente— en las barriadas de San Miguel. Las palabras de su abuela le sirvieron para no perder la perspectiva.

"Desde joven, la vida me puso en cargos de gobierno. Recién ordenado sacerdote, fui designado maestro de novicios, y dos años y medio después, provincial. Y tuve que ir aprendiendo sobre la marcha, a partir de mis errores. Porque, eso sí, errores cometí a montones. Errores y pecados. Sería falso de mi parte decir que hoy en día pido perdón por los pecados y ofensas que pudiera haber cometido. Hoy pido perdón por los pecados y las ofensas que efectivamente cometí", dice Bergoglio.

Contra lo que pudiera creerse, en ese tiempo acabaron los años de vivir rodeado de seminaristas, sacerdotes y hombres de fe. Comenzaban, en cambio, sus años como pastor. En el barrial.

En esos días —sobre los que escasean los documentos y registros disponibles acerca de su tarea—, el contacto directo con la gente se convirtió en la clave de su estilo pastoral. Ya no sería sólo un hombre formado en teología y humanidades, forjado en la oración y la meditación, capaz de conducir la Compañía con mano firme y discernimiento espiritual. Aprendió a acercarse al pobre de otra manera. No como a alguien a quien hay que enseñar o ayudar. Era necesario, además, estar próximo a ellos para aprender.

Era un camino que había empezado a transitar en los años setenta, durante el trabajo conjunto con los curas villeros. Sin embargo, la politización de la tarea social y su alto rango dentro de la estructura jesuita habían jugado en contra.

Bergoglio quería estar cerca de la gente. Entre la gente. En la calle. "Los momentos más lindos son los que pasé con la gente", reconoció en la entrevista radial en la parroquia de la villa de Barracas, en noviembre de 2012.

Las urgencias de la realidad —cuentan aquellos que lo rodean— le aportaron un ida y vuelta que enriqueció y complementó su bagaje doctrinal, en una simbiosis entre lo que la Iglesia proponía y lo que la gente necesitaba, o los problemas que debía afrontar: desempleo, droga, inseguridad y miseria, entre otros.

Pero, ¿qué ocurrió para que la máxima autoridad de los jesuitas se convirtiera en sólo el cura confesor de una iglesia en Córdoba? La respuesta varía según de quién provenga. Sus detractores aseguran que fue una especie de exilio, de destierro por las diferencias que se instalaron dentro de la Compañía durante y después de su provincialato. Que los jesuitas no le perdonaban haber entregado la Universidad del Salvador a los laicos y haber frenado el avance del tercermundismo en la orden.

Tras su paso por el Colegio Máximo, en San Miguel, donde desarrolló una importante obra con la comunidad local, Bergoglio viajó a Alemania para realizar su tesis doctoral. Después de un año y medio dedicado al estudio e investigación de la obra del teólogo Romano Guardini, tuvo que volver de improviso, por requerimiento de las autoridades de la Compañía, para que se encargara de una misión que no podía esperar: entre otras cosas, el confesionario en Córdoba.

Estaba castigado, dicen. Una versión indica que hasta le abrían la correspondencia y que durante muchos años estuvo confinado, aislado del resto de la Compañía.

Bergoglio lo vivió distinto. Lo transitó como una misión. "Tenía la idea profunda de volver al ejercicio comunitario, de no dejar lugar a la vanidad ni a la ambición de poder que incluso dentro de la Iglesia trastrocan los valores y le hacen creer a uno que lo importante es la orden, la congregación, las instituciones y no las personas", confía una fuente.

Sin saberlo entonces, Bergoglio era conducido a un nivel más profundo en su espiritualidad, lo cual en los años siguientes signaría su liderazgo. Mientras todos a su alrededor creían verlo como penando sus culpas en el destierro, él estaba cursando "una maestría" como pastor de almas. "Esto para mí es un pastor: alguien que sale al encuentro de la gente", dijo una vez.

Se lo propuso durante su destierro: salir al encuentro. Deseaba regresar al terreno, a la pastoral comunitaria, sentirse como un cura de barrio, volver a ser simplemente "el padre Jorge".

Con cuarenta y dos años, le llegó un nuevo destino: asumió como rector del Colegio Máximo y de la Facultad de Filosofía y Teología, en San Miguel. Además, a partir de 1980, se convirtió en el párroco de la iglesia del Patriarca San José, en la diócesis de San Miguel, una misión que lo entusiasmaba tanto como la labor académica. Realizaba sus tareas docentes y organizativas en el colegio y en la facultad y se dedicaba a la parroquia en cuerpo y alma.

Organizó la catequesis y fundó cuatro iglesias en barrios humildes de la zona, así como tres comedores infantiles. Si quería pastoral social concreta, ahí encontró un campo de acción en el que estaba todo por hacer.

El 19 de diciembre de 1985, el diario *El Litoral* publicó un extenso artículo dedicado a la transformación que se había producido en el barrio a partir de la obra desarrollada por quien años después sería Francisco. "Los milagros del padre Bergoglio", se tituló el artículo con motivo de la inauguración de dos de las cuatro iglesias que abrió en el barrio durante esos años. El 16 de noviembre había inaugurado "una enorme iglesia de líneas jesuíticas dieciochescas en medio de una barriada del partido de General Sarmiento (al noroeste del conurbano bonaerense), llamada Los Beatos Mártires del Caaró, misioneros fundadores del Alto Perú. Dos meses antes de eso había comenzado a funcionar otra iglesia: la de San Alonso.

"Las caritas de los chicos parecían de seda y los ojitos, estrellas. Las madres los cuidaban de los apretujones, orgullosas de sus blusas blancas, sus mantos celestes y sus moños prolijos. No parecía la misma gente enojada que hasta hacía muy poco recibía a los extraños con pedradas", dice el texto. Antes de que empezaran las obras de Bergoglio, la zona era un barrio de emergencia y, luego de que se empezó a trabajar allí, hasta el aspecto del barrio había cambiado.

Su tarea social no impidió que el padre Bergoglio se involucrara en el desarrollo de nuevas mejoras para las instituciones académicas. El 15 de octubre de 1981 fue inaugurada en San Miguel la Biblioteca de Teología y Filosofía, la más grande de América Latina por la cantidad y calidad de sus libros. La biblioteca del Colegio Máximo, que en aquella época compilaba 140.000 volúmenes, recibía habitualmente más de 800 revistas, en su mayoría especializadas en filosofía y teología. Asimismo, recibió 4500 antigüedades, entre ellas varios incunables, legados de la época de la Compañía de Jesús en los años de la colonia. La biblioteca se había comenzado un año antes, cuando Bergoglio fue nombrado rector del colegio.

El tercer milagro, según el artículo de *El Litoral*, fue la realización de un Congreso Teológico Internacional, que contó con la asistencia de cientos de representantes de los distintos credos, en el mismo colegio.

Gustavo Antico, hoy sacerdote y rector de la iglesia Santa Catalina de Siena, no olvidará jamás su trato con el padre Bergoglio en los años en que él era novicio en el colegio. Lo conoció cuando él tenía dieciocho, en el inicio de su formación como jesuita. "Me miró con la misma mirada que tiene hoy, y con el rostro impertérrito me dijo: 'Vos, a los chanchos'. Me mandó a cuidar durante el mes de enero unos cerdos que estaban en la casa de formación", recuerda hoy el padre Antico con una sonrisa.

Cuidar los chanchos no era una tarea que Bergoglio conociera desde la jerarquía de su despacho. Dice Antico que la máxima autoridad del colegio nunca los mandaba a hacer algo que él no hubiese hecho primero. No se sentía disminuido por meter literalmente los pies en el barro y alimentar a los cerdos. Hacer eso lo acercó a los estudiantes de una manera muy especial. Cualquiera podía cuestionar la autoridad de alguien que impartía órdenes desde un escritorio. Pero cuando esa persona se había puesto a su lado en la tarea cotidiana y había trabajado a la par del más novato de los novicios, alimentando a los chanchos, la relación era otra.

Bergoglio lo sabía. Sin embargo, por entonces comenzó a descubrir en qué residía la riqueza del trato cercano con la gente. Lo que hacía en el chiquero no era lo que hoy los especialistas en *management* llaman "liderar con el ejemplo". Había algo más. Cuando se acercaba a las personas más sencillas, él, genuinamente, sentía que aprendía.

"Nos visitaba durante el trabajo e interactuábamos en el chiquero. Él venía todos los días y nos solía ayudar con los chanchos. Era muy exigente; las horas destinadas al trabajo durante la formación sacerdotal eran para Jorge muy importantes. Él recorría cada una de las tareas que se nos daban y colaboraba en ellas con total naturalidad", sostuvo el rector de Santa Catalina de Siena, que en todo ese tiempo mantuvo con el Papa una relación muy estrecha, y que sentía casi paternal. "Siempre fue una persona presente en los procesos y momentos salientes de mi vida", aseguró.

Un pollo a la Papa

Las anécdotas de quienes lo tuvieron como rector en el Colegio Máximo lo describen como una persona muy cercana, que incluso los domingos, cuando los cocineros tenían franco, se ponía al mando de las ollas y las sartenes. "Lo que muy pocos conocen del Papa es que se trata de un cocinero excelente. Él dice que se defiende, pero no. Cocina realmente muy bien. Eso lo aprendió de su madre", contó un amigo personal de Francisco.

En una de esas ocasiones, le había encomendado a este amigo, que en aquellos años era un alumno, que se encargara de la cena de camaradería del grupo de estudiantes de teología. "Íbamos a ser como unas treinta o cuarenta personas, pero yo no sabía cocinar. Muy preocupado, cerca de la hora, se lo dije. 'No te hagas ningún problema', me respondió. Andá al centro de San Miguel y comprá cuatro pollos al espiedo, cuatro panes de manteca y cuatro cremas de leche.' Yo le pregunté para qué y él me insistió: 'Vos, andá'. Mientras tanto, se ocupó de poner a un grupo a pelar y hervir papas. Cuando yo volví con todo, me explicó: 'Esta es una receta de mi madre. Partís el pan de manteca en dos. Con una mitad, embadurnás todo el pollo ya cocido. La otra mitad se la metés adentro. Lo mismo con los cuatro pollos, y los metés al horno bien caliente. Después de unos diez minutos, los sacás, les agregás la crema y apagás el horno. Se sirve con las papas, y listo. Todos contentos', me dijo. Y fue cierto, esa cena, que servimos en una sala a la que le decíamos La Ramona, por el cuadro de San Ramón Nonato, fue todo un éxito", recuerda.

* * *

En marzo de 1986 comenzó una nueva etapa para Bergoglio, que viajó a Alemania y se instaló en la Universidad de Teología y Filosofía de Sankt Georgen, para realizar su tesis teológica. El tema de su disertación era la obra de Romano Guardini, sacerdote y teólogo nacido en Verona, Italia, y criado en Alemania, donde su padre trabajaba como diplomático. Al igual que Bergoglio, había pasado sus primeros años en un laboratorio químico.

Guardini tenía una visión innovadora de la Iglesia y fue uno de los líderes de los movimientos espirituales e intelectuales que se desencadenaron después de las reformas aprobadas por el Concilio Vaticano II.

De inspiración agustiniana, su teología es más una evocación de la vida de fe que una sistematización dogmática. En su obra, el teólogo prefiere abordar los problemas de forma concreta y viva, sin abstracciones. Le preocupa descubrir el sentido de la vida en las etapas ascendentes y en las descendentes, incluso en los momentos límite.

Al día siguiente de que se conociera la noticia en todo el mundo de que Francisco era el nuevo papa, el propio Vaticano difundió un comunicado con el currículum de Jorge Bergoglio, en el que se mencionaba que en 1986 se había instalado en Alemania para realizar su tesis doctoral (véase el "Anexo").

En una entrevista televisiva tras la elección, el cardenal alemán Karl Lehmann aseguró que el papa Francisco tenía vínculos con Alemania, ya que había estudiado allí. "Jorge Mario Bergoglio —explicó el cardenal de Mainz— conoce muy bien el alemán y además hizo su doctorado con los jesuitas de Frankfurt." El cardenal de Colonia, Joachim Meisner, declaró algo parecido.

Los medios de prensa publicaron la noticia. Ansiosos, los periodistas de esa ciudad corrieron a la Biblioteca Nacional para buscar la tesis y realizar la cobertura local de la etapa alemana de Francisco. Sin embargo, se encontraron con una gran sorpresa: no existían datos sobre el trabajo, según surge en distintos artículos periodísticos publicados los días siguientes a la elección papal.

Heinrich Watzka, rector de la Universidad de Teología y Filosofía de Sankt Georgen, se estremeció al oír esa noticia en televisión. A sus cincuenta y ocho años, estaba siguiendo los detalles de la elección papal desde su oficina en la comunidad jesuita, en la que desde 1926 funciona la universidad. Desde hace dos años y medio, él es la autoridad máxima. Uno de los suyos acababa de ser elegido papa por primera vez en la historia, ¿y este papa había alcanzado los mayores méritos académicos en Sankt Georgen?

Esa noche, además del rector, sólo había unas veinte personas en el campus universitario, ya que los 368 estudiantes que viven allí volverían después de la Pascua.

Las declaraciones del cardenal Lehmann, según dijo Watzka a la mañana siguiente, lo "asustaron". "Lo tomaron por sorpresa." En Sankt Georgen nadie sabía nada sobre la Doktorarbeit (tesis de doctorado) del Papa. Después de idas y vueltas, de debatir e investigar, quedó claro por qué: esa tesis nunca había existido.

En Friburgo, doscientos setenta kilómetros al sur, ocurrió algo parecido. Los medios hablaban de la residencia del pontífice en la universidad de esa ciudad, en sus años de estudiante. "A mediados de los ochenta Francisco habría presentado su tesis en Friburgo y habría obtenido su doctorado", decían. Sin embargo, la búsqueda en el catálogo de la Biblioteca Nacional de Alemania indicaba que algo andaba mal. La Biblioteca de Frankfurt guarda una copia de todas las tesis escritas en la República Federal de Alemania. Quien introdujera el nombre "Bergoglio" en la búsqueda obtendría el nombre "Francisco" entre corchetes. Pero de publicaciones, ni una palabra.

Rudolf Werner Dreier, vocero de la Universidad Albert Ludwig de Friburgo, fue el encargado de dar la noticia a la mañana siguiente: el Papa no tenía absolutamente nada que ver con Friburgo. No existía ningún dato que sugiriera que el padre Bergoglio había estado alguna vez inscripto allí. Alguien sugirió que tal vez el malentendido se había originado porque quizá se trataba de la ciudad homónima de Suiza.

Después de mucho investigar en sus propios registros, Watzka encontró la respuesta. Bergoglio había estado allí como huésped durante algunas semanas, y apareció incluso alguien que se acordaba de él: Michael Sievernich, profesor de Pastoral Teológica, quien recordaba haber hablado con el argentino en la década de los ochenta.

Desde su oficina en Sankt Georgen, Sievernich aceptó aportar información para la realización de este libro y dio más precisiones: "El padre Bergoglio estuvo en Alemania en el año 1985 para aprender el alemán y, en 1986, para estudiar teología de habla alemana, sobre todo los escritos del teólogo y filósofo alemán Romano Guardini. Bergoglio había decidido tomarse un tiempo para la investigación. Durante su estada en Alemania, que duró unos meses, estuvo una temporada en la Facultad de Teología Sankt Georgen para aprovechar la gran cantidad de bibliografía sobre Guardini que hay en esa biblioteca", dijo. Qué le interesaba al papa Francisco de ese autor, es difícil saberlo. Pero, al igual que el Pontífice, el teólogo alemán, muerto en 1968, también tenía raíces italianas.

Durante varias semanas, Bergoglio llevó adelante su investigación en la biblioteca, mientras ocupaba una habitación en la comunidad. Sin embargo, antes de lo esperado, la orden lo convocó para un nuevo destino. Y la investigación quedó inconclusa, explican en Sankt Georgen.

En esa universidad no existen registros de la tesis de Bergoglio simplemente porque nunca la entregó, por haber tenido que partir de inmediato por requerimiento de sus superiores en la Argentina.

Watzka dijo desconocer si Bergoglio había completado el trabajo en su propio país, aunque, de ser así, le resultaba llamativo que no les hubiera enviado una copia, ya que años más tarde seguirían en contacto varios de sus compañeros de estudio. Simplemente, no obtuvo su doctorado en esa universidad.

Michael Sievernich acababa de convertirse en profesor el año en que Bergoglio llegó a Alemania y recuerda bien su tiempo con el sacerdote argentino, al que había conocido durante una visita a América del Sur, ya que él mismo es jesuita. "Tenía una mente muy abierta. Hablamos de muchas cuestiones, tuvimos conversaciones de fondo, primero en alemán y después en español."

De todos modos, la tesis quedó inconclusa cuando, al cabo de un par de meses, las autoridades de la Compañía de Jesús lo convocaron para una misión diferente: simplemente presidir un área de la Universidad del Salvador y ser el cura confesor de una iglesia en Córdoba, además de su "director espiritual".

En virtud de la estructura sumamente verticalista de la orden, Bergoglio no podía negarse. Ello habría implicado salir de la Compañía.

Así fue como, con el corazón dividido, dejó Alemania. Contento por regresar a su país, que extrañaba muchísimo mientras permanecía alejado, pero sabiendo que una medida de ese tipo cuando estaba desarrollando una investigación para su tesis doctoral significaba que seguía en el destierro.

"No lo vivió como un confinamiento, aunque probablemente lo haya sido. Él tenía mucha convicción de su voto y eso implicaba obediencia", confía un amigo personal de Bergoglio.

Su destino cordobés era la iglesia que se levanta en la esquina de las calles Caseros y Vélez Sarsfield, donde funciona la residencia de la Compañía de Jesús, en pleno centro de la ciudad de Córdoba. Ocupó el cuarto número 5. Él se encargaba de oficiar misas y de escuchar las confesiones de los fieles que llegaban hasta la parroquia de Obispo Trejo y Caseros.

Allí volvió a convertirse en un cura de barrio. Confesaba, daba misa, caminaba entre la gente, aconsejaba y lidiaba con los problemas de la vida cotidiana de personas que, como él, iban a pie a todos lados.

"Para él, la base del sacerdocio es todo. Ser el sacerdote de la gente. Le gusta confesar a los jóvenes él mismo, en persona. Escucharlos. Porque esa es la mejor forma de entender cómo va variando la problemática social. Él quería escuchar esas confesiones porque era su oportunidad para poder entender de primera mano la real dimensión de los problemas de los jóvenes, de pulsar su visión sobre el mundo en una época de transformaciones, de cambio de valores. Siempre supo que tenía que estar con los protagonistas para entender un proceso", aporta Eduardo Suárez, decano de la Facultad de Ciencias Sociales de la Universidad del Salvador, que lo conoce desde hace más de cuarenta años.

"Así como en su vida no acepta medias tintas, tampoco lo hace en la vida de los demás. Pero esto siempre va unido a una paternidad muy grande. Él es una persona sumamente comprensiva con quien le abre su corazón. Nunca lo va a juzgar. En cambio, lo va a entender y va a intentar ayudarlo. Por ejemplo, él se opuso al matrimonio entre personas del mismo sexo. Fue muy duro al hablar del tema. Lapidario. Y la sociedad posmoderna no lo pasó por alto. Pero quienes conocemos su pastoral, sabemos que en muchas oportunidades se le acercaron homosexuales y le abrieron el corazón, le contaron que habían sido víctimas de abuso dentro de su familia y otras cosas, y él jamás les habló en esos términos. Los escuchó con amor. Los aconsejó. Una cosa es lo que él señala como horizonte. Ahí es muy duro, pero otra cosa es la actitud que tiene hacia las personas. Es muy comprensivo, en un pastor", cuenta un amigo personal de Bergoglio.

El MASTER EN PASTORADO

El trato cercano, la mirada siempre atenta a las necesidades de los demás y la importancia de los pequeños gestos son los rasgos que fue adquiriendo su pastorado en ese período. La pedagogía del trato con el otro constituía la clave. Sólo que esta vez Bergoglio no era el maestro. Era el alumno.

Ese fue el mensaje que maduró en su corazón después de mucha oración durante el destierro.

¿Por qué, cuando joven, no había podido viajar a Japón si tenía un corazón misionero? ¿Por qué durante esos años la elección de muchos de trabajar por los pobres desinteresadamente había sido influida por las ideologías? ¿Por qué, si había sido la máxima autoridad entre los jesuitas, se encontraba ahora alimentando cerdos y cocinando para sus alumnos? ¿Por qué, en lugar de terminar su tesis doctoral, se hallaba sirviendo el almuerzo en un comedor comunitario o escuchando la confesión de pecadores reincidentes? O, mejor dicho, ¿para qué?

Más de una vez se lo habrá preguntado a Dios en esas tres horas diarias que dedicaba —y dedica— a la oración, en cuanto se levanta, a las 4.30. Aquellos que lo conocen sostienen que la respuesta debió de haber sido similar a la que recibió cuando Dios lo convocó a servirlo. Para eso mismo había entrado al seminario: para aprender.

Aprender de los pobres, de aquellos a los que Jesús había llamado "bienaventurados", era aprender de Cristo.

Algunas conclusiones empezaron a pasarse en limpio en su vida durante los años de aislamiento. La opción preferencial por los pobres, que había pregonado el Concilio Vaticano II, había colocado a los menos favorecidos en el centro de la escena. La Teología de la Liberación había retomado y profundizado esa misión de la Iglesia, aunque la había encauzado, según Bergoglio, por caminos equivocados. Después de todo, los pobres seguían siendo pobres. En distintas oportunidades lo repitió: al pobre no hay que entenderlo desde una hermenéutica marxista, "hay que conocerlo desde una hermenéutica real, sacada del mismo pueblo". Así se acercó Francisco al concepto más revolucionario de su vida, revolucionario en el sentido de producir cambios profundos y duraderos: "La piedad popular". Esto es, escuchar al pobre para aprender.

A Bergoglio le gusta relatar una historia que resume de algún modo su visión social. Cuenta de una convocatoria que había realizado el papa Pío XII, a mediados del siglo pasado, a un grupo de nobles italianos. Para llegar hasta su despacho, tenían que atravesar un barrio muy pobre de la ciudad. Al verlos pasar, los indigentes insultaban a los potentados y les arrojaban el contenido de sus orinales. Ya delante del pontífice, lo saludaron, esperando seguramente alguna reivindicación. "Su hora de audiencia ha terminado", les dijo, aleccionador.

Hace un par de años le preguntaron a Bergoglio: "¿Cuál es su opinión acerca de la llamada Teología de la Liberación?". La respuesta habría sido otra si se lo hubieran dicho en los setenta. Los años de pastorado hicieron madurar en él una visión más conciliadora.

"La mayor preocupación por los pobres, que irrumpió en el catolicismo en los años setenta, constituía un caldo de cultivo para que se metiera cualquier ideología. Esto podría llevar a que se desvirtuara algo que la Iglesia había pedido en el Concilio Vaticano II y viene repitiendo desde entonces: abrazar el camino justo para responder a una exigencia evangélica absolutamente insoslayable, central, como la preocupación por los pobres. Desviaciones hubo. Pero también hubo miles de agentes pastorales, fueran sacerdotes, religiosos, laicos, jóvenes, maduros y viejos, que se comprometieron como lo quiere la Iglesia y constituyen el honor de nuestra obra. El peligro de una infiltración ideológica fue desapareciendo en la medida en que fue creciendo la conciencia sobre una riqueza muy grande en nuestro pueblo: la piedad popular. En la medida, pues, en que los agentes pastorales descubren más la piedad popular, la ideología va cayendo, porque se acercan a la gente y su problemática con una hermenéutica real, sacada del mismo pueblo."

Un día, mientras desempeñaba esa tarea de pastor en el silencio y en el anonimato en Córdoba, le llegó el rescate.

"En este hermoso día, en el que puedes tener en tus manos consagradas el Cristo Salvador y en el que se reabre un amplio camino para el apostolado más profundo, te dejo este modesto presente de muy poco valor material, pero de muy alto valor espiritual", le escribió su abuela en la carta que le entregó a Francisco el día en que se ordenó sacerdote. "Deseo que mis nietos, a los que entregué lo mejor de mi corazón, tengan una vida larga y feliz. Si algún día, el dolor, la enfermedad o la pérdida de una persona amada los llena de desconsuelo, recuerden que un suspiro al Tabernáculo, donde está el mártir más grande y augusto, y una mirada a María al pie de la cruz, pueden hacer caer una gota de bálsamo sobre las heridas más profundas y dolorosas", escribió la mujer, sin saber el significado que tendrían esas palabras años más tarde para su nieto.

Por aquella época, el arzobispo de Buenos Aires y cardenal primado de la Argentina, monseñor Antonio Quarracino, había viajado a Córdoba para participar de un encuentro espiritual. "Quarracino descubrió a Bergoglio cuando lo escuchó hablar en el encuentro. Conversaron y a partir de ahí entablaron una relación. El arzobispo se fue de Córdoba pensando que había encontrado a un talento y pidió en Roma que fuera su obispo auxiliar", contó el padre

José Carlos Caamaño, profesor de Teología Dogmática en la Universidad Católica Argentina.

Quarracino quedó impactado por su persona, por la autoridad con la que hablaba y, a la vez, por el trato sencillo que tenía con la gente. Cayó en la cuenta de que él era la persona que desde hacía tiempo estaba buscando para ser su asistente, para trabajar en la zona sur de la ciudad, donde están los barrios más carenciados.

"Cuando volvió a Buenos Aires, Quarracino intentó nombrarlo varias veces, pero, cada vez que proponía su nombre, se descartaba, principalmente por las diferencias que mantenía con Caselli", precisa una fuente cercana a Bergoglio. Esteban Caselli era el embajador del gobierno de Carlos Menem ante la Santa Sede. De amplio acceso a la Secretaría de Estado vaticana y a la Nunciatura en Buenos Aires, se destacó por haberse ubicado siempre en la vereda opuesta a la de Bergoglio. Incluso por impulsar la candidatura del otro cardenal argentino, Leonardo Sandri, que figuró entre los favoritos en el último cónclave.

En 1992, cansado de que le filtraran a su candidato, Quarracino viajó a Roma y se entrevistó personalmente con el papa Juan Pablo II. Le habló de Bergoglio y le pidió que lo nombrara obispo auxiliar.

Unos días más tarde, el nuncio apostólico de ese momento, monseñor Ubaldo Calabresi, lo convocó a Bergoglio para hacerle algunas consultas respecto de algunos sacerdotes que eran candidatos a obispos. Le pidió que se encontrara con él en el aeropuerto de Córdoba, mientras su vuelo de Buenos Aires a Mendoza recalaba en esa ciudad. Era el 13 de mayo de 1992. Después de hacerle distintas preguntas —según cuenta el propio Bergoglio—, y cuando por los altoparlantes del aeropuerto empezaban a reclamar la presencia de los pasajeros que faltaban, el nuncio le comunicó: "Ah, una última cosa… Fue nombrado obispo auxiliar de Buenos Aires y la designación se hace pública el 20".

"Recuerdo que cuando estaba en Frankfurt haciendo la tesis, por las tardes paseaba hasta el cementerio. Desde allí se podía divisar el aeropuerto. Una vez un amigo me encontró en ese lugar y me preguntó qué hacía ahí y yo le respondí: 'Saludo a los aviones… Saludo a los aviones que van a la Argentina…'", contó una vez. Los veía ascender y los saludaba, como decía su abuela, porque al poco tiempo los vería de regreso.

Capítulo VI

El nudo que la Virgen desató

Cuando Jorge Bergoglio regresó de Alemania, trajo consigo un secreto. Allí, en la Iglesia de St. Peter am Perlach, en Augsburgo, una imagen lo había conmovido al punto de despertar en su alma una profunda y callada devoción. Era una pintura del 1700 atribuida, aunque sin plena seguridad, al artista bávaro Johann Georg Melchior Schmidtner, que pasaba casi inadvertida para el común de los fieles y los visitantes, pero a la que él se aferró mientras transitaba, en solitario, y durante esos días de destierro.

La pintura, sin nombre, mostraba a la Virgen María desatando una cinta de nudos que le acercaban varios ángeles. La Virgen desataba, pacientemente, nudos grandes y pequeños, separados y agrupados. Bergoglio la observó detenidamente, se arrodilló frente a esa hermosa advocación de María, llena de misterio, y rezó. Inmediatamente después sintió que en su interior algunos nudos se iban aflojando.

"Cuando Bergoglio descubrió la imagen, quedó prendado, y empezó a sentir una gran devoción por ella. En Alemania estaba solo y la imagen de esta virgen seguramente lo impactó", cuenta el padre Omar Di Marco, actual párroco de la iglesia San José del Talar, en el barrio porteño de Agronomía, donde se encuentra la réplica del cuadro original pintada por la artista argentina Ana María Betta de Berti, quien la donó a esa iglesia sin sospechar el fervor que iba a despertar.

Hoy, la imagen es visitada incansablemente por miles de fieles, que se acercan a rezarle y a pedirle que interceda ante situaciones familiares difíciles, como peleas entre hermanos y amigos, separaciones conyugales e incluso problemas de abuso de drogas. También le rezan por cuestiones de salud y de trabajo, aunque su gracia son los vínculos afectivos. Cada 8 de diciembre, Día de la Virgen, más de sesenta mil personas se congregan frente a la pequeña iglesia del barrio para venerarla. También recibe miles de peregrinos el resto del año. Se calcula que sólo los fines de semana unos diez mil fieles se acercan allí, procedentes de todas partes del país, algo que muchas veces genera airadas quejas de los vecinos.

Sin duda, el fervor popular por esta virgen que muchos devotos consideran milagrosa hay que atribuírselo a Bergoglio, ya que fue quien trajo y difundió estampitas de María, la que desata los nudos.

"Seguramente, cuando recibió por correo las estampas y las repartió entre amigos y allegados, Bergoglio no imaginaba que estaba dando nacimiento a la conmoción espiritual que provocó luego de algún tiempo en el sentir religioso de su pueblo", asegura hoy Betta de Berti, que utilizó cada uno de sus ratos libres y los fines de semana de septiembre, octubre y noviembre de 1996 para dedicarse de lleno a la difícil tarea de dar vida a la réplica.

A principios de los noventa, Ana María trabajaba en la administración de la Universidad del Salvador y recibió, de manos del propio Bergoglio, una de esas estampitas. Por ese entonces, el sacerdote jesuita era guía espiritual de la institución y las distribuía entre los fieles que se acercaban a pedirle consuelo. Él, además de reconfortarlos con sus palabras, les regalaba una imagen de María Desatanudos y les explicaba su gracia: la de desatar los nudos provocados por el pecado original. "Nudos de vida personal, familiar, laboral, de la vida comunitaria. Todos estos nudos, que no son otra cosa que el pecado, nos debilitan a tal punto en nuestra fe que la Gracia de Dios no puede fluir libremente a través de la cinta de nuestra vida", era la explicación que daba Bergoglio cuando ofrecía la estampita. "Las manos bondadosas de María van soltando uno a uno los nudos que nos separan del bien. Y es así como la cinta resbala de un ángel a otro, quien mostrándola desanudada nos está diciendo que recemos confiadamente porque somos escuchados", dice al reverso de la imagen.

¿Fueron escuchadas las oraciones del padre Bergoglio cuando estaba en el destierro? ¿Habrá tenido alguna participación la Virgen? No es algo que Francisco haya referido. Sin embargo, todos a su alrededor reconocen que fue casi milagroso el crecimiento que tuvo en los años siguientes. "Tu vida es un testimonio de la providencia de Dios. Llegaste a ser papa sin haber movido ni una sola ficha en tu favor", le dijo una amiga personal a la que llamó unos días después de ser elegido.

Cuando el nuncio apostólico le comunicó que iba a ser nombrado obispo auxiliar, Bergoglio intentó excusarse, ya que su voto le impedía aceptar cualquier título de dignidad dentro de la Iglesia. Monseñor Quarracino no se hizo ningún problema por su respuesta. Se comunicó con el Vaticano, explicó la situación y Juan Pablo II hizo uso del cuarto voto de los seguidores de San Ignacio: el de obediencia al papa.

Así, "el santito", tal como lo llamaba Quarracino, salió de la esfera de obediencia a la Compañía de Jesús y se convirtió en obispo. Ese fue el primero de los pasos en el camino que veintiún años más tarde lo conduciría a Roma.

El sábado 27 de junio de 1992, en la Catedral Metropolitana de Buenos Aires, los sacerdotes Jorge Bergoglio y Raúl Omar Rossi recibieron la ordenación episcopal del arzobispo primado de la Argentina, como obispos titulares de Auca y Enera, respectivamente. En la ceremonia, también fueron nombrados otros veinte obispos de otras jurisdicciones.

¿Qué significaba ser obispo de Auca? Pues bien, con el nombramiento de Bergoglio, se elevó a seis el número de obispos de la ciudad, uno más de lo que prevé la estructura de la arquidiócesis. En efecto, Buenos Aires cuenta con una vicaría general y cuatro vicarías territoriales, correspondientes a los cuatro puntos cardinales de la ciudad: Norte, llamada Belgrano; Este, denominada Centro; Oeste o Devoto, y Sur, con el nombre de Flores.

El Código de Derecho Canónico establece que cada obispo debe ser titular de una diócesis, por aquello de que "no puede existir un obispo sin su diócesis". En el caso de los obispos auxiliares, al no poder ser titulares de la diócesis donde ejercen su ministerio, la Santa Sede los nombra titulares de diócesis históricas. Así, mientras Bergoglio fue obispo auxiliar de Buenos Aires y años después, arzobispo coadjutor, el papa Juan Pablo II lo nombró obispo titular de la diócesis de Auca, hoy Villafranca Montes de Oca, en Burgos, España.

"El hecho de que se haya agregado una nueva silla episcopal hace pensar que existe la intención de ampliar o modificar el esquema orgánico de la arquidiócesis", escribió Bartolomé de Vedia en su columna de actividad religiosa del diario *La Nación* unos días después del nombramiento.

Fue una ceremonia sencilla, celebrada en la tarde de un sábado. El nuncio apostólico de aquel momento, monseñor Ubaldo Calabresi, y el entonces obispo de Mercedes y Luján, monseñor Emilio Ogñénovich, fueron los responsables de consagrar a Bergoglio.

El cardenal Quarracino expresó: "La antigua norma de los Santos Padres manda que quien vaya a ser ordenado obispo sea interrogado ante el pueblo sobre su propósito de custodiar la fe". Y así se hizo.

"El Señor permanece fiel a su palabra. Él no se desdijo de su promesa de estar todos los días con nosotros hasta el fin del mundo. Hay hermanas y hermanos que con sus vidas nos piden por favor que no hagamos un rodeo y sepamos descubrir en sus llagas las del mismo Cristo", dijo Bergoglio en su primera alocución ante los fieles como obispo auxiliar.

Cuando un sacerdote es ordenado obispo, es tradición que reparta estampitas con la imagen de un santo entre los que participan de esa crucial ceremonia. Cuando fue ordenado, Bergoglio mandó imprimir y repartió la imagen de la Virgen Desatanudos entre los sacerdotes que habían sido ordenados. El padre Di Marco todavía recuerda la sorpresa que causó esa imagen entre los presentes. "Llamó la atención. Nos extrañamos todos. No sabíamos bien de qué se trataba. Algunos la conocían porque habían visto una imagen de María Desatanudos, pero para la mayoría fue una sorpresa."

En septiembre de 1996, a escasos meses de su nombramiento como cura de la iglesia San José del Talar, el padre Rodolfo Arroyo recibió la visita de tres fieles devotos de la Virgen Desatanudos que habían trabajado cerca de Bergoglio. Según recuerda, buscaban una parroquia para llevar un cuadro, réplica del original, con la esperanza de que más fieles conocieran su gracia. "Cuando llegaron a San José del Talar creo que ya habían pasado por varios rechazos. Yo recién había sido nombrado párroco, tenía poca experiencia y, por supuesto, no sabía cómo se manejaba el tema de poner una imagen en la iglesia, ni mucho menos si se podía hacer un santuario allí —recuerda Arroyo—. Y casi como para no decirles que no, les dije que tenía que pedirle permiso al arzobispo."

Después de la reunión con los fieles, el cura párroco fue a hablar con Quarracino. "Yo soy devoto de la Virgen de Luján. La Desatanudos es de Bergoglio. Andá a verlo a él", le contestó el cardenal primado de la Argentina. Y así fue. Arroyo le había enviado una tarjeta a Bergoglio para saludarlo en la Navidad de 1993 y había recibido en respuesta una estampita con la imagen de la Virgen Desatanudos y la leyenda: "El nudo que llevan todos con su desobediencia lo desata María con su obediencia".

Arroyo levantó el auricular y llamó al despacho de Bergoglio para contarle de los tres fieles que pedían entronizar la imagen. La respuesta lo descolocó: "A mí no me metas, que yo sólo traje la estampita. Pero si Quarracino lo autoriza, adelante, es una imagen hermosa". Según el cura, y tal vez previendo el fervor religioso que podía llegar a despertar, Bergoglio no quería adjudicarse el mérito de haber traído la Virgen Desatanudos a la Argentina, fiel al bajo perfil que siempre ha buscado mantener.

Con la autorización de monseñor Quarracino, quien le había dicho que obrara según sus sentimientos, el cura Arroyo aceptó recibir la advocación de María. Después de todo, la pared estaba libre y era una imagen bellísima.

El 8 de diciembre de 1996, Arroyo bendijo y entronizó la réplica. Ese día la iglesia estaba repleta de fieles, sin embargo, aquel número no sería nada en comparación con los que llegarían después. "Nadie pensaba que iba a tener tanta devoción, pero hubo una explosión —reconoció el padre Di Marco, que llegó a esa iglesia hace cuatro años—. Su gracia, la de desatar nudos en vínculos, es muy venerada, pero también la virgen tiene que ver con la madre. Y esta es la imagen de una virgen muy humana, muy cercana, muy maternal."

En la actualidad, Arroyo es párroco de la iglesia del Buen Pastor, en el barrio porteño de Caballito, y admite que nadie previó el fervor popular que desataría la imagen entre los fieles. "Fui el primer incrédulo y sorprendido", asegura, al tiempo que reconoce que desde entonces experimentó un cambio radical en su tarea pastoral: de ocuparse de una parroquia de cien fieles como máximo, tuvo que hacer frente a la ardua tarea de atender a más de diez mil personas. Semejante responsabilidad lo desgastó a tal punto que solicitó su traslado a Buen Pastor.

A partir de lo ocurrido en Buenos Aires, la imagen de la Virgen Desatanudos se ha agigantado en América Latina. "En Brasil han hecho una capilla especial para esta virgen. Y en Alemania, su país de origen, donde nunca ha tenido demasiada devoción, el interés se está despertando", cuenta Di Marco. Pero también hay un renacer de su fervor en la Argentina. Desde que Bergoglio fue consagrado papa, y conocida su devoción hacia esta virgen, Di Marco asegura que San José del Talar ha tenido varios "mini 8 de diciembre".

* * *

Los primeros meses de Bergoglio como obispo auxiliar no fueron sencillos. Era un desconocido y tenía a cargo la vicaría de Flores, que abarca no sólo el barrio en el que él nació sino un amplio sector del área sur de la ciudad. Incluye zonas residenciales de clase media, complejos de viviendas humildes y hasta villas de emergencia. Allí la tarea de los curas párrocos resultaba clave. Él era un *outsider* y, como tal, tuvo que ganarse su lugar.

Francisco decidió hacer lo que más le gustaba de la tarea pastoral: caminar, recorrer esa parte de la ciudad.

Aún hoy, los sacerdotes que ponen el cuerpo en el contacto cotidiano con los vecinos de los barrios del sur de la ciudad recuerdan que en esos años Bergoglio instauró un nuevo estilo de obispado. Ya no era una autoridad que desde una oficina en el centro levantaba el teléfono y llamaba a los párrocos para saber cómo andaban las cosas. Se convirtió en el primer delegado del Vaticano que recorría a diario las calles de su vicaría.

"Con él se pasó a un estilo de obispado mucho más cercano. No sólo era la autoridad a cargo. Era alguien que estaba dispuesto a escuchar a los sacerdotes, a acompañarlos y a asistirlos en la tarea pastoral. Te venía a ver y te escuchaba. Esto marcó un vínculo muy estrecho tanto con los sacerdotes de la zona como con los fieles", explicó el padre Fernando Gianetti, párroco de Nuestra Señora de la Misericordia, en el barrio de Mataderos, que además integra la Comisión de Ecumenismo del Arzobispado. En la cancha de fútbol que hay detrás de esa parroquia, jugaba Bergoglio cuando era chico.

"En 1995, por ejemplo —cuenta Gianetti—, dio misa y participó de la confirmación del hijo de una familia que hacía mucho no participaba de actividades de la Iglesia. No conocían los procedimientos, ni cómo se tenían que parar o qué decir. Pero él los fue guiando con mucho amor, supliendo su desconocimiento para que no se sintieran mal. Fue muy fuerte. Creo que a este tipo de cosas se refiere él cuando habla de que la Iglesia tiene que ser facilitadora de la fe y no reguladora de la fe. Nos fue enseñando un estilo de pastorado cuya misión no es marcarle a la gente lo que hace mal sino acercarla, propiciar su encuentro con Dios", agrega el párroco.

En la iglesia de la Misericordia todos recuerdan cuando Bergoglio se aparecía con bolsas de ropa y donaciones para las familias más humildes, a las que en muchas ocasiones visitaba en su propia casa. Un día, cuenta Gianetti, llovía a cántaros y eran las fiestas patronales. "Sonó el timbre de la casa parroquial, fui a atender y cuando abrí la puerta me encontré a Bergoglio, en galochas, bajo la lluvia. Se había comprometido a participar y lo hizo pese al clima. De hecho, se tomó el subte y el colectivo 103, y ni el diluvio lo hizo desistir", relata.

Que Francisco anduviera en colectivo y entrara a las villas, para muchos fue una verdadera sorpresa, un hecho que conocieron recién después de su nombramiento como máxima autoridad de la Iglesia católica.

Sin embargo, para los vecinos de estas zonas carenciadas "el padre Jorge" era un viejo conocido, de la época en la que decidió llevar la palabra de Dios a pie y a todos lados. Su vida, su relación con la gente, ese era su verdadero sacerdocio.

Los vecinos de la Villa 1-11-14, en el Bajo Flores, uno de los asentamientos con mayor índice de conflictividad social, al que no ingresa cualquiera, solían verlo pasar por los angostos pasillos del barrio, siempre vestido de negro y con paso diligente. No tenía miedo. Los conocía y lo conocían a él. Lo cuidaban. Ese era su mayor tesoro. Lo ha dicho él mismo y lo han repetido sus colaboradores. El papa Francisco está convencido de que en las villas la religiosidad es muy fuerte y la fe, profunda. Al punto de que todos deberían aprender de ellos. Y no se lo decía a los habitantes de esos barrios "para quedar bien", como podría hacer una estrella de rock al ser condescendiente con su público. En su momento, repitió este concepto en la reunión de obispos de todo el continente, ante el Consejo

Episcopal Latinoamericano (CELAM), durante la conferencia que se realizó en la ciudad brasileña de Aparecida, en 2007. "Tenemos mucho que aprender de la fe de los pobres", aseguró ante las máximas autoridades de la Iglesia en América Latina.

Ese estilo cercano, su trato directo, el acercamiento a los jóvenes y los buenos informes que daban de él los sacerdotes que lo tenían por obispo hicieron que su figura creciera. Y así, ajeno a las internas dentro del Arzobispado, fue nombrado vicario general. En aquel momento, el actual arzobispo de la ciudad de La Plata, monseñor Héctor Aguer, que también era obispo auxiliar y tenía un sólido vínculo con el embajador menemista ante el Vaticano, Esteban Caselli, se visualizaba como el gran candidato para suceder a Quarracino. Cuando el arzobispo de Buenos Aires decidió nombrar a Bergoglio como su mano derecha, las cosas se complicaron.

En lugar de inmiscuirse en la pelea política por la sucesión, Bergoglio se abocó al trabajo con los pobres. Ese año se produjo un incidente en la Villa 31, ubicada junto al centro porteño de la ciudad. El intendente municipal, el menemista Jorge Domínguez, a toda costa quería entrar a fuerza de topadora al asentamiento, que lleva casi un siglo en pie, para erradicarlo. Los vecinos se organizaron y los llamados "curas villeros" salieron a respaldarlos. Entonces, el presidente Carlos Menem los criticó públicamente, acusándolos de "tercermundistas". Las palabras del presidente sólo lograron caldear los ánimos.

En ese escenario, Bergoglio fue una figura clave para la conciliación. Convenció al cardenal Quarracino, también afín al menemismo, de que respaldara a los curas participando de una misa en la villa.

Años más tarde, cuando fue nombrado arzobispo de Buenos Aires, Bergoglio redoblaría su apuesta por el equipo de sacerdotes para las villas. Una de sus primeras medidas fue aumentar la cantidad de párrocos destinados a los asentamientos, que de diez pasaron a ser más de veinte. Además, elevó al equipo de curas villeros a la categoría de vicaría.

El mensaje era claro. No quería que la parroquia funcionara en el barrio y que cada tanto el cura visitara a la gente en la villa. Los quería ahí, viviendo entre ellos, padeciendo los mismos problemas, haciéndose carne con su realidad. Ahí quizás empezó a soñar, a tejer la idea que después se transformaría en la bandera de su papado: una iglesia pobre para los pobres.

Ya entonces sentía una fuerte atracción por la figura de San Francisco de Asís, que daría el nombre a su papado. Cuando en 1993 se presentó la obra musical *El loco de Asís*, del libretista y director Manuel González Gil y el músico Martín Bianchedi, en el teatro Cervantes de la capital —obra que desde su estreno en 1984 había recorrido infinidad de teatros en todo el mundo y cosechado varios premios—, Bergoglio fue uno de los primeros en ir a verla.

"Fue una obra muy polémica", dijo González Gil y contó que en aquellos años hubo un sector de la Iglesia que la quiso prohibir. "Recuerdo que en una oportunidad vino el cardenal Bergoglio a verla y nos dejó sus mejores deseos por nuestra continuidad con el espectáculo."

Una carrera ascendente

"El jesuita Jorge Mario Bergoglio sucederá al arzobispo de Buenos Aires, cardenal Antonio Quarracino, cuando la sede quede vacante. Así lo dispuso ayer el papa Juan Pablo II al nombrarlo arzobispo coadjutor de la sede primada", publicaron los diarios porteños el 4 de junio de 1997. Quarracino estaba por cumplir setenta y cinco años, fecha en que debía pasar a retiro, además de que padecía problemas vasculares que le impedían movilizarse por sus propios medios. Durante el Corpus Christi celebrado ese año en la Plaza de Mayo, frente a la Catedral Metropolitana, se había visto obligado a utilizar una silla de ruedas para trasladarse.

La noticia del nombramiento tomó a muchos por sorpresa. Sobre todo a aquellos que pugnaban por ocupar ese cargo. Pero también a Bergoglio.

El nuncio apostólico Ubaldo Calabresi lo invitó a almorzar y le contó que monseñor Quarracino había viajado a Roma para pedirle a Juan Pablo II que le designara un coadjutor. Bergoglio se puso serio y temió la que en ese momento le parecía la peor opción: que al asumir el nuevo arzobispo lo enviaran a él a una vicaría en el interior del país. "Quiero volver a ser obispo auxiliar, no quiero irme de Buenos Aires. Soy porteño. Fuera de Buenos Aires no sirvo para nada", le dijo. ¡Y vaya que se equivocó! No sólo porque él había sido el elegido para suceder a Quarracino, sino porque su desembarco en el Vaticano dieciséis años más tarde se encargaría de demostrar lo contrario.

Cuando terminaron de almorzar y estaban tomando café, Bergoglio amagó despedirse, agradeciendo la invitación. Entonces les llevaron una torta y una botella de champán con dos copas. "Pero, Ubaldo, ¿por qué no me dijo que era su cumpleaños?", se sorprendió Bergoglio. "No, no es mi cumpleaños. Lo que ocurre es que lo van a nombrar a usted coadjutor. Felicitaciones", le dijo Calabresi.

Debido al estado de salud del cardenal Quarracino, el Papa había anticipado la designación. Bergoglio, a los sesenta, tenía la responsabilidad de ir empapándose de los asuntos internos de la jurisdicción eclesiástica para asumir la conducción del Arzobispado una vez que Juan Pablo II aceptara la renuncia del titular. Con la designación anticipada de un sucesor, el Papa buscó evitar cualquier eventual presión del gobierno para influir en la decisión, como había ocurrido a partir de 1987 con el nombramiento de Quarracino, que se demoró años por la resistencia del gobierno radical de Raúl Alfonsín.

"Es la primera vez que un hombre de sus filas [la Compañía de Jesús] tendrá la posibilidad de convertirse en arzobispo primado de la Argentina. Tuvo la misión de renovar la misión pastoral de la orden." "Sus pares lo definen como un verdadero hombre de fe. Pero no es sólo su humildad y su calidad de hombre piadoso lo que lo convirtió en estos cinco años en uno de los auxiliares más queridos por el clero joven. En esa preferencia también se valora su inteligencia meridiana y su disposición permanente al diálogo con las nuevas camadas." "Es muy pastor." "Aun ahora recibe a los sacerdotes uno por uno y sabe escuchar. Por contrapartida, habla poco, pero cuando lo hace es claro y su lucidez es sólo comparable a la humildad con que lleva adelante su lugar en la curia." Tales fueron los comentarios publicados por los distintos medios de prensa al día siguiente de su nombramiento. Y uno más: "Con la designación, la Santa Sede ha emitido una clara señal de respaldo a la tarea pastoral que se ha venido desarrollando en la ciudad de Buenos Aires desde 1992".

La noticia sorprendió dentro mismo de la Iglesia. El nombramiento de Bergoglio había dejado atrás a otros postulantes, que, se creía, llevaban la delantera, como el entonces arzobispo de Paraná y presidente del Episcopado, monseñor Estanislao Karlic, quien durante los años noventa había tenido un fuerte protagonismo en el ámbito nacional. También, el responsable de la diócesis de Corrientes, monseñor Domingo Castagna. E incluso se estimó que podría haber sido Eduardo Mirás, el arzobispo de Rosario. Pocos pensaron que el Papa optaría por un hombre tan próximo a Quarracino. Aunque poco después quedaría en claro que, si bien eran muy cercanos, profesaban estilos muy diferentes.

En pocos años Bergoglio había logrado desarrollar excelentes relaciones con el clero joven de la arquidiócesis de Buenos Aires, que reconocía con mucha naturalidad su liderazgo. Sin embargo, aún no tenía una imagen y un nombre instalados en la opinión pública como para ser considerado el favorito. Dado su bajo perfil y su desinterés en involucrarse en la interna de la Iglesia, ni en hacer campaña, la sociedad tenía escasas noticias de él.

Hacia fines de los noventa, cuando la presidencia de Carlos Menem comenzaba a transitar su período más crítico, los obispos en conjunto tomaron la bandera de la denuncia política. En 1997, por ejemplo, emitieron un duro documento sobre la falta de independencia entre los tres poderes, y la dependencia simbiótica que se había establecido entre el poder político y la Justicia.

El principal pronunciamiento del Episcopado denunciaba: "La administración de la Justicia requiere hoy una clara independencia de los demás poderes del Estado y de las corporaciones profesionales, sindicales o económicas". También consideraba urgente legislar para que los consejos de la magistratura —nacional y provinciales— tuvieran una conformación independiente y equitativa. Y proponían acciones que ayudasen a afianzar la justicia frente a "un estado de ánimo que lleva a pensar en la imposibilidad de superar la impunidad".

El documento repercutió en las esferas oficiales y Menem —que lo recibió unos días después de manos del entonces presidente de la Conferencia Episcopal, monseñor Karlic— enseguida se puso el sayo. "El nivel de justicia en que vive cada ciudadano ha sido una línea directriz de mi gobierno", aseguró en una columna publicada en Télam, la agencia de noticias oficial.

Se comenzaría a transitar a partir de ahí una línea de conducción con fuerte tono de denuncia política dentro de la Iglesia. Poco después, Bergoglio se convertiría en el heredero y referente de ese estilo. En los años siguientes, las homilías de los Tedeum —las misas de los aniversarios patrios del 25 de Mayo y del 9 de Julio a las que solían asistir las autoridades nacionales— pondrían en jaque a más de un presidente.

Dos meses después de asumir como coadjutor, a Bergoglio le tocó ponerse por primera vez al frente de la procesión de San Cayetano, el santo del pan y el trabajo. Ese año en particular, la concurrencia desbordó las expectativas. Más de seiscientas mil personas participaron, en un momento en que escaseaba el trabajo. Y el pan también.

El 8 de agosto de 1997, miles de personas desfilaron por el santuario de Liniers para pedir techo, pan y trabajo. La convocatoria, de por sí, fue una bofetada para el gobierno nacional, que pregonaba niveles de ocupación que no se correspondían con lo que se vivía en la calle. Se formaron dos largas filas de espera, que se extendían por dos kilómetros, para ingresar en el templo. En una de ellas estaban los fieles que querían besar o tocar al santo, y en la otra, los que deseaban la bendición de medallas, espigas o imágenes.

Allí, Bergoglio celebró su primera homilía masiva y entonces afiló sus primeras frases: "Al trabajo, como al pan, hay que repartirlo. Cada uno tiene que trabajar un poco. El trabajo es sagrado porque cuando uno trabaja se va formando a sí mismo. El trabajo enseña y educa, es cultura. Si Dios nos ha dado el don del pan y el don de la vida, nadie puede quitarnos el don de ganarlo trabajando".

Finalmente, el 28 de febrero de 1998, luego de varios días de internación en el sanatorio Otamendi, monseñor Quarracino falleció y Bergoglio heredó el Arzobispado de la sede primada en la Argentina.

"Recordamos a quien anunció y testimonió el Evangelio, y con la valentía y frescura de sus palabras fue un verdadero pastor que conservó con coraje los valores —dijo Bergoglio durante la misa por el décimo aniversario del fallecimiento de su antecesor, realizada en la Catedral Metropolitana—. Fue un verdadero pastor."

Hoy, a quince años de su muerte, muchos le reconocen a Antonio Quarracino el mayor logro de su tarea al frente de la Iglesia: su perspicacia y el haber sido el primero en dar su voto por el futuro papa. Después de todo, resulta un misterio por qué Quarracino apoyó en todos esos años, impulsó y hasta marcó al hombre que se sentaría en el lugar de Pedro, a pesar de que tenía un estilo diametralmente distinto del suyo.

Si bien ambos han sido conservadores en cuanto a los valores fundamentales de la fe cristiana, transitaron caminos muy diversos. Quarracino era fanático del equipo de fútbol Boca Juniors, amante de la buena mesa y del mejor vino, y tenía una marcada debilidad por Carlos Menem, a quien había conocido en 1976 en el entonces penal militar de Magdalena, en la provincia de Buenos Aires, cuando asistió a visitar a un dirigente político preso. Enrolado en el progresismo posconciliar de los años setenta, poco a poco fue virando hacia lo que en los noventa se denominó neoconservadurismo, la influencia doctrinaria dominante en esos años. Ese giro lo acercó a Juan Pablo II, de quien recibió las más altas muestras de aprecio. Cálido, polémico, sanguíneo, sarcástico, contradictorio y, por sobre todo, extremadamente mediático, en más de una oportunidad su locuacidad frente a los periodistas le había jugado una mala pasada. Poco le simpatizaba la Compañía de Jesús. Bergoglio, en cambio, cultivaba el bajo perfil, tenía un estilo muy cercano a la gente y a los jóvenes, y —aunque es peronista— no tenía una filiación política. ¿Qué vio Quarracino en su heredero para inclinar siempre, a lo largo de todos esos años, la balanza en su favor, para desencanto de aquellos que aspiraban a ese puesto? Este es un verdadero misterio, que ni los más cercanos a Bergoglio se animan a explicar sin recurrir a la providencia, a la misericordia y a la omnipotencia de Dios.

También es una incógnita cuál fue el nudo que la Virgen desató en Bergoglio. Eso sigue siendo un misterio. El secreto mejor guardado del nuevo papa. Pero nadie duda de que desde que volvió de Alemania, en su regreso definitivo a la Argentina, Bergoglio comenzó a desandar, casi sin trabas, el camino. Ese que lo llevó a convertirse en el sucesor de Benedicto XVI en el trono de Pedro. Y no son pocos los fieles que piensan que María Desatanudos ha dado muestras el 13 de marzo de 2013 de un nuevo y maravilloso milagro.

CAPÍTULO VII

La revolución de la fe

Cuando el primer compromiso público y oficial como arzobispo de Buenos Aires apareció en su agenda, luego de la muerte de Quarracino, Jorge Bergoglio cayó en la cuenta de que no tenía qué ponerse. Sus colaboradores, diligentes, le llevaron el presupuesto de una casa de ropa para religiosos. Ya habían acordado una cita para que se fuera a probar los nuevos atuendos. La casa haría todo lo posible para que estuvieran listos antes del compromiso.

"¿Qué?", dijo Bergoglio asombrado. "¡No vamos a gastar ese dinero en vestirme!", sentenció. El nuevo arzobispo, que contaba sesenta y un años al momento de su nombramiento, rechazó el presupuesto de plano. Fiel a su estilo austero, también declinó instalarse en la vivienda arzobispal de Olivos, situada en la calle Azcuénaga al 1800, a unas pocas cuadras de la residencia presidencial, en la zona norte del conurbano bonaerense. En cambio, anunció que establecería su domicilio en el tercer piso de la sede de la Curia, junto a la Catedral Metropolitana, donde vivía desde que había sido designado obispo auxiliar.

"Vayan a buscar los trajes de monseñor Quarracino", ordenó a sus asistentes. A continuación, se los probó. Le quedaban enormes, ya que su antecesor había pesado varios kilos más que él. Parado frente a un espejo, pidió que llamaran a las monjas que se encargaban de preparar la comida en la Curia. "¿Podemos adaptarlo?", les preguntó. Las religiosas tomaron las medidas, pincharon, cortaron, hilvanaron y en menos de un día el tema estaba resuelto.

"Al que le quepa el sayo que se lo ponga." Nunca mejor dicho. Sin saberlo, esa sería la frase que mejor definiría su arzobispado en los años venideros.

En sus homilías, la reflexión evangélica se combinaría con la denuncia social y política, un cóctel que se volvía explosivo cuando quienes estaban sentados entre la audiencia no eran otros que el presidente y las autoridades locales. No le tembló la voz para trazar delante de los gobernantes un diagnóstico meridiano de la situación del país y también para señalar a los responsables. Más de un mandatario debe de haberse sentido tentado a levantarse e irse, con el costo político que ello habría implicado.

Fiel a su estilo enigmático e indirecto, Bergoglio nunca apuntó en forma abierta contra ellos.

Delante de Carlos Menem habló de los que sirven "una mesa para pocos". Con Fernando de la Rúa —que sucedió a Menem en la presidencia— sentado en primera fila, cargó contra los que actuaban como un cortejo fúnebre "en el que todos consuelan a los deudos pero nadie levanta al muerto". Frente al presidente Néstor Kirchner habló de la corrupción, el exhibicionismo y los anuncios estridentes. Ese fue el último de los Tedeum de Bergoglio al que asistiría el matrimonio Kirchner.

* * *

Bergoglio no tuvo una ceremonia de asunción. Como su nombramiento se había producido por la muerte de su predecesor, no hubo actos ni pompa. Desde el momento en que dirigió la misa exequial por monseñor Quarracino, ante la presencia del entonces presidente Carlos Menem y del embajador argentino ante la Santa Sede, Esteban Caselli, Bergoglio se convirtió en la máxima autoridad de la arquidiócesis de Buenos Aires. El papa Juan Pablo II envió sus condolencias en un telegrama dirigido al nuevo arzobispo y en ese mismo acto, de forma casi automática, lo nombró en el cargo.

Luego del deceso de Quarracino, el 1º de marzo de 1998, Bergoglio se recluyó en un retiro de ejercicios espirituales. Su primera aparición pública fue en el homenaje que Menem le rindió al nuncio apostólico Ubaldo Calabresi, al cumplir cincuenta años de sacerdocio. En el Salón Blanco de la Casa de Gobierno, el 18 de marzo de 1998, las miradas no estaban dirigidas sólo al nuncio o al primer mandatario. "¿Quién es el que está sentado a la izquierda de Menem?", preguntó un funcionario de primera línea. Aquella tarde, Bergoglio pagó el tributo a su bajo perfil, a su sostenido rechazo por la figuración pública. Para el entorno presidencial, su imagen era completamente desconocida.

Los doce apóstoles de Bergoglio

No había pasado un mes desde su asunción como arzobispo cuando Bergoglio comenzó a cambiar las reglas de juego. Durante la Pascua, delegó en sus obispos auxiliares la tarea de lavar los pies a aquellos que se habían acercado a la Catedral Metropolitana para ser parte de la misa crismal. En cambio, se fue al hospital de enfermedades infecciosas Francisco J. Muñiz, en la ciudad de Buenos Aires, y les lavó los pies a doce enfermos de sida. Y se los besó. También celebró una misa, de la que participaron personas internadas, médicos, personal auxiliar y familiares.

La visita produjo un revuelo entre la comunidad del hospital público. Aunque Bergoglio era una figura desconocida, la calidez y soltura con que se movió por el centro asistencial, orando por los enfermos y sentándose a escuchar las historias de los que se le acercaban, conmovió a más de uno. Era la primera vez que un arzobispo llegaba hasta allí en Pascua. Y no fue la última. Desde entonces, cada año Bergoglio refrendó ese compromiso de sacar el rito de las iglesias y llevarlo a los lugares más marginados de la sociedad.

Al año siguiente, la puerta descascarada de la cárcel de Villa Devoto se abrió en la noche del Jueves Santo y un sacerdote, en *clerygman* negro y portafolio, salió a la calle oscura de ese sector de la ciudad para tomar el ómnibus 109 y volver a su casa. Era Bergoglio, que salía de celebrar la misa para los internos, después de haberles lavado los pies a doce de ellos. Había conversado con los presos e intercambiado direcciones de correo, y les había dado consejos. Durante muchos años, mantuvo vinculación con las personas detenidas que se le acercaron en esa y otras visitas que realizó al establecimiento. Le escribían cartas y él las respondía a todas, con la máquina de escribir eléctrica que se había traído de Alemania. "Contesto cada una. Me lleva tiempo, pero no quiero dejar de hacerlo nunca", dijo cierta vez que le preguntaron al respecto.

"Jesús, en el Evangelio, nos dice que en el día del Juicio vamos a tener que rendir cuentas de nuestro comportamiento. Tuve hambre y me diste de comer; tuve sed y me diste de beber; estuve enfermo y me visitaste; estuve en la cárcel y me viniste a ver. El mandato de Jesús nos obliga a todos, y de una manera especial al obispo, que es el padre de todos", explicó.

En su tercer Jueves Santo como arzobispo de Buenos Aires, Bergoglio trasladó la misa de la cena del Señor al hogar San José, en el barrio porteño de Balvanera, donde duermen ochenta hombres sin techo y almuerzan a diario otras doscientas cincuenta personas. Allí también les lavó los pies a doce indigentes que vivían en la calle. A los presentes los exhortó a "hacerse esclavos los unos de los otros, sirviéndose mutuamente, como Cristo lo había hecho al lavar los pies de los apóstoles".

Año tras año, la celebración de la misa del Jueves Santo se fue trasladando a los distintos extremos de la marginalidad y la pobreza. Lavó y besó pies de niños en el hospital de pediatría Juan P. Garrahan y de "cartoneros" en la Plaza Constitución, entre muchos otros lugares de la ciudad de Buenos Aires.

Cinco años antes de convertirse en papa, la misa se trasladó a la Villa 21-24 de Barracas. Los doce apóstoles escogidos fueron jóvenes que luchaban por superar su adicción al "paco" —pasta base de cocaína— en el Hogar Hurtado, instaurado por los curas villeros. Cuando estos jóvenes se enteraron de que esa misma persona ahora era el Papa, volvieron a juntarse en la iglesia de Nuestra Señora de Caacupé. Los doce habían logrado dejar atrás la droga que más vidas se cobra en las villas argentinas. Y desde entonces, cada día luchan por mantenerse firmes y lejos de esa adicción que los subyugó durante tanto tiempo.

Ese fue el estilo que comenzó a marcar el nuevo arzobispo, que ya desde temprano dejaba en claro cuál sería su perfil: cercano a la gente, siempre buscando llevar la Iglesia allí donde alguien pudiera necesitarla.

El primer Jueves Santo de su papado esta tradición se repitió en Roma. El mundo quedó conmovido por las imágenes de Francisco lavándoles los pies a doce de los jóvenes que viven en un penal de menores. Es la primera vez en la historia que un papa lo hace, aseguró la prensa internacional. La primera vez como papa, pero no la primera vez como padre Bergoglio.

El 12 de octubre de 1998, el Arzobispado organizó dos misas masivas frente al Zoológico del barrio porteño de Palermo, de las que participaron noventa y cinco mil personas y en las que se confirmaron unas veintiún mil, provenientes de todos los barrios de la ciudad, desde las zonas más exclusivas hasta las villas más impenetrables. Ese año se había decidido que el sacramento, en lugar de administrarse en las parroquias, se impartiera en una misa conjunta, para difundir entre los católicos el menos practicado de los sacramentos de la iniciación cristiana. Bergoglio en persona realizó la confirmación de unos cincuenta jóvenes, la mayoría de ellos con alguna discapacidad. Saludó a cada uno, los besó y hasta se sacó fotos con ellos.

Al concluir el oficio religioso, un cartel con los colores de la bandera boliviana se distinguía entre la gente. Decía:

"Mamita, que nos devuelvan a Edith". Era el pedido que llevaba a la Virgen una madre de la villa del Bajo Flores, para que apareciera su hija, que había sido secuestrada en el asentamiento. Bergoglio detuvo la misa y pidió a todos los presentes rezar un Ave María por ella.

A los dos días de haber sido elegido papa, el mundo se sorprendió con la noticia de que Francisco se había presentado en persona a pagar la cuenta del hotel en el que se había hospedado durante el cónclave, o que había elegido viajar con sus compañeros cardenales, en lugar de hacerlo en un lujoso automóvil papal. Sin embargo, no estaba haciendo otra cosa que ser fiel a su estilo.

En 1998, durante la fiesta de San Pedro y San Pablo, había tenido que viajar al Vaticano para recibir de manos de Juan Pablo II el palio, esto es, la estola blanca que el arzobispo lleva sobre los hombros como símbolo de su legítima autoridad y de su comunión con el santo padre y la Iglesia de Roma. El palio se confecciona con la lana de dos corderos bendecidos el 21 de enero de cada año, en la basílica de Santa Inés, en la capital italiana. Recibirlo confiere la participación en el ministerio otorgado por Jesús a Pedro, el primer papa: "Apacienta mis corderos".

Cuando el gobierno argentino le extendió el pasaje en primera clase para viajar a Roma, Bergoglio se presentó en la Casa Rosada, ante el desconcierto de la recepcionista, para pedir que se lo cambiaran por uno en clase turista.

Por aquellos días el presidente Menem, que finalizaba su segundo mandato y fantaseaba con la idea de volver a reformar la Constitución nacional para así quedar habilita-

Nuevamente aquí, Francisco había apelado a tres conceptos que se repetirían en la mayoría de sus homilías: la memoria, la revalorización de la grandeza del pueblo como reserva espiritual, moral e histórica de la sociedad, y la piedad popular.

Dos meses más tarde, durante una jornada de la Pastoral Social, Bergoglio dijo que "la Iglesia no puede chuparse el dedo ante una economía de mercado caprichosa, fría y calculadora".

En diciembre de 1999, Fernando de la Rúa asumió la presidencia de la nación y Carlos "Chacho" Álvarez, la vicepresidencia. Entre los actos de asunción planeados se incluyó el Tedeum en la Catedral. Bergoglio no se mostró condescendiente ni siquiera por el hecho de tenerlos sentados en primera fila, junto a sus familias: en su homilía pidió a las nuevas autoridades que miraran a lo alto para "pedir sabiduría" y a los costados, porque "gobernar es servir a cada uno de los hermanos que conforman nuestro pueblo".

"Cuando uno se olvida de mirar a lo alto y de pedir sabiduría —aseguró—, cae en el defecto tan nefasto de la suficiencia, y de ella, a la vanidad, al orgullo... No tiene sabiduría." Y advirtió que, "cuando uno se olvida de mirar a los costados, se mira a sí mismo o mira a su entorno, y se olvida de su pueblo". Fue muy breve y directo. Cuando llegó el momento, oró por las nuevas autoridades. "Por Fernando y por Carlos", dijo, así, a secas.

El 25 de mayo de 2000 los volvería a tener sentados en los primeros bancos de la iglesia, y allí redobló la apuesta: "El sistema ha caído en un vasto cono de sombra, la sombra de la desconfianza. La sociedad argentina parece marchar en un triste cortejo fúnebre, en el que todos consuelan a los deudos, pero nadie levanta al muerto", sentenció en tono lapidario.

"¡Levántate, Argentina!", disparó en la homilía del Tedeum. "Hasta no reconocer nuestras dobles intenciones no habrá confianza ni paz; hasta que no se efectivice nuestra conversión no tendremos alegría y gozo." "Como Cristo, hay que atreverse a renunciar al poder que acapara y enceguece, y aceptar ejercer la autoridad que sirve y acompaña. Unos pocos tienen el poder de las finanzas y la técnica —agregó—; otros ejercen el poder del Estado, pero sólo una comunidad activa, que se vuelve solidaria y trabaja mancomunada, puede impulsar la barca del bien común."

Las duras palabras del arzobispo garantizaban una crisis para el gobierno. De alguna manera, Bergoglio estaba anticipando que el presidente se había quedado en el exitismo luego de vencer al menemismo después de una década de gobierno, pero no había logrado impulsar reformas significativas que revirtieran las injusticias sociales nacidas del nuevo modelo económico. Se seguía culpando al modelo, a la herencia, lamentando las consecuencias de malas decisiones del pasado, pero nadie se colocaba en la brecha, con lo que ello implicaba.

La crisis era inminente. Sin embargo, pese a las severas advertencias de la homilía, Fernando de la Rúa "no se puso el sayo". Los días siguientes, cuando los periodistas lo rodearon en busca de una respuesta de tono político, De la Rúa eludió una definición. "Monseñor Bergoglio es un santo y un sabio y en líneas generales yo coincido con sus palabras", dijo. "Fueron muy profundas y adecuadas en estos momentos, porque hay toda una convocatoria a recuperar los vínculos sociales", declaró el vicepresidente Álvarez, que soslayó las críticas. "El mensaje no fue duro ni crítico. Sentí un diagnóstico sobre cómo estamos en la sociedad argentina", agregó.

Al año siguiente, a medida que la crisis social se profundizaba, las críticas se robustecieron. Cuando De la Rúa volvió a sentarse en la primera fila de la Catedral, con la banda presidencial cruzada sobre el pecho, Bergoglio volvió a la carga: "Dicen escuchar y no escuchan, aplauden ritualmente sin hacerse eco, o creen que se habla por otros", dijo.

En otra oportunidad, ese mismo año, comparó elípticamente a los dirigentes políticos con "buitres" que sólo buscan acomodarse en el poder, y lamentó que la vocación de servicio en la Argentina "haya pasado a ser egoísmo". El 7 de agosto de 2001, en la celebración de San Cayetano, Bergoglio volvió a advertir sobre la profunda crisis social que estaba en ciernes. Frente a los fieles congregados en el santuario del barrio porteño de Liniers, denunció "las contrastantes imágenes de la realidad", con pobres "perseguidos por reclamar trabajo" y ricos que "eluden la justicia y encima los aplauden".

El 21 de enero de 2001 se había conocido la noticia de que Juan Pablo II convocaba a Bergoglio a participar del octavo consistorio de su pontificado, a fin de ser nombrado cardenal. El primer llamado de felicitaciones que recibió fue el de su maestra de primer grado, que se había enterado de la noticia por la radio. Después llegaron otros; entre ellos, el de Fernando de la Rúa.

Cuando le preguntaron cómo vivía la noticia, si sentía que había llegado a la cumbre, Bergoglio dijo que no. "No lo vivo como haber llegado a algo. Según los criterios del Evangelio, cada ascenso entraña un descenso: hay que descender para servir mejor. Y quiero tomar esto con ese espíritu de servicio", declaró. ¿Había soñado alguna vez con ese día? "No, no se me ocurrió nunca." ¿Y con ser papa? "¡A mí eso no se me ocurrió!" ¿No lo vive como una distinción? Aseguró que no, que creía que el preciado birrete era una "distinción para la sede Buenos Aires y no a una persona". ¿Qué es lo que lamentaría más perder? "No poder confesar al pueblo", dijo. Y contó que no sólo recibía confesiones en la Catedral Metropolitana, sino que todos los 27 de cada mes iba a confesar a San Pantaleón, en el barrio porteño de Mataderos. También, cuando participaba de la peregrinación de los fieles a la basílica de Luján, a sesenta kilómetros de la ciudad de Buenos Aires, le gustaba sentarse allí a escuchar los pecados de los jóvenes. Era su forma de mantenerse en contacto, de entender qué les pasaba, cómo entendían el mundo.

"Uno, en el confesionario, percibe la santidad del pueblo de Dios. Un hombre o una mujer muestra allí su dignidad de hijo de Dios, que se siente pecador y querido con misericordia por el Padre", contó. Él mismo iba a confesar sus pecados a un sacerdote bastante mayor, en la iglesia del Salvador, sobre la céntrica avenida Callao.

El 21 de febrero de 2001, Bergoglio salió de la casa sacerdotal en Roma, donde había dormido. Todos los obispos esperaban en la recepción los lujosos automóviles que los trasladarían hasta el Vaticano para la ceremonia de consagración. Él no. Salió caminando, vestido de colorado y a paso vivo. A los doscientos metros se detuvo y entró a tomar un *ristretto* en un típico café romano. "Quedate tranquilo, en Roma podés caminar con una banana en la cabeza y nadie te va a decir nada", le dijo a un colaborador.

Cuando todo concluyó y ya era cardenal, fiel a su estilo, volvió a unir a pie la Plaza de San Pedro con la Casa Internacional del Clero, sólo que esta vez se colocó un sobretodo negro encima de su flamante hábito púrpura.

Muchos marcan el 11 de septiembre de 2001 como el día en que el mundo cambió. Lo que puede decirse con seguridad es que los atentados contra las Torres Gemelas en Nueva York tuvieron algo que ver con la elección de Francisco como papa.

Siete meses después de ser nombrarlo cardenal, Juan Pablo II convocó a los obispos al sínodo del Tercer Milenio, con un pedido expreso a los obispos de todo el mundo a ser "efectivamente pobres" para ser creíbles y estar al lado de los excluidos. Probablemente Francisco haya sido uno de los pocos que reunían per se ese requisito. El tema central del encuentro sería cómo tenía que ser el obispo del Tercer Milenio.

El cardenal Edward Egan, arzobispo de Nueva York, era el relator de la asamblea general ordinaria del sínodo, pero cuando ocurrieron los atentados en su ciudad, faltando pocos días para el evento, debió partir de forma inmediata. Entonces, el papa nombró a Bergoglio como su reemplazante.

El cardenal argentino tuvo que asumir tamaña labor, y descolló. Los demás obispos quedaron deslumbrados con su participación, en la que habló de obispos pobres, creíbles, que estaban al lado de los excluidos.

Bergoglio también expuso en la Sala de Prensa del Vaticano sobre el trabajo del sínodo de obispos y respondió a los periodistas. "La fuerza de la Iglesia —dijo— está en la comunión; su debilidad, en la división y la contraposición".

Su nombramiento significó mucho más que un gesto concreto para Bergoglio. Cada vez más reconocido entre sus pares y por la curia, aun con su bajo perfil, se iba abriendo paso y haciéndose un lugar entre los demás participantes. Fue entonces cuando su nombre empezó a sonar entre los papables del Vaticano.

Ciertamente, el mundo había cambiado. Antes de viajar a Roma, Bergoglio se había reunido con el presidente Fernando de la Rúa en la capilla de la Casa Rosada para rezar por las víctimas de los atentados y para pedir por la paz. "Que no haya represalias ni más muerte." Pidió, asimismo, que aquellos que tenían el poder de decidir en el mundo "se dejen ganar por la gracia de Dios que permite descubrir que los hombres y los pueblos pueden vivir unidos", y los convocó a realizarlo.

Esa tarde también participó de una oración ecuménica en el Obelisco, en el centro porteño. Y eligió leer la oración de San Francisco de Asís: "Señor, haz de mí un instrumento de tu paz, que allí donde haya odio ponga yo amor, donde haya discordia ponga perdón...". Después se fue caminando a paso vivo hacia la Catedral, distante unos quinientos metros. Mientras avanzaba, meditaba en los acontecimientos de esos últimos días. Las palabras de San Francisco volvieron a su mente. "Haz de mí un instrumento de tu paz."

Paz, eso era justamente lo que necesitaba la Argentina. Eran días en los que se avecinaba una de las mayores crisis institucionales de su historia. Bergoglio estaba inquieto por el clima de agitación social que se vivía.

En agosto de 2001, la Conferencia Episcopal Argentina, de la que era vicepresidente, había dado a conocer un documento en el que daba cuenta de la delicada situación que atravesaba el país. El texto identificaba al "más crudo liberalismo" como "una de las enfermedades sociales más graves" que padecía el país. Reclamaba una "red social" para contener a los pobres y condenaba otras "dos enfermedades": la evasión de los impuestos y el despilfarro de los dineros del Estado, "que son dineros sudados por el pueblo". El documento concluía con una crítica a "la deuda externa, que aumenta cada día más y nos dificulta crecer".

La Iglesia había encendido un alerta, entre otras cosas, al calor de los informes propios que llegaban desde las parroquias. En todos los barrios la crisis se traducía en familias que no alcanzaban a cubrir sus necesidades básicas, hogares agobiados por las deudas y un clima de gran incertidumbre y agitación social. Las oficinas del Arzobispado, acostumbradas a recibir en forma esporádica los pedidos de auxilio de las parroquias, estaban desbordadas. La tarea pastoral cercana a la gente, desplegada por los sacerdotes, había nutrido de información a la Iglesia y actuado como termómetro social. La crisis se agravaba. Cáritas Argentina se había encargado de centralizar la información y de trazar un diagnóstico certero.

En octubre, el gobierno de Fernando de la Rúa había perdido las elecciones legislativas y en noviembre impulsó un paquete de medidas económicas para afrontar la crisis, que a comienzos de diciembre dieron origen al "corralito financiero" que restringió la libre disposición de dinero en efectivo de plazos fijos, cuentas corrientes y cajas de ahorro.

El 18 de diciembre de 2001, veinticuatro horas antes de que se desencadenaran los sucesos que significaron el final del gobierno de Fernando de la Rúa, Bergoglio tomó el teléfono y realizó algunos llamados. Los destinatarios: gobernadores, funcionarios, legisladores, empresarios y sindicalistas, a los que convocó a la sede de Cáritas, en la calle Defensa al 200, a pocos metros de la Casa de Gobierno, para un encuentro en el que la Iglesia presentaría un informe conjunto con Naciones Unidas sobre la pobreza en la Argentina.

Habían confirmado su asistencia Carlos Menem, entonces titular del Partido Justicialista; el líder de la Confederación General del Trabajo —oficialista—, Rodolfo Daer; el senador Raúl Alfonsín; el gobernador de Córdoba, José Manuel de la Sota, entre muchos otros. El presidente había sido invitado especialmente, pero se excusó y explicó que enviaría al ministro del Interior, Ramón Mestre, y al jefe de Gabinete, Chrystian Colombo.

Desde hacía más de un mes, el gobierno nacional había propiciado una serie de encuentros con dirigentes de todo el espectro político y también con referentes sociales. "La concertación" no era otra cosa que la búsqueda del diálogo para evitar el estallido social. La Iglesia había desempeñado un papel fundamental en el intento de acercar las partes al diálogo, pero, a la vez, no le había bajado el tono a la denuncia. "La Iglesia está marcando una gran distancia y ha sido injusta al generalizar en sus conceptos sobre la dirigencia política. No todos roban, no todos reciben coimas", se quejó el entonces secretario general de la Presidencia, Nicolás Gallo.

Finalmente, el encuentro al que Bergoglio convocó nunca llegó a realizarse. Mientras el arzobispo hacía los llamados, había comenzado ya la cuenta regresiva de la bomba social que estallaría al día siguiente.

Lo que siguió fue el fin. A la crisis que se vivía y a la angustia de las familias a las que el corralito les había confiscado los ahorros de toda su vida se sumaron agitadores sociales que querían precipitar la salida del gobierno. Hubo saqueos, protestas, marchas, cacerolazos y violentos enfrentamientos con la policía, que se prolongaron durante dos días. El saldo fue trágico: 39 personas murieron y otras 350 resultaron heridas.

Cuando los enfrentamientos entre manifestantes y la policía recrudecieron en la Plaza de Mayo, Bergoglio se convirtió en un testigo privilegiado. Mientras muchos argentinos seguían el curso de los acontecimientos por televisión, el cardenal permanecía junto a la ventana de su oficina, en la sede del Arzobispado, que mira a la plaza. Cuentan sus colaboradores que cuando vio que la policía golpeaba a una mujer que participaba de la protesta, tomó el teléfono y llamó indignado al entonces ministro del Interior para pedirle, exigirle, que diferenciaran entre los agitadores y los ahorristas que reclamaban porque el fruto de toda una vida de trabajo había quedado atrapado en el corralito.

"Debemos apreciar la madurez de este nuevo tipo de reclamo, de características inéditas hasta ahora en el país, y por el cual la gente, sin que nadie la convoque, sin que ningún partido político la dirija, sale a exigir que sus reclamos se escuchen —dijo Bergoglio en un comunicado que difundió el Arzobispado al día siguiente—. El reclamo fue por el fin la corrupción."

En la tarde del 20 de diciembre, el presidente renunció.

La crisis de 2001 significó un cambio en el estilo de Bergoglio en cuanto a intervenir en la política. Así como antes se había caracterizado por su tarea social y por ejercer la denuncia desde el púlpito, a partir de la aguda crisis que hizo tambalear las bases mismas de la identidad nacional, Bergoglio se ofreció como nexo de diálogo entre las partes.

Antes del estallido, el entonces embajador de España en la Argentina, Carmelo Angulo, le había solicitado a Bergoglio una entrevista a la que asistiría con algunos de sus colaboradores. Era un sábado por la tarde y en el centro de la ciudad había muy poca gente. "Sí, por supuesto, los espero. Toquen bocina para que les abra", fue la respuesta del cardenal. Angulo subió a la camioneta diplomática y al llegar al portón de la residencia apostólica tocó la bocina. Bergoglio en persona bajó a abrirles. Asombrado, el embajador lo felicitó por ese gesto de sencillez. "¡Pero, hombre! Si los arzobispos estamos para esto, para abrir puertas", fue la respuesta.

Las secretarias de Bergoglio sabían que, si la agenda chiquita y negra del cardenal hablara, habría dicho unas cuantas verdades. A diferencia de sus antecesores, Bergoglio brindaba audiencias tanto a la mañana como a la tarde. Y él mismo manejaba los horarios.

Después de los sucesos que jaquearon la continuidad institucional de la nación, Bergoglio mantuvo unas cuantas reuniones clave. Llamó a sindicalistas, a empresarios, a opositores. También, a representantes de otros credos y de organizaciones no gubernamentales. Había llegado la hora de hacer algo que muchas veces había pregonado desde el púlpito: propiciar la cultura del encuentro. Y ante la profundidad de la crisis, todos parecían dispuestos a colaborar.

Cuando Eduardo Duhalde asumió la presidencia interina, tras el fugaz paso de otros candidatos que no consiguieron el apoyo político necesario para mantenerse en el cargo, Bergoglio fue a visitarlo a la Casa Rosada.

El 7 de enero de 2002, el flamante presidente lo recibió durante una hora y media. Bergoglio llegó junto con monseñor Karlic, cabeza del Episcopado, para comunicarle su decisión de asumir una "participación activa" a fin de darle continuidad al diálogo multisectorial iniciado en la sede de Cáritas durante los últimos días del gobierno de De la Rúa.

Los obispos ofrecieron que la Iglesia fuera el "ámbito espiritual" y, a su vez, la garantía para "un diálogo de distintos sectores que ayude a consensuar grandes políticas de Estado". Fue el inicio de la llamada Mesa del Diálogo.

Los siguientes meses no resultaron sencillos. No todo era diálogo y buenos términos. Las necesidades postergadas comenzaron a eclosionar antes de que pudiera vislumbrarse una salida. En las provincias del norte del país, los niños morían a causa de la desnutrición y no se lograba retomar la senda del empleo. Puestos a disposición de Duhalde para propiciar el diálogo, los obispos sumaron la denuncia. A sólo un mes de haber asumido como presidente, le presentaron un documento crítico hacia la concertación. Destacaban la falta de compromiso de algunos sectores, entre ellos, los bancos, las empresas y la Corte Suprema de Justicia.

"Los obispos estamos cansados de sistemas que producen pobres para que luego la Iglesia los mantenga. La asistencia del Estado no alcanza porque llega a los necesitados un 40 por ciento y el resto se pierde en el camino de la corrupción", denunció Bergoglio.

A diferencia de lo ocurrido con otros presidentes, cuando Bergoglio expuso sus denuncias los funcionarios no lo aislaron. Por el contrario, lo buscaron más. El líder de una de las agrupaciones empresariales más influyentes, la Unión Industrial Argentina, José Ignacio de Mendiguren, en ese entonces ministro de la Producción, lo adoptó como su confesor en 2002. La gente exigía "que se vayan todos" y él no podía ni bajarse del auto en la calle por temor a las reacciones. "Fue el tipo que nos respaldó con el diálogo social y el que me contuvo emocionalmente", declaró De Mendiguren.

Cuando llegó el Tedeum del 25 de Mayo, le tocó a Duhalde sentarse en la primera fila de la Catedral Metropolitana. Bergoglio no miró para el costado. Efectuó un dramático llamado a los argentinos a reconstruir la República mediante el cumplimiento de la ley. "El país está a las puertas de la disolución nacional", dijo, y cargó con dureza contra aquellos que, "en lugar de representar a la gente", pretenden "mantener sus privilegios, su rapacidad y sus cuotas de ganancia mal habidas".

Exhortó, asimismo, a estar alertas: "Una sorda guerra se está librando en nuestras calles, la peor de todas, la de los enemigos que conviven y no se ven entre sí, pues sus intereses se entrecruzan manejados por sórdidas organizaciones delincuenciales y sólo Dios sabe qué más, aprovechando el desamparo social, la decadencia de la autoridad, el vacío legal y la impunidad".

Una y otra vez insistió ante las autoridades sobre su responsabilidad de "hacer cumplir la ley" y "rescatar del fondo del alma el trabajo y la solidaridad generosa, la lucha igualitaria y la conquista social, y la creatividad".

A la salida de la Catedral, Duhalde evitó hablar con los periodistas. Sólo realizó un gesto con las cejas y con las manos, como diciendo "¿Qué puedo decir?".

De las palabras de Bergoglio, o de su ejemplo, algo había aprendido. Esa tarde, para volver a la Casa Rosada, Duhalde cruzó la Plaza de Mayo a pie. Estaba contrariado, pero más tarde agradeció la valentía y el papel de propiciador del diálogo que había asumido el cardenal en esos días.

"En medio de la crisis de 2001, Bergoglio asumió un rol clave en el llamado Diálogo Argentino —escribió Duhalde en un artículo publicado en *La Nación* cinco días después del nombramiento del nuevo papa—. Es verdad: salimos adelante todos los argentinos, en lo que, creo, la historia considerará como una de nuestras mayores epopeyas colectivas. Pero hubo figuras providenciales en ese rescate, personalidades gigantescas que, evitando modestamente ocupar el centro de la escena, fueron determinantes para que no cayéramos en la disolución social, que por entonces era un riesgo real y cercano. Aquel hombre, Jorge Bergoglio, fue uno de ellos.

"Cuando nadie daba un céntimo por nuestra gestión, la Iglesia católica argentina y su Episcopado insistió en la posibilidad de hallar juntos una salida. Mientras el gobierno a mi cargo sobrevivía, el Diálogo Argentino fue incorporando nuevos interlocutores, ampliando sus miras y transformándose en una usina programática. Se establecieron bases claras para los indispensables consensos; se abordaron y propusieron soluciones transitorias y a más largo plazo para problemáticas tan diversas como la de la salud, la reforma política, la sociolaboral y el funcionamiento de los tres poderes del Estado. Conscientes de estar al borde del abismo, desde la sociedad se daban estos pasos para rescatar la institucionalidad acosada por sus propias falencias y por la ira popular. [Bergoglio] no era un indiferente político: como millones de argentinos, pero con mayor claridad que la mayoría de nosotros, se sentía completamente identificado con la causa de la justicia social".

Así, sin siquiera imaginarlo, Bergoglio se convirtió, junto a muchos otros, en artífice de una transición institucional que, luego del llamado a elecciones, llevaría a la presidencia a quien sería su antagonista político más empecinado: Néstor Kirchner.

En 25 de mayo de 2003, Kirchner asumió la presidencia y tardó varios meses en recibir a la cúpula de la Iglesia católica. Según el historiador Julio Bárbaro, a quien conocía de la época de Guardia de Hierro, Bergoglio le pidió que propiciara un acercamiento. "Fue uno de mis tantos fracasos políticos: a mi amigo Néstor no lo conmovía demasiado la espiritualidad", dijo. Poco después se produjo un "encuentro cordial" con las autoridades del Episcopado, pero nada más. Kirchner no estaba interesado en que el arzobispo de Buenos Aires tomara injerencia en la política de su gobierno. Pero, como a sus antecesores, también le llegó el día de sentarse en la primera fila. El Tedeum del 25 de mayo de 2004 en la Catedral Metropolitana fue el primero y el último al que el presidente asistió.

En su homilía, Bergoglio habló del "exhibicionismo y de los anuncios estridentes". Fue un mensaje crítico y críptico que definía con mucha sutileza la gestión presidencial. Utilizó una retórica muy "bergogliana", muy del estilo "a quien le quepa el sayo que se lo ponga". Siempre inclusivo, siempre hablando en plural e incluyéndose entre los pecadores. En esta ocasión, a diferencia de los presidentes anteriores, que escucharon el Tedeum con cara de piedra, que miraron para todos lados como si se hablara de un tercero, o que recibieron la bofetada y bajaron la cabeza, Néstor Kirchner decodificó el mensaje y supo que el padre estaba hablando de él. Se puso el sayo y decidió no volver a sentarse en aquel banco nunca más.

"Este pueblo no cree en las estratagemas mentirosas y mediocres. Tiene esperanzas, pero no se deja ilusionar con soluciones mágicas nacidas en oscuras componendas y presiones del poder. No lo confunden los discursos; se va cansando de la narcosis del vértigo, el consumismo, el exhibicionismo y los anuncios estridentes."

"La difamación y el chisme, la transgresión con mucha propaganda, el negar los límites, bastardear o eliminar las instituciones, son parte de una larga lista de estratagemas con las que la mediocridad se encubre y protege, dispuesta a desbarrancar ciegamente todo lo que la amenace. Es la época del 'pensamiento débil'. Y si una palabra sabia asoma, es decir, si alguien encarna el desafío de la sublimidad aun a costa de no poder cumplir muchos de nuestros anhelos, entonces nuestra mediocridad no se para hasta despeñarlo. Despeñados mueren próceres, prohombres, artistas, científicos, o simplemente cualquiera que piense más allá del inconsciente discurso dominante", dijo el cardenal. "No los descubrimos sino tarde", remató aquel día. Casi una premonición de cómo el kirchnerismo descubriría sus cualidades como pastor.

Al año siguiente, Kirchner se excusó de acudir al Tedeum para viajar a Santiago del Estero, donde contaba con un obispo más amigable, el ahora retirado Juan Carlos Maccarone. Evitó así el mal trago de tener que ver cara a cara al arzobispo de Buenos Aires haciendo una nueva lectura cruda de la realidad y de su gestión.

El 30 de diciembre de 2004 se desató una nueva crisis. El incendio de la discoteca República de Cromañón, durante el recital de la banda Callejeros, dejó 194 muertos, 1432 heridos y miles de familias atravesadas por el dolor de la pérdida y la sensación de impunidad. El incendio en el local del barrio porteño de Once desnudó una oscura trama de corrupción, connivencia, encubrimiento, negligencia e impericia, que involucró desde empresarios hasta funcionarios y miembros de la Policía Federal. Otra vez una herida abierta que vaciaba de sentido y minaba la credibilidad de las instituciones. Desde el primer momento de la tragedia, antes de que se supiese siquiera qué había pasado, Bergoglio se hizo presente para acompañar a los familiares.

Recorrió los hospitales a los que habían trasladado a los afectados para confortar a los padres y ungir a los heridos. Dio la bendición a siete de los jóvenes que fallecieron. Poco después, clamó por "esta innecesaria ofrenda juvenil". Esa tarde recibió un telegrama del Papa: "Estoy apenado por la dolorosa noticia de los numerosos muertos, entre los cuales tantos jóvenes". Bergoglio asumió el pastorado del dolor de las familias de las víctimas y de los sobrevivientes. Un mes más tarde, dio una misa por ellos y, en medio de la tensión política que había desatado la tragedia en el gobierno porteño, reclamó: "Que nuestra oración sacuda y despierte a esta nuestra ciudad dolida, para que no ponga su esperanza en los poderosos sino en el Señor, y entienda de una vez por todas que con los niños y los jóvenes no se experimenta".

"Le contamos al Señor lo que nos ha sucedido. Le decimos que no somos poderosos ni ricos ni importantes; pero que sufrimos mucho. Le pedimos que nos consuele y no nos abandone porque queremos ser ese pueblo pobre y humilde que se refugia en el nombre del Señor. Un dolor que no se puede expresar con palabras, un dolor que golpeó hogares enteros; venimos a buscar refugio en el nombre del Señor. Le pedimos Justicia, le pedimos que este pueblo humilde no sea burlado", dijo.

Su compromiso con los familiares no se extinguió ahí. Todos los años ha participado de la misa que se organiza los 30 de diciembre, en las que ha renovado su clamor por justicia. "Hay un dolor sobre el cual no hemos llorado lo suficiente. ¿Esta ciudad sabrá guardar memoria de esto o lo tapará con ruido para que esas 194 campanas que suenan todos los 30 de diciembre no se oigan? No nos podemos dar el lujo de ser 'salames', de ser tontos frente a [quienes propician] la cultura de la muerte", expresó en la misa cuando se cumplieron cinco años del incendio. Además, sigue en contacto con los familiares y suele llamarlos para fechas importantes o para acompañarlos, confortarlos o simplemente saber cómo se encuentran.

La noticia de la muerte de Juan Pablo II abrió una nueva etapa en la vida de Bergoglio. Karol Józef Wojtyła falleció el 2 de abril de 2005, a los ochenta y cuatro años y luego de casi veintisiete de pontificado, uno de los más largos de la historia. Se abrió paso así una sucesión en la que resultó electo el alemán Joseph Ratzinger, mano derecha de Juan Pablo II. Sin embargo, durante el concilio de 2005, Bergoglio se convirtió en el segundo más votado y circularon rumores de que él habría declinado ser el elegido para que Ratzinger llegara a reunir la cantidad de votos necesaria, aunque nunca pudieron ser confirmados ya que sobre los cardenales participantes pesa un voto de secreto y violarlo podría significar la excomunión. (Véase el capítulo 11, "Cuando Dios vota: elecciones en el Vaticano".)

La participación de Bergoglio en el último sínodo de obispos habría sido decisiva para que su figura, sin haber sido promovida ni impulsada por nadie en particular, cobrara relevancia dentro del Episcopado.

El rasgo pastoral que lo había distinguido en la arquidiócesis de Buenos Aires había sido su empeño por poner a la Iglesia en estado de asamblea e instar a sacerdotes y fieles a ir a las fronteras, a llevar el Evangelio a la calle.

El protagonismo de Bergoglio en el cónclave fue un mal trago para el presidente Kirchner; otra razón por la cual decidiría no asistir al Tedeum. Y que fuera elegido presidente de la Conferencia Episcopal Argentina el 8 de diciembre de 2005, con una mayoría arrasadora, lo disgustó aún más.

La elección de la nueva cúpula de la Iglesia fue "facilísima", publicó *La Nación* tras la votación en la 90ª Asamblea Plenaria, que tuvo lugar en la casa de retiros La Montonera, en la ciudad bonaerense de Pilar.

En la primera vuelta, el cardenal primado y arzobispo de Buenos Aires superó con holgura los dos tercios necesarios para convertirse en el presidente del Episcopado, en reemplazo del arzobispo de Rosario, monseñor Eduardo Mirás, que había concluido un mandato de tres años. La misma elección de una figura con la que Kirchner mantenía tanta distancia resonó en el gobierno nacional como "una provocación" por parte de los obispos. Más aún cuando dieron a conocer, con motivo de la elección de sus nuevas autoridades, una "carta al pueblo de Dios", el documento "Una luz para reconstruir la Nación", en el que los obispos advertían sobre los riesgos y deficiencias que percibían en el terreno político y social.

El documento hablaba del crecimiento "escandaloso" de la desigualdad social, que podía degenerar en "peligrosos enfrentamientos" y en "manifestaciones violentas" de los sectores excluidos.

"En una sociedad donde crece la marginación no serían de extrañar manifestaciones violentas por parte de sectores excluidos del mundo del trabajo, que podrían degenerar en peligrosos enfrentamientos sociales", subrayó el documento. En otro pasaje, denunciaba la ausencia de trabajo "digno y estable" en la Argentina y consideraba que esa situación era una de las "peores desgracias" que sufría el país, de cuya magnitud no se tenía una idea cabal.

Los obispos también exigieron "políticas firmes y duraderas, cuyo garante sea el Estado", y expresaron su preocupación por "la deficiencia de la educación en todos sus niveles" y "la precariedad de los servicios de la salud".

La carta pastoral disgustó a Kirchner como pocas veces, aunque en una primera instancia decidió guardar silencio. El presidente se hallaba en El Calafate, en la provincia de Santa Cruz, definiendo el que sería su nuevo gabinete de ministros, cuando se enteró del tono de las denuncias.

"Todo lo que venga de Bergoglio lo pone muy nervioso, irritable. Lo tiene atragantado y con bronca", confió al día siguiente a *La Nación* un hombre de extrema confianza del matrimonio Kirchner.

En el entorno presidencial especulaban con que se trataba de la respuesta de los obispos al faltazo del presidente al último Tedeum. Cinco días más tarde llegó la dura réplica oficial, desde una tarima de la Casa Rosada: "No se atiene a la realidad", dijo el presidente. Los obispos "están equivocados" y sus afirmaciones se parecen "a las de un partido político". A medida que hablaba, iba subiendo el tono de sus acusaciones. "Que se miren para adentro", remató.

Así, en esos años, el diálogo entre el gobierno y la Iglesia desapareció del horizonte de lo posible. En 2006, Kirchner comenzó a entrever a Bergoglio como el articulador de un proyecto opositor. "Nuestro Dios es de todos, pero cuidado, que el diablo también llega a todos, a los que usamos pantalones y a los que usan sotanas."

Algunos consideran que la figura de Bergoglio resultó funcional al discurso kirchnerista del primer período. Ya que no podían convertirlo en "el enemigo de los excluidos", ni acusarlo de estar "en contra de la hermandad latinoamericana", intentaron enemistarlo apelando a otro de los baluartes del relato K: la lucha contra las violaciones a los derechos humanos cometidas durante la dictadura militar. Cargaron las tintas en su contra sin saber cuál había sido la verdadera participación de Bergoglio y cayeron en un reduccionismo tramposo de la historia.

En todo ese tiempo de distanciamiento, hubo pedidos de audiencia. Sin embargo, los encuentros nunca se concretaron porque, según fuentes cercanas al hombre que hoy es papa, tanto el presidente Kirchner como su esposa, Cristina Fernández —que lo sucedió en el poder en diciembre de 2007— querían que la reunión se realizara en la Casa Rosada. Y Bergoglio nunca quiso dar el brazo a torcer. No les dio el gusto de que lo vieran cruzar la Plaza de Mayo para ir a tocarles la puerta. "Si son ellos los que piden audiencia porque quieren hablar conmigo, lo lógico es que vengan ellos hasta mi oficina", deslizó el cardenal.

Lo cierto es que, pese a haber sido vecinos tantos años, por alguna misteriosa razón recién cuando Bergoglio se convirtió en Francisco a la presidenta argentina le pareció que el Vaticano quedaba más cerca de la Casa Rosada que la propia Catedral Metropolitana.

La conducción del Episcopado se reunió por primera vez con Cristina Kirchner dos semanas después de su asunción. El gobierno interpretó el encuentro como "el reencauzamiento" de la relación con la Iglesia. Hubo fotos y saludos cordiales, pero en 2008, cuando se desató el conflicto del gobierno con el sector agropecuario, la tensión volvió a signar la relación.

En marzo de ese año, luego de que el gobierno anunciara que subiría las retenciones a las exportaciones de soja del 34 al 44%, las principales organizaciones que agrupan a los productores impulsaron un paro de actividades de veintiún días, con cortes de rutas, que desabasteció al país. La disputa llegó al Congreso y cuando el gobierno se aprestaba a aprobar una ley para avanzar con su política de mayores retenciones, el vicepresidente Julio Cobos votó en contra e impidió que la ley prosperara. Su voto "no positivo" significó la ruptura con el gobierno nacional y su aislamiento.

En medio del conflicto, Bergoglio recibió a la cúpula del agro y le reclamó a la presidente un "gesto de grandeza" que permitiera destrabar el tenso conflicto. Luego de la votación, también se reunió con Cobos.

A fines de ese año, como para recomponer la relación, Bergoglio invitó a Cristina Kirchner a una misa en Luján y la presidente aceptó. Sin embargo, el acercamiento no duró mucho. "Los derechos humanos se violan no sólo por el terrorismo, la represión, los asesinatos, sino también por la extrema pobreza", declaró Bergoglio. "Hay dos clases de personas: las que hacen declaraciones sobre la pobreza y las que nos dedicamos a ejecutar acciones todos los días para combatirla, y en todas partes", fue la audaz réplica de la presidente.

Así, durante el tiempo que siguió, la relación entre el arzobispo y la presidente alternó entre la cordialidad formal y la denuncia social y los ataques personales, respectivamente. Hubo momentos de paz, de acercamiento, aunque nunca de entendimiento y diálogo. Fueron pocos, pero los hubo.

Una de las mayores crisis en la relación se produjo durante el tratamiento de la ley de matrimonio igualitario, que desde julio de 2010 permite que en la Argentina se casen dos personas del mismo sexo.

Bergoglio se puso al frente de una marcha contra esa medida y envió una carta a cuatro órdenes religiosas para pedirles oración. Les habló del "bien inalterable del matrimonio y la familia". Las palabras que eligió para referirse al nuevo tipo de unión que se buscaba legislar fueron fuertes y muchos las juzgaron poco oportunas. "No seamos ingenuos: no se trata de una simple lucha política; es la pretensión destructiva al plan de Dios. No se trata de un mero proyecto legislativo (este es sólo el instrumento) sino de una movida del padre de la mentira que pretende confundir y engañar a los hijos de Dios". En la carta, también habló de "la envidia del demonio" y "la guerra de Dios".

Incluso dentro de la propia Iglesia distintas fuentes admitieron que la carta había sido un error estratégico. Ante el consenso social posmoderno que se ha instalado en los últimos años sobre ese tipo de uniones, las palabras elegidas por Bergoglio resultaron funcionales al relato kirchnerista, que pretendía presentarlo como el enemigo de los derechos humanos y las libertades individuales, encolumnándolo en una línea ultraconservadora a la cual Bergoglio no pertenece. Más bien podría decirse que el Papa es conservador en lo dogmático pero progresista en lo social.

"Me preocupa el tono que ha adquirido el discurso; se plantea como una cuestión de moral religiosa y atentatoria del orden natural, cuando en realidad lo que se está haciendo es mirar una realidad que ya está", le respondió Cristina Fernández.

Tres meses más tarde, las cosas cambiaron. El ex presidente Néstor Kirchner falleció en El Calafate. Bergoglio reaccionó rápidamente apenas se enteró de la noticia y en cuestión de horas decidió oficiar una misa por su eterno descanso. Lo hizo en la Catedral Metropolitana. "El pueblo tiene que claudicar de todo tipo de posición antagónica frente a la muerte de un hombre ungido por el pueblo para conducirlo, y todo el país debe rezar por él", dijo en esa oportunidad.

El distanciamiento de la política que le impuso el gobierno de los Kirchner, en cuanto mediador del diálogo, lo volvió a colocar al frente de la tarea pastoral. Si bien Bergoglio nunca abandonó la denuncia social y política como forma de alerta para el gobierno nacional, su tarea se redobló en los ámbitos populares.

La lucha contra las drogas, la denuncia del trabajo esclavo y la trata de personas se convirtieron en las banderas de su apostolado (véase el capítulo 8, "El papa de la calle"). Estuvo con los padres de las víctimas de Cromañón y con la asociación Madres del Dolor, que perdieron a sus hijos en distintas situaciones de violencia o en accidentes.

También intervino en la peor crisis que vivió el jefe de gobierno de la ciudad de Buenos Aires, Mauricio Macri, cuando un grupo de vecinos pobres de la zona sur ocupó el Parque Indoamericano con la pretensión de instalar allí sus viviendas. Otro grupo de vecinos, que viven en los complejos habitacionales de la zona, se opuso a la toma de esos terrenos y se produjeron enfrentamientos entre ambos sectores. El conflicto atravesaba su peor momento la tarde en que Bergoglio llegó a la capilla San Juan Diego, que se levanta junto a los monoblocs.

Se había comprometido a dar misa allí desde hacía más de un mes. El cardenal lo tomó como un designio de Dios y de ninguna manera creyó que el conflicto fuera razón suficiente para cancelar su visita, aunque las columnas de humo negro de los neumáticos quemados rodearan la capilla y a pocos metros hubiera más de cincuenta policías armados y unos doscientos vecinos dispuestos a entrar por la fuerza al parque y desalojarlo.

Era el Día de la Unidad de los Pueblos Americanos y una costumbre que tenía Bergoglio como arzobispo era estar siempre presente en las fiestas patronales. San Juan Diego es el patrono del Parque Indoamericano por ser el primer santo indígena.

Pasadas las siete de la tarde, y mientras de fondo estallaban bombas de estruendo, Bergoglio hizo una apelación a la paz. "Vengo a hacer un llamado, una invitación a la unidad de los pueblos americanos. Ese es el mensaje de la Virgen de Guadalupe", dijo.

Finalizado el encuentro, el cardenal salió a saludar a los vecinos, mientras un hombre vociferaba pegado al cerco de alambre que rodea la capilla. El clima de agresividad impregnaba el ambiente. Un grupo de feligresas relató que una mujer boliviana que había querido asistir a la misa llegó con la cara deformada por los golpes que había recibido de los vecinos en el camino.

Después de saludar, Bergoglio regresó a la capilla, y más tarde se marchó sin que nadie lo notara. Mientras todos se preguntaban dónde estaría, él caminó hasta la parada de ómnibus y tomó el transporte público hacia la Catedral.

Cuatro días antes de su viaje final a Roma, y al cumplirse un año de otra tragedia ocurrida en el barrio de Once, en la que murieron 51 personas y otras 703 resultaron heridas —el tren en el que viajaban se estrelló contra los paragolpes de contención al final del andén de la estación—, el cardenal dio una misa por las víctimas en la Catedral Metropolitana. El accidente desnudó la falta de controles y de inversión en el transporte público por parte del Estado, así como una red de corrupción en la concesión de ese servicio, que en la actualidad investiga la Justicia.

Las palabras de Bergoglio resonaron con fuerza durante la misa: "Hay responsables irresponsables que no cumplieron con su deber. Casi la totalidad de ellos [los pasajeros] venía a ganarse el pan dignamente. No nos acostumbremos a que, para ganarse el pan dignamente, haya que viajar como ganado".

Al que le cupo el sayo, se lo puso.

Capítulo VIII

El papa de la calle

Son muchos. Muchísimos. Imposible saber cuántos. A todos, alguna vez les hizo el mismo pedido: recen por mí. Se lo pidió, aunque sabía que muchos de ellos no creían en Dios. O que estaban atravesando una situación que minaba por completo su fe. A cambio, les abrió su corazón y se acercó como un amigo, como un padre o simplemente como uno más de ellos.

Los amigos que el Papa dejó en su ciudad natal ya añoran su cercanía.

El día en que se enteraron de que "Jorge" se mudaría a Roma lloraron con desconsuelo, y no por la emoción de saber que una persona extraordinaria había llegado al corazón de la Iglesia católica. Lloraron por la pérdida del trato cotidiano con él. Ya no se lo encontrarían en la puerta de su casa, o en el ómnibus o en una informal cena familiar.

Francisco también los añora. Después de almorzar, lo primero que hace es tomarse unos minutos para realizar algunos llamados. Cuando en Buenos Aires son las 16, sus amigos saben que en cualquier momento el teléfono puede sonar. "Hola, habla Jorge", así se presenta. Y la inmensa distancia se acorta. La conversación no dura mucho. Bergoglio no es un hombre que hable mucho por teléfono. Debe de ser uno de los pocos argentinos que lograron sustraerse a la era del celular. Nunca tuvo uno. No le interesaba. Prefiere el trato personal. El teléfono es útil para iniciar el diálogo, pero para hablar no hay como el contacto persona a persona.

Claro que ahora la relación es desigual. Sus amigos no tienen dónde llamar si lo necesitan. En cambio, él se encargó de conseguirles un número al que pueden mandarle cartas por fax. Después, él los llama y conversan unos minutos.

¿Quiénes son sus amigos? Hay de todo. Desde aquellos a los que conoció al trabajar en forma conjunta para la Iglesia, hasta desconocidos que se le acercaron a pedirle un favor, los escuchó, los ayudó y a partir de ese momento se volvieron incondicionales seguidores suyos. Hay cristianos, musulmanes, judíos, ateos, agnósticos. Hay artistas, militantes, políticos, sindicalistas y empresarios. Y hasta indigentes que recolectan cartones y botellas de la basura, e indocumentados. Tiene amigos que perdieron a sus hijos y otros que suelen invitarlo a cenar para compartir con él la alegría de ser una familia. Todos forman parte de su gran familia, esa que ganó cuando decidió servir a Dios.

Cuando vivía en Buenos Aires, le gustaba pasar tiempo con ellos. Cuando podía, se hacía un espacio en la agenda y los visitaba. Se quedaba a tomar el tradicional mate argentino. Los llamaba para sus cumpleaños o para esa difícil fecha en la que se cumplía un nuevo aniversario de su inmensa pérdida.

Sus amigos son pobres. ¿Pobres? Sí, pobres. Son personas que de alguna manera estuvieron en contacto con una necesidad que los enriqueció.

¿Quiénes son los pobres para Francisco?

"Pobres de cualquier pobreza, que signifique despojo al alma y, a la vez, confianza y entrega a los demás y a Dios. En efecto, el que sufre el despojo de sus bienes, de su salud, de pérdidas irreparables, de las seguridades del ego y, en esa pobreza, se deja conducir por la experiencia de lo sabio, de lo luminoso, del amor gratuito, solidario y desinteresado de los otros, conoce algo o mucho de la Buena Nueva", dijo una vez Bergoglio. Casualmente, lo hizo durante su homilía en el Tedeum que tanto hizo enfadar a Néstor Kirchner.

Esa riqueza de la pobreza es, para Bergoglio, la esperanza de las naciones y del mundo. Una "Iglesia pobre para los pobres" es una Iglesia que sale de su zona de seguridad y confort para entrar en contacto con la necesidad propia y ajena, y que se enriquece a partir de esa experiencia. Una Iglesia que se despoja a sí misma y comparte, no por caridad ni asistencialismo. Tampoco para subvertir un orden injusto. Lo hace para, de ese modo, enriquecerse. Si todos se hicieran pobres, todos se volverían ricos. Ese es el mensaje.

Durante los primeros días, cuando todos querían oír en qué sentido se dirigían las palabras del nuevo papa, Francisco los sorprendió. "Más allá de lo que diga: él es el mensaje", dijo en esos días uno de sus amigos en Buenos Aires. "Su testimonio, su coherencia, su austeridad, su vida. Los problemas de millones se solucionarían si millones imitáramos su ejemplo", aseguró.

Una vez le preguntaron hasta dónde debía involucrarse la Iglesia con la realidad, denunciando, por ejemplo, situaciones de injusticia, sin caer en una desviación política. "Creo que la palabra partidista es la que más se ajusta a la respuesta que quiero dar. La cuestión es no meterse en la política partidaria, sino en la gran política que nace de los mandamientos y del Evangelio. Denunciar atropellos a los derechos humanos, situaciones de explotación o exclusión, carencias en la educación o en la alimentación, no es hacer partidismo. El Compendio de Doctrina Social de la Iglesia está lleno de denuncias y no es partidista. Cuando salimos a decir cosas, algunos nos acusan de hacer política. Yo les respondo: sí, hacemos política en el sentido evangélico de la palabra, pero no partidista", señala Bergoglio.

Las que siguen son historias de sus amigos y de algunas de las personas que le permitieron ser parte de su pobreza. Cuando a muchos de ellos el mundo les daba la espalda, Francisco les tendió una mano amiga. A otros simplemente los acercó al lado más humano de la religión, ese que durante muchos años pareció haber quedado perdido, dormido, en medio de la liturgia.

* * *

Ese día, su vida había descendido al peor de los infiernos. Tatiana Pontiroli, de veinticuatro años, llevaba dos días muerta, tras el accidente ferroviario en la estación de Once. Mónica Bottega, su madre, acababa de volver de despedirla y en esos instantes comenzaba a asomarse al abismo de la terrible ausencia. "Sentía que, en realidad, a nadie le importaba. Yo no había perdido la cartera en el tren. ¡Había perdido a mi hija! Y mi pérdida se disolvía en el tamaño de la tragedia. Mil cosas me pasaban por la cabeza", resume Mónica, que es directora de un colegio parroquial en la localidad de Libertad, partido de Merlo, en el oeste del conurbano bonaerense.

Sin esperar encontrar nada en particular, revisó su correo electrónico y allí descubrió la sorpresa. Un correo que llevaba la firma de Jorge Bergoglio le devolvió el aliento.

"¡La emoción fue tan grande…! A alguien le importaba la vida. Alguien se acercaba a mi dolor. Nunca me voy a olvidar de sus palabras, de su aliento. Sé que probablemente se las haya dictado a alguien, pero el solo hecho de haberse acercado a mí en un momento tan difícil, de haberse puesto en mi lugar y haberme dado ánimo, me ayudó a seguir adelante", cuenta Mónica, muy conmovida.

Pocos días antes de que Bergoglio viajara a Roma, ese encuentro virtual se volvió real. Fue durante la misa que realizó en la Catedral al cumplirse un año de la tragedia. "Nos esperó a los familiares en la puerta de la Catedral y nos abrazó y besó a cada uno. Nos miró a los ojos, nos escuchó. Fue muy significativo. Nosotros esperábamos algún apoyo de algún lugar importante y lo hemos recibido de él."

Cuando Mónica se enteró de que esa misma persona se había convertido en papa, no pudo sino estallar de alegría. "Bergoglio reúne condiciones de todos los argentinos. Por fin no somos reconocidos sólo por tener los mejores jugadores de fútbol o las mujeres más hermosas. ¡También por tener hombres de corazones brillantes! ¡Cuánta emoción!"

* * *

Desde el día que su hija Cecilia, de veinticuatro años, fue asesinada durante un asalto en el barrio porteño de Versalles, en abril de 2011, Isabel Lobinesco dejó de ser ella misma para convertirse en una "madre del dolor".

Se enroló en la lucha. Participaba en cuanta manifestación para batir cacerolas se organizaba. Iba a todas las movilizaciones. Estaba decidida a llegar hasta las últimas consecuencias. Un día, otras madres, con situaciones parecidas a la de ella, le pidieron al arzobispo de Buenos Aires que oficiara una misa por las víctimas de la inseguridad. Eran muchas. Y fue así como Isabel se sentó en la primera fila de San Cayetano, a escuchar a Bergoglio.

Apenas había comenzado a hablar, cuando Isabel rompió en llanto. No podía detenerse, no lograba dominar sus emociones. El cardenal no intentó seguir adelante. Al oírla llorar, interrumpió la misa, bajó del estrado, se sentó a su lado y la abrazó. "Me dijo unas palabras al oído que cambiaron todo, que me consolaron. Me dijo: 'Dejala partir. Ella está al lado de Dios. Él te va a dar todo el calor que necesitás'. Algo se transformó en mí con esas palabras y con ese gesto. Cortó la misa, delante de trescientas personas, para venir a hablarme a mí. A consolarme", cuenta Isabel, en un relato entrecortado por sollozos que apenas le permiten hablar.

"Fue una persona que me supo dar la peor noticia, que mi hija no iba a volver, con el amor de un padre. Yo, que fui abandonada por mi madre en la basura cuando era un bebé, que no soy dueña ni de la cama en la que duermo, sentí la fuerza de ese abrazo. Estaba enojada con Dios por lo que había pasado y el padre Bergoglio me reconcilió. Creo que si hay alguien en el mundo que reúna los requisitos para ser papa, es él", resume.

* * *

Desde la primera vez que se lo encontró a bordo del ómnibus de la línea 70, llegando a la Villa 21-24 de Barracas, Darío Giménez supo que Jorge Bergoglio era uno más de ellos. Un hombre de a pie.

Darío tiene cuarenta y tres años, trabaja en una fábrica de lonas y es padre de dos nenas de ocho y seis años. "Una de las cosas más lindas que llevo en mi mochila es saber que él bautizó a mi hija María José. Y no lo digo ahora porque sé que es papa. Ojo, lo dije siempre", relata con una mezcla de orgullo y emoción. Darío lo conoció por medio de José María Di Paola, "el padre Pepe", gracias a quien él se convirtió al cristianismo hace catorce años, y hoy es un fiel colaborador de la iglesia de Nuestra Señora de Caacupé.

"Bergoglio es un hombre tan humilde que te hace sentir bien. La última vez que vino, lo invitamos y se quedó a cenar con nosotros. No teníamos nada muy elaborado, eran unos fideos con tuco, nomás. Nunca me voy a olvidar de sus palabras. De pronto, me miró a los ojos y me dijo: 'Me gusta sentarme a la mesa de los pobres porque sirven la comida y comparten el corazón. A veces los que más tienen sólo comparten la comida…'. ¡Me hizo sentir tan bien!", relata Darío.

* * *

Se llama José María Di Paola, pero todos lo llaman y lo conocen como "el padre Pepe". Su compromiso con Dios lo llevó a recorrer caminos difíciles. En los años en que Bergoglio era vicario de la zona sur de la ciudad de Buenos Aires, se abocó a la tarea de alejar a los jóvenes de la droga en las villas de emergencia. Eso lo llevó a tener que vincularse con las mafias del narcotráfico, y le valió serias amenazas en 2011 contra su vida.

El padre Pepe tuvo que alejarse del lugar e ir a misionar a un pequeño poblado de Santiago del Estero, de esos que ni siquiera figuran en los mapas. Dos semanas antes de que Bergoglio se convirtiera en papa, Di Paola regresó al lugar donde más lo conocen y donde más lo necesitan: las villas de emergencia. Desde entonces vive en La Cárcova, un asentamiento precario de la localidad de José León Suárez, en el norte del conurbano bonaerense. Es la primera vez que un sacerdote se establece ahí de forma permanente. Se lo nota feliz, entusiasmado con su nueva misión.

Quien moldeó su destino y lo convirtió en una pieza fundamental en el equipo de "curas villeros" fue el propio Bergoglio, que en 1996 lo llevó a otro asentamiento de la ciudad de Buenos Aires, Ciudad Oculta, en el barrio de Mataderos, lugar que fue ocultado tras un muro —de ahí su nombre— durante el mundial de fútbol que se realizó en el país en 1978, para que el mundo no se enterara de su existencia. Las carencias y las necesidades insatisfechas podían ser ocultadas por los gobiernos, pero jamás pasaron inadvertidas para los curas que trabajaban en la zona.

De Ciudad Oculta, el padre Pepe pasó, por decisión de su jefe, a ser párroco en la Villa 21, donde desarrolló gran parte de su reconocida tarea pastoral. Allí, Di Paola dejó la sotana y se calzó el traje de superhéroe, al convertirse en uno de los principales líderes de la lucha contra la venta y el consumo de droga.

"Al padre Begoglio lo conocí en 1995. Yo estaba haciendo tareas pastorales en la cárcel de [Villa] Devoto y se ve que eso lo motivó a pensar que mi presencia en las villas podía ser importante. Tuvo una intuición y yo lo seguí", cuenta Di Paola en su nuevo hogar, una casilla humilde y con apenas lo básico para subsistir, donde acababa de cocinarse un guiso.

En pocos años, Bergoglio duplicó el número de sacerdotes presentes en las villas de emergencia, no porque sobraran —de hecho, por ese entonces existía una crisis debido a la escasez de curas, que hoy se mantiene— sino porque entendía que ahí era donde hacían más falta. "Para él, la periferia era el centro. Sacaba algún sacerdote de un barrio de la ciudad para ponerlo a trabajar con los más pobres porque creía que allí era más necesario", explica. La intervención no se limitaba a reacomodar piezas, sino que resultaba habitual verlo llegar solo y a pie a las villas, para celebrar misa o para rezar en alguna capilla de los barrios más marginales.

"Él venía y estaba a gusto. Se sentía cómodo. Solía aparecer de imprevisto y le encantaba participar de una fiesta en la capilla e interactuar con todos, entrar en las casas, sacarse fotos, recorrer las calles internas —cuenta el padre Pepe—. A veces me preocupaba de que no lo reconocieran y le robaran, por eso le pedía que nos avisara cuando llegaba, así lo íbamos a buscar, pero él nos decía: 'Si vengo a una villa, tengo que ser uno más, tengo que correr la misma suerte que el vecino'. Por suerte, jamás le pasó nada."

El fútbol es una de las pasiones que comparten el padre Pepe y Francisco, aunque sus preferencias los colocan en veredas opuestas. Seguidor fanático del club de fútbol Huracán, el padre Pepe sufrió como pocos el descenso de su equipo al torneo nacional B, mientras soportaba las bromas de los fanáticos del club San Lorenzo de Almagro, como las del entonces cardenal. Tal vez por respeto al Papa, Di Paola prefiere olvidar las chanzas de que fue objeto.

Lo que sí recuerda es que durante el cónclave de 2005, en el que resultó consagrado Benedicto XVI, estaba trabajando en la Villa 21. En ese barrio había mucha expectativa; Bergoglio era candidato y distintos medios extranjeros se acercaron hasta el asentamiento para entrevistar a sus habitantes. "Se vivió como la final de un mundial [de fútbol], la gente tenía mucha esperanza y cuando finalmente salió Ratzinger al balcón, fue una desilusión enorme", cuenta el padre Pepe. Pero el fútbol siempre da revancha. Y la fe, también.

* * *

"Ahí viene el Papa." Como si fuera una premonición, en algunas de las villas porteñas, donde hoy se celebra y venera a Francisco, muchos de los habitantes solían llamar así al arzobispo de Buenos Aires cuando lo veían llegar caminando lento y pausado con sus zapatos gastados.

Lo decían desde el corazón, desde el sentimiento de amor por ese hombre que llegaba para presidir una misa, bendecir alguna obra, bautizar fieles o compartir un plato de guiso o un mate con ellos. "Aunque les decíamos que no era el papa sino el arzobispo de Buenos Aires, la gente seguía llamándolo 'Papa'. Parece mentira; como si lo hubieran intuido", cuenta el padre Gustavo Carrara, cura de la parroquia Santa María Madre del Pueblo, de la Villa 1-11-14, una de las más populosas de la ciudad de Buenos Aires.

Carrara es uno de los curas villeros que nacieron bajo la tutela de Bergoglio, que desde que llegó al Arzobispado de Buenos Aires se propuso armar un equipo de curas que tuvieran gran presencia en los barrios marginales, en una clara demostración de fe y de convencimiento de que "hay que acercar la Iglesia a los más pobres".

Cuando conoció a Bergoglio, Carrara era seminarista. "Ya era arzobispo. Él me ordenó diácono el 21 de marzo de 1998 y sacerdote el 24 de octubre del mismo año. Era un hombre muy cercano a todo su clero, nos escuchaba y nos guiaba siempre en el camino hacia Dios", recuerda Carrara, que no se sorprende ante los gestos de humildad y simpleza con los que hoy Francisco deslumbra al mundo. "Lo veo fuerte, tal como es él. Lo que a muchos les asombra a nosotros no, porque siempre fue así, siempre viajó en colectivo, nunca quiso ni siquiera que le llamáramos un taxi".

El cura, que por estos días no cesa de contestar preguntas sobre "cómo era Bergoglio", cuenta que tenía la esperanza de que su jefe espiritual fuera elegido para ocupar el trono de San Pedro. "Sabía que como arzobispo le quedaba poco tiempo, por su edad. Así, lo ganamos para toda la Iglesia. Con su nombramiento se abrió un tiempo de esperanza, estamos contentos e ilusionados con el papa Francisco, el papa villero."

* * *

Las paredes de su oficina anticipan que se trata de un personaje ecléctico, que juega una carta de cada palo. Allí conviven un retrato del Che Guevara con una foto de Jorge Bergoglio, de la época en que era cardenal. Un afiche de Presidencia de la Nación, otro del gobierno de la ciudad de Buenos Aires, escritos de León Trotsky, un mapa de la China moderna y el afiche de una convocatoria a una misa.

Gustavo Vera tiene cuarenta y nueve años, es ateo y uno de los referentes locales de la lucha contra la trata de personas. Dirige una organización no gubernamental, La Alameda, que nació durante la crisis que atravesó el país en el año 2001. En esos días, Vera se convirtió en el vocero de las cooperativas de empresas que fueron recuperadas por sus antiguos empleados después de su quiebra. El 30 de marzo de 2006, su lucha encontró un nuevo eje tras el incendio de un taller textil en el barrio porteño de Caballito, en el que murieron seis bolivianos que trabajaban en condiciones infrahumanas. Desde entonces, Vera, que recibía a cientos de inmigrantes de esa nacionalidad en el comedor de La Alameda, se volvió el "enemigo número uno" de los talleres clandestinos que proliferan en la ciudad de Buenos Aires. Sus denuncias desnudaron todo un sistema de producción de ropa a bajo costo, cuya principal variable de ajuste era el trabajo esclavo.

En La Alameda, las estimaciones más conservadoras indican que en la ciudad de Buenos Aires existen tres mil talleres textiles clandestinos. En la mitad de ellos los trabajadores son reducidos a condiciones de servidumbre para subsistir.

Vera se puso en contacto con los diseñadores más exclusivos del país. Este maestro de Lengua y Ciencias Sociales de una escuela del barrio porteño de Villa Lugano hizo de la lucha contra la trata de personas su bandera. El sistema de los talleres puso en evidencia que existía una red que se encargaba de captar bolivianos para traerlos engañados al país. Pero la red no acababa allí. No pasó mucho tiempo antes de que a La Alameda comenzaran a llegar denuncias sobre la trata de personas con fines sexuales. Los involucrados llegaban hasta los altos funcionarios policiales y judiciales.

Por primera vez, Vera sintió miedo.

"Íbamos a meternos con temas complejos sobre redes de trata que vinculaban a la cúpula de la Policía Federal. Como el cardenal ya había empezado a hablar en sus homilías de la trata, me fui hasta la Curia y entregué una carta pidiendo una audiencia con Bergoglio. Una hora más tarde, me llamó la secretaria y nos dio una entrevista. Nos recibió y lo primero que me llamó la atención fue que estaba interiorizado de la problemática. Lo primero que le dije fue que nos íbamos a meter en temas muy complicados y que sencillamente no queríamos aparecer 'flotando' en el Riachuelo [río contaminado que bordea parte de la ciudad de Buenos Aires]. Queríamos el respaldo del cardenal. ¿Cómo respondió él? Organizó la primera de las siete misas que hicimos en forma conjunta", explica Vera, sin rodeos.

Fue en 2008, en la iglesia Nuestra Señora de los Migrantes, en el barrio porteño de Constitución. A cambio, Bergoglio le pidió un favor. Quería conocer a las víctimas y ofrecerles asistencia espiritual.

Desde entonces, confía Vera, más de ochenta personas fueron recibidas por el entonces arzobispo de Buenos Aires. "De la entrevista, la mayoría de las víctimas salía en un estado de paz total. Y al cardenal lo veíamos salir con los ojos rojos, conmovido. No sólo había escuchado, se había hecho carne de lo que le contaban. Después venía a hablar con nosotros, nos preguntaba qué clase de asistencia gubernamental tenía la persona, si tenía dónde vivir, con qué vivir. Escuchaba todo, pero jamás anotaba. 'Bueno', era todo lo que decía. '¿Bueno qué?', nos preguntábamos nosotros al principio. Después entendimos. Dos días más tarde, algún funcionario nos llamaba y aparecía la ayuda oficial para esa persona, estaba todo resuelto. Así hizo con cada una de las personas que recibió. Se ocupó de ellas y además se acordaba de cada caso. Cada vez que hablábamos me preguntaba por ellos", relata Vera, que a pesar de ser ateo reconoce haberse vuelto "más papista que el papa". "Es una persona maravillosa, revolucionaria. Va a hacer esto mismo en todo el mundo", asegura.

"En el colegio nos enseñaron que la esclavitud fue abolida. Pero ¿saben qué? ¡Era un cuento de hadas! Porque en Buenos Aires la esclavitud no fue abolida. En esta ciudad, la esclavitud sigue siendo común en varias formas. En esta ciudad las mujeres son secuestradas y sometidas al uso y abuso de sus cuerpos, lo que destruye su dignidad. Aquí hay hombres que abusan y hacen dinero de la carne humana […]. ¡A los perros se los trata mejor que a estos esclavos nuestros! ¡Expúlsenlos de aquí! ¡Deshaganse de ellos!", denunció Bergoglio durante una homilía.

Bergoglio tiene gran aprecio y respeto por Vera. A veces, los sábados, subía al ómnibus y viajaba hasta La Alameda sólo para tomar mate con él y su gente. Para decirles que no bajaran los brazos. Ahí solían mantener largas conversaciones sobre filosofía, teología y cuestiones sociales. "Ojalá muchos cristianos tuvieran la honestidad y el compromiso de Vera", dijo una vez.

Pocos días después de que su amigo se convirtiera en papa, Gustavo encontró una llamada perdida y un mensaje en su teléfono celular. "Hola, Gustavo, habla Bergoglio. Quería desearte feliz cumpleaños", decía.

* * *

El día que Carina Ramos conoció a quien poco después sería papa no sintió ninguna emoción. "Voy a escuchar a un cura más", pensó mientras entraba en la Curia porteña. Las puertas se abrieron y el arzobispo de Buenos Aires la invitó a pasar a una oficina. Durante los últimos catorce años, Carina había estado en manos de distintas redes de trata de personas en los cabarets VIP de Mar del Plata y Buenos Aires. Fue secuestrada, drogada, violada y obligada a vender droga a los clientes. Cada vez que intentaba salir y denunciar a la red que la explotaba, que involucraba desde policías hasta altos funcionarios, acababa en una situación aún peor. Pasó por varios programas de protección de testigos pero la fuerza del sistema hacía que una y otra vez quedara atrapada en las redes.

Decepción, desilusión, hastío, desconfianza fueron algunas de las emociones que Carina llevó consigo a la entrevista. Había ido sin ninguna expectativa.

"Cuando me miró a los ojos, vi algo que nunca en mi vida había visto. Una mirada santa. Le conté que creía que Dios me había salvado la vida en muchas situaciones y no se rio. Yo siempre creí en Dios, pero cuando lo decía en mi entorno, todos se burlaban, por mi condición", asegura.

Bergoglio escuchó toda su historia sin objetar nada. "Hace mucho que no voy a la iglesia", se excusó Carina. "No importa que no vayas a la iglesia, lo importante es que sientas a Dios en tu corazón", le dijo. Nada más.

Pasó sólo un año desde aquella entrevista y la vida de Carina dio un vuelco. Ahora vive con su hijo adolescente en Mar del Plata. Logró alejarse de las redes de prostitución, hizo un curso de peluquería y trabaja. Además, se inscribió para terminar los estudios secundarios.

"Le agradezco a Dios lo que viví, porque, si no lo hubiera vivido, no habría conocido al cardenal", apunta.

Lo que se llevó Bergoglio de este y otros tantos testimonios de primera mano a los que asistió le permitió nutrir sus denuncias y homilías: "En esta ciudad hay muchas chicas que dejan de jugar con muñecas para entrar en el tugurio de un prostíbulo porque son robadas, vendidas, traicionadas. Hoy venimos a pedir por las víctimas de trata de personas, la trata del trabajo esclavo, la trata de la prostitución. En esta plaza venimos a pedirle a Jesús que nos haga llorar por la carne de tantos", dijo en 2011, al hablar en la Plaza Constitución, de la ciudad de Buenos Aires.

* * *

Una medallita. A ella se aferra Susana Trimarco, la mujer que en la Argentina es sinónimo de lucha contra la trata de personas, cada vez que necesita juntar fuerzas. Su hija, Marita Verón, desapareció de su casa en la provincia de Tucumán, el 3 de abril de 2002. Tenía veintitrés años y desde entonces su familia no la ha vuelto a ver. Susana nunca dejó de buscarla, removió cielo y tierra y finalmente fue descubriendo una red de trata de personas con fines sexuales que, cree, capturó a su hija. Esa medallita hoy cobra una dimensión enorme, especial, porque quien se la regaló fue nada menos que el papa Francisco, al que Trimarco conoció el 9 de marzo de 2011, cuando él era arzobispo de Buenos Aires.

El encuentro duró más de tres horas. Bergoglio le ofreció un té y le obsequió una medallita de la Virgen Desatanudos. Desde entonces, esa medalla la ha acompañado siempre, incluso en el juicio en el que Susana se enfrentó cara a cara con los acusados de secuestrar y prostituir a su hija. La absolución de todos ellos motivó encendidas reacciones por parte de diversos sectores sociales. "Él me brindó una gran ayuda espiritual —recuerda Trimarco, desde su casa en Tucumán, donde vive junto a su nieta Micaela, hija de Marita—. Me confesó que rezaba por mi hija, por mi nieta y por mí. Y que admiraba mi fuerza y mi lucha", dice conmovida al recordar el encuentro.

Trimarco siempre había sentido alivio espiritual cada vez que escuchaba los discursos del arzobispo a la distancia, pero el encuentro personal con él fue una verdadera sacudida emocional: "El corazón me latía muy fuerte, a mil. Él me recibió como si me conociera de toda la vida. Su sencillez, su humildad, su humanidad… Recuerdo que cuando me fui de ahí sentí que me había entrevistado con un santo".

Durante las tres horas que duró la audiencia, Susana le relató con todo detalle su historia y la lucha personal que había empezado desde que su hija había desaparecido. "Le conté que me había hecho pasar por prostituta, que una travesti me había acogido en su casa, donde dormí en un colchón en el piso porque ahí no había camas… Me escuchó muy conmovido, me tomó de las manos, me dio su bendición y me dijo que yo había sido una elegida de Dios y que no abandonara nunca mi lucha. Después me obsequió la medalla y me aseguró que las puertas del Arzobispado iban a estar siempre abiertas para mí."

Cuando se supo que los cardenales habían nombrado a Bergoglio sumo pontífice, Susana se echó a llorar. Pero de alegría. "Es un protector de los humildes, de los pobres, de los niños… Es un honor, una grandeza y una bendición para todos los argentinos que sea papa. Eligieron a un santo. Yo tengo una intuición especial para estas cosas. Y casi nunca me equivoco."

* * *

Cuando Nancy Miño se encontró con Bergoglio sintió que un escudo protector la abrazaba. Pasaba por el peor momento de su vida: había recibido una amenaza anónima mientras estaba viviendo con custodia permanente. Nancy es agente de policía y se atrevió a denunciar una red de trata y corrupción dentro de la Policía Federal. Su denuncia había puesto su vida y la de su hijo en serio peligro. "Hacía un mes que estaba con protección y custodia y aun así se animaron a llamar donde estaba refugiada y amenazarme. Tras esa llamada, decidí salir a hablar con los medios y dimos una conferencia de prensa. Ahí conté todo lo que estaba viviendo. Después de la conferencia, recibí el llamado de Bergoglio para que fuera a verlo al Arzobispado."

Fue a encontrarse con él en su oficina. "Yo estaba conmovida. Que me recibiera el número uno de la Iglesia argentina significaba mucho para mí, era una esperanza más. Alguien grande me estaba respaldando. Cuando uno está avalado por instituciones tan importantes como la Iglesia, las mafias se alejan. Fue un escudo de protección enorme", asegura Nancy, que hace muchos años fue catequista.

Bergoglio le ofreció albergue en un convento así como ayuda económica, ya que desde que había hecho las denuncias había dejado de percibir su sueldo como oficial de la fuerza. Ella lo agradeció, pero se negó. Lo que sí aceptó fue la estampita de San José, patrono de la familia, y una cajita con una medallita de la Virgen Desatanudos que el cardenal le dio para que velaran por ella.

"Me dijo que de a poco se iban a ir desatando las dificultades y la verdad es que fue así. Gracias a él y a los medios hubo una purga policial importante. Y yo volví a trabajar de policía en una dependencia de Lomas de Zamora", cuenta Nancy. Pero Bergoglio hizo algo más por ella: logró que su hijo fuera aceptado en una escuela.

"Con todo lo que había pasado, nadie quería recibir a mi hijo en el colegio porque tenían miedo de que hubiera un atentado o un secuestro —explica Nancy—. El arzobispo en persona se comunicó con un colegio católico cerca de mi casa, Nuestra Señora de la Paz, para que lo aceptaran. Habló con la madre superiora y le pidió que por favor le hicieran una vacante y así fue. Yo me siento en deuda con él, y tengo el compromiso de devolverle con hechos todo lo que hizo por mí y por mi familia."

* * *

El 30 de diciembre de 2004, Nino Benítez perdió a su hijo en el incendio de la discoteca República de Cromañón. A pesar de que en la autopsia figura que murió por asfixia al respirar monóxido de carbono y monóxido de cianuro —sustancia que despide el poliuretano, ochenta veces más tóxico que el monóxido de carbono—, él asegura que lo mató la corrupción.

Mariano estudiaba Derecho y había ido al recital de la banda Callejeros para acompañar a Gustavo, su amigo de la infancia, fanático del grupo. De esa noche fatídica, la peor de su vida, Nino recuerda que en medio del caos, la desorganización y la confusión, las únicas palabras de aliento y consuelo venían de un hombre vestido de negro, con sotana. "Bergoglio acompañó a los padres de los jóvenes muertos durante esa noche de la tragedia. Estuvo en la morgue rezando, dando palabras de aliento, sosteniendo.

Las únicas palabras de consuelo venían de la Iglesia y de los psicólogos de la escuela Pichon Rivière", recuerda Benítez al rememorar esa terrible madrugada.

El acompañamiento continuó a través de los años, con misas y bautismos celebrados en el santuario armado sobre la calle Bartolomé Mitre, entre Jean Jaurès y Ecuador, donde se ubicaba la discoteca y donde se esparcieron los cuerpos sin vida de los jóvenes, aquella noche del accidente. "Nos criticaban por haber instalado un santuario en la calle, y entonces el cardenal venía a dar misa en ese mismo santuario. Siempre nos apoyó, nos dio su respaldo espiritual. Incluso se hicieron bautismos en ese lugar —cuenta Benítez—. Bergoglio siempre nos alentó a seguir, a reclamar justicia. Jamás nos dejó resignarnos."

Católico desde siempre, la fe de Benítez se quebró la madrugada en la que le anunciaron que su hijo había muerto. "Yo estaba y sigo estando enojado con Dios porque me llevó lo que más quería en la vida. Y cuando muchos le manifestábamos [a Bergoglio] nuestro enojo, él nos entendía y nos ofrecía su hombro para llorar. Siempre Bergoglio nos recibió. Hoy tenemos un poco más de esperanza porque hay un papa que se preocupa por los humildes, los castigados y los desposeídos."

* * *

Olga Cruz es boliviana, costurera y madre de Daniela y Micaela, de dieciséis y ocho años, respectivamente. Le hubiera gustado bautizarlas, pero una horda de impedimentos llenaba su mente cada vez que lo pensaba. "Me van a pedir papeles, a preguntar si estoy casada, que por qué no las bauticé antes, que tienen que hacer el curso de catequesis, que los padrinos tienen que ser católicos", pensaba.

Una noche, cuando asistió a una de las misas que ofició el cardenal primado de la Argentina en la iglesia de los Migrantes, en el barrio porteño de La Boca, se le ocurrió pensar en grande. Se le acercó y le preguntó: "¿Usted me bautizaría a mis hijas?". Lo hizo con tanta sencillez que sorprendió a todos. Al cardenal, no. Él le dijo que por supuesto. "Va a ser un honor." Allí mismo acordaron fechas, le preguntó los nombres de sus hijas, y le consultó a Olga si prefería que el bautismo si hiciera en una iglesia o en el centro comunitario al que ella asistía. Se optó por esta última alternativa.

"No sabía que fuera una posibilidad, pensaba que siempre los sacramentos se hacían en una iglesia. 'Donde está el pueblo y me necesitan, yo tengo que ir. No es necesario que vengan a la iglesia. Ustedes, nosotros somos la Iglesia', me dijo", relata Olga.

El bautismo se celebró a la semana siguiente. El cardenal nunca le preguntó nada de las cosas que la mujer temía. "Vino hasta al centro comunitario en colectivo, las bautizó y ni siquiera resultó un impedimento el hecho de que los padrinos fueran uno ateo y otro judío", destaca Olga, admirada.

De hecho, medio año antes de convertirse en papa, Bergoglio emitió un instructivo a los párrocos de Buenos Aires para pedir que no interpusieran ningún tipo de impedimento a quien se acercara a la iglesia para bautizar a sus hijos. Incluso, en septiembre de 2012, durante la misa de clausura del Encuentro de Pastoral Urbana, el entonces arzobispo de Buenos Aires llamó "hipócritas" a los curas que se negaban a bautizar a los niños nacidos fuera del matrimonio o cuyos padres no los habían reconocido.

Delante de los participantes de la ceremonia, Bergoglio "lamentó" que en la capital y el Gran Buenos Aires hubiera sacerdotes que no bautizaban a los hijos extramatrimoniales, y en particular a los de las madres solteras, porque "no fueron concebidos en la santidad del matrimonio". Los criticó con dureza, al considerar que "apartan al pueblo de Dios de la salvación", e incluso dio a entender que esos curas no valoraban el hecho de que la madre hubiera asumido su embarazo y evitado un aborto. "Esa pobre chica que, pudiendo haber mandado al hijo al remitente, tuvo la valentía de traerlo al mundo, va peregrinando de parroquia en parroquia para que se lo bauticen", fustigó.

Hace algunos años, cuando comenzaron a analizar los impedimentos con los que se encontraban fieles y sacerdotes a la hora de celebrar un bautismo, los párrocos de la zona sur de la ciudad de Buenos Aires le plantearon que, como las actas de bautismo requieren dejar constancia de los datos filiales y del número de documento nacional de identidad, miles de ciudadanos peruanos, paraguayos o bolivianos, que viven en la jurisdicción de sus parroquias, se veían impedidos de recibir el sacramento ya que eran indocumentados.

"Indocumentados, no", dijo Bergoglio. "Son personas que tienen un documento de su país de origen. No veo por qué esto deba ser un impedimento", aseguró.

Así, en 2011, por ejemplo, en la parroquia de Nuestra Señora de la Misericordia, en el barrio de Mataderos, se organizó un bautismo masivo. Cuenta el padre Fernando Gianetti que unas ciento cuarenta personas, en su mayoría de origen boliviano, recibieron el sacramento ese día.

* * *

No bien estalló la noticia de la designación de Bergoglio, al periodista Luis Moreiro se le infló el pecho. "No lo puedo creer: el Papa casó a mi hija, hace unos meses." Como buen profesional, contó su historia en una nota que salió publicada al día siguiente, el jueves 14 de marzo de 2013, en la contratapa de la edición histórica del diario *La Nación*, bajo el título "Una historia que de tan chiquita será difícil de olvidar".

"El papa Francisco, una fresca noche de septiembre del año pasado, fue el sacerdote que casó a mi hija María Emilia con Gastón, su esposo. Tres meses antes de la ceremonia pidieron audiencia con el cardenal Jorge Bergoglio. Gastón, practicante de fe, lo conoce desde hace años", comienza el artículo, que fue, además, uno de los más leídos ese día.

Como el casamiento sería en la ciudad de La Plata, en la provincia de Buenos Aires, un par de días antes de la boda lo llamaron a Bergoglio por teléfono para preguntarle a qué hora debían enviarle un auto para que lo trasladara hasta la iglesia. "'¿Auto? No, yo voy en el tren del Roca', fue la respuesta." Los novios quedaron sorprendidos. Un sábado por la noche, en la estación de trenes de Constitución, de donde parten las formaciones de la Línea General Roca, ¿era seguro? Luego de mucha insistencia, lograron convencerlo de, al menos, pasar a buscarlo en auto a su llegada a la estación de La Plata. Tenía miedo de perderse en las diagonales características de la localidad.

De esa noche embargada por la emoción de ver a su hija ante el altar y de asistir a la consagración del matrimonio, Moreiro recuerda algunos detalles. Pocos, pero bastan para trazar un perfil del Papa.

"En algún rincón de la memoria queda el recuerdo de la sonrisa franca y de los gestos de cariño que acompañaron aquel nacer de una nueva historia de vida compartida. Al momento de consagrar el matrimonio, Bergoglio invitó a los novios a subir al altar y les pidió que se pararan de frente a los invitados para que, desde allí, asumieran el compromiso, no sólo ante Dios, sino también ante todos los presentes", relata el periodista.

Y luego, fiel a su estilo, Bergoglio se perdió en la noche, sin dejar rastros. "No quiso salir a saludar. Se excusó diciendo que Emilia y Gastón eran las estrellas de la noche. El protagonismo y todos los saludos deben ser para ellos."

En otro gesto que habla de su grandeza, un día antes de partir hacia Roma el cardenal los llamó por teléfono. "Quería saludar a Gastón por su cumpleaños. Preguntó por María Emilia, pero sobre todo quería saber sobre Catalina, la hija de ambos recién nacida", cuenta Moreiro. Y se despidió: "No sé cuándo vuelvo de Roma. No sé si vuelvo".

Capítulo IX

Un papa latinoamericano

Cuando se escuchó la noticia, cuando finalmente se la descifró de entre aquellas palabras incomprensibles en latín, estalló el entusiasmo popular. Gritos. Expresiones eufóricas. Bocinas de los vehículos. Gente en la calle celebrando. Después de unos momentos, surgió en muchos la pregunta: "¿Qué dirá Cristina de esto?". Pero la presidente argentina no dejó espacios libres. Tras un par de horas de silencio, lo felicitó vía twitter. Y poco después, durante un discurso en ocasión de una inauguración, llegaron las felicitaciones en un tono casi cordial. A continuación, fiel a su estilo, Cristina Fernández de Kirchner recurrió a un lenguaje propio de la revolución latinoamericana para dirigirse a aquel que, hasta ese día, había sido su gran adversario político: "Esperemos que realmente tenga una labor significante y que lleve el mensaje a las grandes potencias del mundo, para que dialoguen. Esperamos que pueda convencer a los poderosos del mundo, a esos que tienen armamentos, a esos que tienen poder financiero, a que dirijan una mirada hacia sus propias sociedades, a los pueblos emergentes y promuevan un diálogo de civilizaciones".

Después anunció que viajaría para la asunción del papa, el papa argentino, con una numerosa comitiva de propios y opositores.

Y viajó. El Papa la recibió como primera visita oficial y hasta la invitó a almorzar. Se la vio elegante en su atuendo negro. Con rulos que se acomodaban al sombrero, también negro. Segura, casi cordial. Casi natural. Dueña de la situación. Como siempre. Locuaz. Como siempre. Atenta al Papa. Entregándole sus presentes, uno a uno. El mate. El termo. La yerbera. Y la azucarera. Aunque Bergoglio no consuma azúcar. Tal vez alguno de sus invitados sí y entonces él renuncie a sus mates amargos para compartir con el otro. Buen clima, después de todo. Había sabido adecuarse a la nueva situación. Bueno, no es lo mismo tener discrepancias con un líder religioso de cierta jerarquía y peso en la ciudad de Buenos Aires, y aun en toda la Argentina, y hasta en América Latina, que mantenerlas con una figura de trascendencia mundial. De peso. Bien acogida por todo el globo. Con autoridad. Con poder. Más allá de todas las fronteras. No valía la pena.

Entonces, llegó el cambio. Aceptado por el Papa. Y entre los dos abrieron un espacio nuevo. Un espacio de aceptación mutua. Y de entendimiento. Tal vez al principio algo precario. Pero siempre se puede crecer en una relación. Y toda la nación espera que así sea. Respiramos aliviados. La cosa iba bien.

A su turno, el Santo Padre también le extendió su obsequio: un libro con las conclusiones de la V Conferencia General del Consejo Episcopal Latinoamericano (CELAM), que se realizó en 2007 en la ciudad brasileña de Aparecida.

Bergoglio había presidido nada menos que la comisión redactora del documento. "Esto le va a ayudar un poco para ir pescando qué es lo que pensamos los padres latinoamericanos", le dijo el Papa a la presidente, mientras se lo entregaba.

"Para que vaya pescando." La frase elegida por Francisco fue tan gentil como sugestiva. Le estaba entregando algo valioso para él. Casi como un hijo. ¿Qué dice este documento tan preciado por el Papa? Sus 276 páginas recorren los distintos problemas sociales y políticos que afectan a este sector del continente y describen el papel que los obispos deberían cumplir en esa coyuntura. Uno de los párrafos salientes advierte sobre "el avance de diversas formas de regresión autoritaria por vía democrática que, en ciertas ocasiones, derivan en regímenes de corte neopopulista".

"No basta una democracia puramente formal, fundada en la limpieza de los procedimientos electorales, sino que es necesaria una democracia participativa y basada en la promoción y respeto de los derechos humanos. Una democracia sin valores, como los mencionados, se vuelve fácilmente una dictadura y termina traicionando al pueblo", alertaron los obispos.

En otro pasaje advirtieron sobre el avance de la corrupción. "Un gran factor negativo en buena parte de la región es el recrudecimiento de la corrupción en la sociedad y en el Estado, que involucra a los poderes legislativos y ejecutivos en todos sus niveles, y alcanza también al sistema judicial que, a menudo, inclina su juicio a favor de los poderosos y genera impunidad, lo que pone en riesgo la credibilidad de las instituciones públicas", agregaron.

Además, el documento realiza una encendida crítica a la visión de género, una matriz que derivó en la Argentina en leyes como la del matrimonio igualitario y que se implantó en la educación pública: "Entre los presupuestos que debilitan y menoscaban la vida familiar encontramos la ideología de género, según la cual cada uno puede escoger su orientación sexual, sin tomar en cuenta las diferencias dadas por la naturaleza humana. Esto ha provocado modificaciones legales que hieren gravemente la dignidad del matrimonio, respecto al derecho a la vida y la identidad de la familia", dice.

Bergoglio tenía razón: se comprende mejor la situación de la región, o al menos al papa latinoamericano, cuando uno considera el contenido del documento de Aparecida. Documento que llegó en un determinado contexto social, político y religioso.

¿Por qué el nombramiento de Francisco como nuevo pontífice trae el recuerdo del Concilio Vaticano II? Porque ese concilio motivó a los sacerdotes del Tercer Mundo a abrazar la Teología de la Liberación y fue un aporte importantísimo a la relación de la Iglesia con los pobres. Por eso tuvo una significación particular en América Latina, que vivía años de intensos cambios sociales. Y en ese contexto reverberó en forma especial en Bergoglio, que en aquellos años formaba parte de la Compañía de Jesús.

Fue uno de los eventos históricos que marcaron el siglo xx. Convocado por el papa Juan XXIII, el concilio constó de cuatro sesiones, a partir de 1962. Este papa sólo logró presidir una de ellas, a causa de su fallecimiento el 3 de junio de 1963. Las tres etapas restantes fueron presididas por Pablo VI, su sucesor. Se extendió hasta 1965. Comparándolo con los anteriores, este concilio fue el que contó con la más amplia y variada representación en cuanto a lenguas y etnias. Además de haber asistido más de dos mil cuatrocientos padres conciliares, el concilio se abrió a la presencia de miembros de otras confesiones religiosas cristianas. Eso resultó algo totalmente infrecuente, fuera de lo común. Y produjo una gran apertura entre la Iglesia católica y los demás cristianos, que de "herejes" pasaron a ser considerados "hermanos separados". Fue un concilio ecuménico. Un buen avance.

El Concilio Vaticano II buscaba alcanzar algunos fines específicos como promover el desarrollo de la fe católica, producir una renovación moral de la vida cristiana, adaptar la disciplina eclesiástica a la necesidad de los tiempos y lograr una mejor relación con las demás religiones. O sea, producir un *aggiornamiento*, una puesta al día. Promover un cambio importante dentro de la Iglesia.

Participaron de él los obispos católicos, teólogos invitados por el papa (que no podían intervenir), consultores de iglesias ortodoxas y protestantes, observadores y católicos laicos, y periodistas, así como otros observadores.

A partir de entonces, se abrió el diálogo con las iglesias orientales, se impulsó la reforma litúrgica que permitió que desde 1969 las misas se celebraran en el idioma de cada país, en vez de en latín, y con el cura de cara a los feligreses, entre otros cambios. También quebró el centralismo europeo, revalorizó la participación de los laicos dentro la Iglesia, y avanzó hacia un concepto más amplio de la institución.

De alguna forma, Francisco encarna y resume muchos de los cambios impulsados por el Concilio Vaticano II: su preferencia por los pobres, su humildad, su despojo. Su relación con los que sufren, su vocación de llevar la Iglesia a las fronteras. Cuando Bergoglio fue ordenado cardenal, le preguntaron si creía que haría falta encarar un nuevo concilio. Dijo que no. Que se necesitaban entre cincuenta y sesenta años entre un concilio y otro para asimilar los cambios. Pasado en limpio: antes de impulsar nuevos cambios había que bregar por que los cambios proclamados tuvieran su correlato en la realidad.

Al menos en América Latina, el Concilio Vaticano II tuvo una importante gravitación en los sucesos de los años siguientes. Como la Teología de la Liberación, por ejemplo, que nació tras ese concilio y la Conferencia de Medellín (Colombia), celebrada en 1968, y que contó con representantes como el sacerdote brasileño Leonardo Boff y el uruguayo Juan Luis Segundo, entre otros.

En aquellos años, esta corriente intentó dar respuesta a dos dilemas fundamentales: ¿cómo ser cristiano en un continente oprimido?, ¿cómo conseguir que la fe no fuera alienante sino liberadora? Para entender la situación que vive la Iglesia en América Latina hay que decir que muchos sacerdotes y líderes de la región aceptan en la actualidad los supuestos de la Teología de la Liberación, aunque la Iglesia católica la haya rechazado por sus orígenes marxistas, que parecieron incompatibles con el Evangelio.

Algunos de sus principales enunciados son: la opción preferencial por los pobres. Que la salvación cristiana no puede darse sin la liberación económica, política, social e ideológica, como signos visibles de la dignidad del hombre. La necesidad de eliminar de este mundo la explotación, la falta de oportunidades y las injusticias. El entender la liberación como toma de conciencia ante la realidad socioeconómica latinoamericana. Que la situación actual de la mayoría de los latinoamericanos contradice el designio histórico de Dios con respecto a que la pobreza es un pecado social. Que no solamente hay pecadores, sino víctimas del pecado que necesitan justicia y restauración.

Podría decirse que la Teología de la Liberación partió de un intento de análisis profundo del significado de la pobreza y de los procesos históricos de empobrecimiento y su relación con las clases sociales. Afirma que los derechos de los pobres son los derechos de Dios, y que como Él ha elegido a los pobres, Él es el que ha hecho la opción preferencial por los pobres. Se posicionó como una alternativa al capitalismo en América Latina. La injusticia, que ha crecido en los países industrializados, y la globalización de la economía han llevado a una falta de solidaridad con los pobres.

Pero algo pasó. Algo salió mal en América Latina. La interpretación de la realidad desde una hermenéutica marxista no había conducido a una liberación sino que alentó la lucha armada y los resultados fueron sangrientos. Los pobres siguieron siendo pobres y el desencanto se instaló en muchos corazones que por fuera de cualquier ideología habían abrazado el compromiso con los pobres.

En aquellos tiempos, le tocó a Bergoglio estar al frente de la Compañía de Jesús. Años en que la orden se debatía entre los que querían alinearse con la Teología de la Liberación y los que deseaban continuar siendo una orden de educadores. Bergoglio no adhirió a ninguna de las dos posturas, y se opuso a que la lucha política e ideológica se infiltrara en la Iglesia. Tenía que haber otra opción de la Iglesia para los pobres, que no fuera ni el asistencialismo ni la lucha armada.

El teólogo protestante José Míguez Bonino, argentino, a fines de los años setenta se refirió a las luces y sombras de la Teología de la Liberación: "Creo que en el futuro, con las mismas hebras, se va a tejer una nueva trama". Madurar esa idea llevó tiempo. Finalmente, el concepto apareció con fuerza durante la reunión de los obispos en Aparecida: la Teología de la Liberación quedó superada por la "teología de la pobreza", que no es otra cosa que conocer al pobre desde su propia realidad, desde la perspectiva cristiana de amor al prójimo. Algo que requiere hacerse parte de su realidad. Aprender de su pobreza. Hacerse parte de su pobreza.

Este concepto aparece en forma reiterada en el documento, entrelazado con el de "piedad popular", incluido a instancias del propio Bergoglio. "El Santo Padre destacó la 'rica y profunda religiosidad popular, en la cual aparece el alma de los pueblos latinoamericanos' y la presentó como el precioso tesoro de la Iglesia católica en América Latina. Invitó a promoverla y a protegerla. Esta manera de expresar la fe está presente en diversas formas en todos los sectores sociales, en una multitud que merece nuestro respeto y cariño, porque su piedad refleja una sed de Dios que solamente los pobres y sencillos pueden conocer. La religión del pueblo latinoamericano es expresión de la fe católica. Es un catolicismo popular, profundamente inculturado, que contiene la dimensión más valiosa de la cultura latinoamericana", afirma el documento.

"La Iglesia católica está presente en medio de los pueblos latinoamericanos desde hace más de quinientos años. Navegantes, misioneros, comerciantes e inmigrantes trajeron la fe cristiana y las formas de la vida eclesial, impregnando la cultura y la vida de estos pueblos con el Evangelio de Jesucristo. Los pueblos latinoamericanos acogieron la fe católica y la expresaron de manera creativa y exuberante", describió monseñor Odilo Pedro Scherer, obispo de San Pablo (Brasil), y secretario general del encuentro, en un escrito previo a la V Conferencia General del Episcopado Latinoamericano, que delineaba las expectativas creadas por el encuentro.

"Luego de cinco siglos de explotación de esos pueblos y de su sujeción al dominio colonial, los países latinoamericanos continúan conviviendo con pesados índices de subdesarrollo, de injusticias sociales estructurales, de pobreza generalizada y de violencia. El régimen de servidumbre y el empobrecimiento general, no tan sólo de las riquezas materiales, ocasionado por el colonialismo, todavía no dejan de producir sus efectos. Sin olvidar que nuevas formas de colonialismo perpetúan sutilmente antiguas dominaciones. ¿Por qué, a pesar del trabajo y de la sangre derramada de muchos misioneros y de la buena acogida brindada por los pueblos latinoamericanos a la fe católica, no produjeron mejores resultados en la vida y en la organización de esos pueblos algunos de los valores esenciales del Evangelio de Cristo, tales como la justicia, la solidaridad social, el respeto profundo por toda persona y su valoración real dentro de la convivencia social? ¿Por qué ciertos pecados contra la humanidad y contra Dios, como las esclavitudes, las violencias, las discriminaciones y exclusiones sociales, las estructuras económicas y políticas que crean situaciones de dependencia o las eternizan, la concentración del poder y la riqueza, la miseria, el hambre y la destrucción de la naturaleza continúan marcando de muerte la vida de nuestros pueblos?"

Scherer se preguntaba: ¿es este el mundo que Dios quiere? ¿Cuál debería ser el papel y la actuación de la Iglesia y de los católicos para que "en Jesucristo nuestros pueblos tengan vida"? Para ser una buena noticia, el mensaje cristiano debe resultar significativo para la vida de estos pueblos, se respondía.

La V Conferencia General del Episcopado Latinoamericano marcó un rumbo en la ciudad de Aparecida en 2007. El análisis de la situación de los países de la región arrojó datos concretos. Si bien es cierto que esta concentra más de la mitad de los católicos que hay en el mundo, las estimaciones hechas durante el encuentro permiten afirmar que en las últimas décadas América Latina perdió un 20% de sus fieles, muchos de los cuales acogieron otras religiones, principalmente del credo evangélico. Cerca de diez mil personas por día abandonan la Iglesia católica, según estimaciones que surgieron en esa conferencia.

En la Argentina, si bien el 91% de las personas declara creer en Dios y el 70% afirma ser católico, sólo el 10% asiste a misa los domingos, según los datos de la encuesta de religiosidad realizada en 2008 por el Consejo Nacional de Ciencia y Tecnología (CONICET).

Los 155 millones de fieles que la Iglesia estima tener en Brasil (según datos de 2007) colocan a este país en el primer lugar del mundo católico. Un estudio de la Fundación Getúlio Vargas afirma que, si bien el catolicismo dejó de perder seguidores en Brasil, el crecimiento de otras corrientes se mantiene constante y el desafío no ha desaparecido. La Iglesia católica en Brasil perdió unos 20 millones de fieles en la década de 1990 que, fundamentalmente, se pasaron a cultos evangélicos, en especial pentecostales.

La conferencia permitió trazar un diagnóstico de la situación social de los países latinoamericanos, muchas veces preocupante. Se estima que la mitad de la población total de los países participantes vive en la pobreza. Y el documento final hizo aportes en cuanto a maneras de paliar situaciones de injusticia, de marginalidad, de exclusión. Pero sobre todo plasmó una fuerte crítica a la subsistencia del modelo neoliberal, que en los últimos veinticinco años ha incrementado las desigualdades y sigue presentándose como la opción dominante, alimentada por la globalización y la corrupción, que empobrecen a un continente rico. El cardenal Bergoglio resultó clave en la redacción de ese documento.

El martes 15 de mayo de 2007, los obispos votaron a la comisión encargada de redactarlo. Él salió elegido presidente por amplia mayoría. "Un obispo argentino preguntó *sotto voce*: '¿Cómo hace Bergoglio para salir siempre primero en las votaciones?'. Porque estaba claro que él no había hecho ninguna campaña. Simplemente, cuando había hablado en la asamblea, muchos se sintieron cautivados por un lenguaje llano y sugerente, que transmitía esperanza, seguridad y ganas de trabajar hacia delante", explica Víctor Manuel Fernández, rector de la Universidad Católica Argentina, que colaboró con Bergoglio en la tarea.

El entonces presidente de la Conferencia Episcopal Argentina viajó esperanzado y preocupado. "Muchos le decían que Aparecida podía resucitar el entusiasmo y la esperanza, pero sobre todo el sueño de una Iglesia latinoamericana con una identidad propia y un proyecto histórico marcado por la belleza del Evangelio y el amor a los pobres. Se repetía por todas partes que en la anterior conferencia [en Santo Domingo] la injerencia de la Curia vaticana había sido excesiva, y que el 'fervor latinoamericano' que se había despertado en Medellín y en Puebla había sido deliberadamente extinguido", detalla Fernández.

Al día siguiente presidió la misa y allí desarrolló uno de los temas que caracterizan su pensamiento: evitar una Iglesia autosuficiente y autorreferencial, y que en cambio se convierta en una Iglesia que llegue a todas las periferias humanas. Ese tema quedó plasmado en el documento, seguido por una invitación a misionar.

En las comisiones de trabajo, Bergoglio alentó una amplia y libre participación. El intercambio dentro de los grupos fue rico. Todos insistían en un texto breve, pero nadie quería renunciar a su aporte. Así, Bergoglio se encontraba ante el desafío de permitir que se expresaran, pero a la vez producir un texto contundente, que no se diluyera.

"No convenía que, por dejar a todos tranquilos, quedara un documento muy *light*, pero tampoco que un sector se impusiera a los demás a través de artimañas de poder. Es un arte sumamente difícil que Bergoglio supo desplegar de una manera sutil, casi imperceptible, con una multitud de pequeñas acciones, con un paciente trabajo de microingeniería", señaló Fernández. Algunas comisiones llegaron a redactar algo, otras sólo enumeraron varios puntos. Algunas dialogaron con mucha armonía, otras discutieron todo el tiempo, y otras optaron por subdividirse en distintos grupos menores. "De todos modos, no se puede decir que hubiera tensión —añadió—. Bergoglio tuvo mucho que ver con ese clima positivo."

Luego de dos semanas de trabajo, cinco peritos ayudaron a la comisión a establecer los modos de organización textual y se incorporaron los más sencillos. Fernández estuvo entre ellos. "Luego nos quedamos tres peritos para revisar el conjunto. Finalmente, a las dos y media de la mañana, sólo quedaba nuestro cardenal Bergoglio, al pie de la cruz, dos curas chilenos que actuaban como asistentes, y yo. Los cuatro estábamos en una situación mortal, pero Bergoglio era el más entero. Antes de ir a dormir, señaló: 'Quedó bien, hay cosas muy buenas, pero nos habría hecho falta un día más. Sólo un día más'."

Según Víctor Fernández, la palabra que más se repite en todo el documento es "vida" (más de seiscientas veces). Se cumplió el objetivo de presentar la actividad evangelizadora como una oferta de vida digna y plena para la gente. El documento insiste en una misión alegre y generosa, que llegue a las periferias y que ponga el acento en las verdades centrales y más bellas del Evangelio, sobre todo en la persona de Jesucristo. Invita a crecer como discípulos humildes y disponibles, amigos de los pobres y enamorados de nuestros pueblos latinoamericanos.

"El lenguaje y los acentos de Bergoglio están por todas partes, sin que el documento deje de ser una auténtica obra colectiva. Son muy suyos los llamados a evitar una Iglesia autorreferencial, la invitación constante a estar cerca de los pobres, la preocupación por respetar al pueblo con su cultura y con su modo de expresar la fe, la imagen de una Iglesia misionera orientada a las periferias, la valoración de la dignidad humana, de la justicia social y de la integración latinoamericana", dice Fernández.

La "piedad popular" es uno de los conceptos que fueron incorporados a instancias de Bergoglio, como un intento de identificar y canalizar el potencial energético que tiene la fe en la región. "Para mí, lo mejor que se escribió sobre religiosidad popular está en la exhortación apostólica de Paulo VI *Evangelii Nuntiandi* y lo repite el documento de Aparecida en lo que para mí es su página más bella. En la medida en que los agentes pastorales descubren más la piedad popular, la ideología va cayendo, porque se acercan a la gente y a su problemática con una hermenéutica real, sacada del mismo pueblo", había expresado Bergoglio.

En virtud de que más de la mitad de los católicos del mundo viven en América Latina, el entonces cardenal tenía especial interés en revalorizar la religiosidad popular que caracteriza a la región y que moviliza a millones de personas en pos de fiestas patronales, vía crucis, procesiones, danzas y cánticos del folclore religioso, el cariño a los santos y a los ángeles, las novenas, los rosarios, las promesas, las oraciones en familia y las peregrinaciones, entre otras expresiones populares de devoción. "En los santuarios, muchos peregrinos toman decisiones que marcan sus vidas.

Esas paredes contienen muchas historias de conversión, de poder y de dones recibidos", afirma el documento.

Bergoglio está convencido de que ese fervor por las expresiones populares de religiosidad no sólo constituye el carácter distintivo de la fe en América Latina. Esa piedad popular concentra un gran potencial movilizador, necesario para llevar adelante la evangelización. Además, en sí misma, entraña sabiduría.

"No podemos devaluar la espiritualidad popular o considerarla un modo secundario de vida cristiana, porque sería olvidar el primado de la acción del Espíritu y la iniciativa gratuita del amor de Dios. En la piedad popular se contiene y expresa un intenso sentido de la trascendencia, una capacidad espontánea de apoyarse en Dios y una verdadera experiencia de amor teologal. Es también una expresión de sabiduría sobrenatural, porque la sabiduría del amor no depende directamente de la ilustración de la mente sino de la acción interna de la Gracia. Por eso, la llamamos espiritualidad popular. Es decir, una espiritualidad cristiana que, siendo un encuentro personal con el Señor, integra mucho lo corpóreo, lo sensible, lo simbólico y las necesidades más concretas de las personas. Es una espiritualidad encarnada en la cultura de los sencillos, que no por eso es menos espiritual, sino que lo es de otra manera", expresa el documento.

En distintas oportunidades, en las que le preguntaron por qué apostaba tanto al trabajo en las villas de emergencia, Bergoglio explicó que no se trataba sólo de una misión social. El papa Francisco está convencido de que allí la religiosidad es muy fuerte y la fe, profunda, a tal punto que todos deberían aprender de ellas.

La piedad popular es una manera legítima de vivir la fe, afirma, un modo de sentirse parte de la Iglesia, y una forma de ser misioneros, allí donde se recogen las más hondas vibraciones de la América profunda. Es parte de una originalidad histórica cultural de los pobres de este continente, y fruto de una síntesis entre las culturas y la fe cristiana.

"En el ambiente de secularización en que viven nuestros pueblos, sigue siendo una poderosa confesión del Dios vivo que actúa en la historia y un canal de transmisión de la fe. El caminar juntos hacia los santuarios y el participar en otras manifestaciones de piedad popular, también llevando a los hijos o invitando a otros, es en sí mismo un gesto evangelizador por el cual el pueblo cristiano se evangeliza a sí mismo y cumple la vocación misionera de la Iglesia. Nuestros pueblos se identifican particularmente con el Cristo sufriente, lo miran, lo besan o tocan sus pies lastimados como diciendo: este es el que me amó y se entregó por mí. Muchos de ellos, golpeados, ignorados, despojados, no bajan los brazos. Con su religiosidad característica se aferran al inmenso amor que Dios les tiene y que les recuerda permanentemente su propia dignidad", detalla el documento.

Entre otras cosas, Bergoglio está convencido de que la Iglesia en América Latina debe "aprovechar el potencial de santidad y de justicia social de la piedad popular".

El documento también aborda la participación de la Iglesia en la vida política. Tras una apelación a la necesidad de abocarse a la búsqueda de estructuras justas dentro de la sociedad, señala que esa no es tarea de la Iglesia, sino una labor política que les compete a los gobiernos: "Si la

Iglesia comenzara a transformarse directamente en sujeto político, no haría más por los pobres y por la justicia, sino que haría menos, porque perdería su independencia y su autoridad moral, identificándose con una única vía política y con posiciones parciales opinables".

La cuestión de género, aunque abordada desde otra perspectiva, también fue tema de debate y consenso. El documento exhorta a tomar conciencia de las situaciones por las que deben atravesar las mujeres en el contexto latinoamericano: "En esta hora de América Latina y el Caribe, urge tomar conciencia de la situación precaria que afecta la dignidad de muchas mujeres. Algunas, desde niñas y adolescentes, son sometidas a múltiples formas de violencia dentro y fuera de casa: tráfico, violación, servidumbre y acoso sexual; desigualdades en la esfera del trabajo, de la política y de la economía; explotación publicitaria por parte de muchos medios de comunicación social, que las tratan como objeto de lucro".

En referencia a la globalización, realiza el siguiente análisis: "En la globalización, la dinámica del mercado absolutiza con facilidad la eficacia y la productividad como valores reguladores de todas las relaciones humanas. Este peculiar carácter hace de la globalización un proceso promotor de inequidades e injusticias múltiples. La globalización, tal y como está configurada actualmente, no es capaz de interpretar y reaccionar en función de valores objetivos que se encuentran más allá del mercado y que constituyen lo más importante de la vida humana: la verdad, la justicia, el amor, y muy especialmente la dignidad y los derechos de todos, aun de aquellos que viven al margen del propio mercado".

Asimismo, afirma: "Conducida por una tendencia que privilegia el lucro y estimula la competencia, la globalización sigue una dinámica de concentración de poder y de riquezas en manos de pocos, no sólo de los recursos físicos y monetarios, sino sobre todo de la información y de los recursos humanos, lo que produce la exclusión de todos aquellos no suficientemente capacitados e informados, aumentando las desigualdades que marcan tristemente nuestro continente y que mantienen en la pobreza a una multitud de personas".

La exclusión social derivada de la globalización preocupa a los obispos: "Esto nos debería llevar a contemplar los rostros de quienes sufren", reflexiona el documento. Entre ellos, las comunidades indígenas y afroamericanas que, en muchas ocasiones, no son tratadas con dignidad e igualdad de condiciones; muchas mujeres, que son excluidas en razón de su sexo, raza o situación socioeconómica; jóvenes que reciben una educación de baja calidad y no tienen oportunidades de progresar en sus estudios ni de ingresar en el mercado del trabajo para desarrollarse y constituir una familia; pobres, desempleados, migrantes, desplazados, campesinos sin tierra, quienes buscan sobrevivir en la economía informal; niños y niñas sometidos a la prostitución infantil, ligada muchas veces al turismo sexual; así como los niños víctimas del aborto.

"Millones de personas y familias viven en la miseria e incluso pasan hambre. Nos preocupan también quienes dependen de las drogas, las personas con capacidades diferentes, los portadores y víctima de enfermedades graves como la malaria, la tuberculosis y VIH-sida, que sufren de soledad y se ven excluidos de la convivencia familiar y social. No olvidamos tampoco a los secuestrados y a los que son víctimas de la violencia, del terrorismo, de conflictos armados y de la inseguridad ciudadana. También los ancianos, que además de sentirse excluidos del sistema productivo, se ven muchas veces rechazados por su familia como personas incómodas e inútiles. Nos duele, en fin, la situación inhumana en que vive la gran mayoría de los presos, que también necesitan de nuestra presencia solidaria y de nuestra ayuda fraterna."

La solidaridad y los nuevos vínculos parecen ser el mejor antídoto para estos males posmodernos: "Una globalización sin solidaridad afecta negativamente a los sectores más pobres. Ya no se trata simplemente del fenómeno de la explotación y opresión, sino de algo nuevo: la exclusión social. Con ella queda afectada en su misma raíz la pertenencia a la sociedad en la que se vive, pues ya no se está abajo, en la periferia, o sin poder, sino que se está afuera. Los excluidos no son solamente 'explotados' sino 'sobrantes' y 'desechables'". Es un análisis que nos duele por la veracidad de sus afirmaciones. Y no se trata de fenómenos aislados sino abarcadores de grandes conjuntos humanos dentro de América Latina y el Caribe.

El documento considera, igualmente, las políticas económicas de los países de la región y los golpes de timón de último momento: "La globalización ha vuelto frecuente la celebración de Tratados de Libre Comercio entre países con economías asimétricas, que no siempre benefician a los países más pobres". Y remite al pensamiento de la Doctrina Social de la Iglesia: "El objeto de la economía es la formación de la riqueza y su incremento progresivo, en términos no sólo cuantitativos sino cualitativos: todo lo cual es moralmente correcto si está orientado al desarrollo global y solidario del hombre y de la sociedad en la que vive y trabaja. El desarrollo, en efecto, no puede reducirse a un mero proceso de acumulación de bienes y servicios. Al contrario, la pura acumulación, aun cuando fuese en pro del bien común, no es una condición suficiente para la realización de una auténtica felicidad humana".

Luego enfoca la manera en que la Iglesia debe reaccionar respecto de la situación reinante. Llama a vivir y a misionar como discípulos de Cristo. "Identificarse con Jesucristo es también compartir su destino", afirma el documento. Destino de trabajo y dedicación a los pobres, a los que sufren, a los marginados. Y señala: "Al llamar a los suyos para que lo sigan, les da un encargo muy preciso: anunciar el evangelio del Reino a todas las naciones. Por esto, todo discípulo es misionero".

Y hace esta reflexión: "Pero el consumismo hedonista e individualista, que pone la vida humana en función de un placer inmediato y sin límites, oscurece el sentido de la vida y la degrada. La vitalidad que Cristo ofrece nos invita a ampliar nuestros horizontes, y a reconocer que, abrazando la cruz cotidiana, entramos en las dimensiones más profundas de la existencia. El Señor, que nos invita a valorar las cosas y a progresar, también nos previene sobre la obsesión por acumular".

Continúa, entonces, diciendo: "Pero, las condiciones de vida de muchos abandonados, excluidos e ignorados en su miseria y su dolor, contradicen este proyecto del Padre e interpelan a los creyentes a un mayor compromiso a favor de la cultura de la vida. El Reino de vida que Cristo vino a traer es incompatible con esas situaciones inhumanas. Si pretendemos cerrar los ojos ante estas realidades, no somos defensores de la vida del Reino y nos situamos en el camino de la muerte".

"La Iglesia necesita una fuerte conmoción que le impida instalarse en la comodidad, el estancamiento y en la tibieza, al margen del sufrimiento de los pobres del continente."

El documento avanza sobre el compromiso y la misericordia: "El amor de misericordia para con todos los que ven vulnerada su vida en cualquiera de sus dimensiones, como bien nos muestra el Señor en todos sus gestos de misericordia, requiere que socorramos las necesidades urgentes, al mismo tiempo que colaboremos con otros organismos o instituciones para organizar estructuras más justas en los ámbitos nacionales e internacionales. Urge crear estructuras que consoliden un orden social, económico y político en el que no haya inequidad y donde haya posibilidades para todos. Igualmente, se requieren nuevas estructuras que promuevan una auténtica convivencia humana, que impidan la prepotencia de algunos y faciliten el diálogo constructivo para los necesarios consensos sociales.

"La misericordia siempre será necesaria, pero no debe contribuir a crear círculos viciosos que sean funcionales a un sistema económico inicuo. Se requiere que las obras de misericordia estén acompañas por la búsqueda de una verdadera justicia social, que vaya elevando el nivel de vida de los ciudadanos, promoviéndolos como sujetos de su propio desarrollo".

También expresa críticas a la cultura de la imagen: "La cultura actual tiende a proponer estilos de ser y de vivir contrarios a la naturaleza y dignidad del ser humano. El impacto dominante de los ídolos del poder, la riqueza y el placer efímero se han transformado, por encima del valor de la persona, en la norma máxima de funcionamiento y el criterio decisivo en la organización social".

Una de las cuestiones que más ha signado la vida y el ministerio del papa Francisco es la opción preferencial por los pobres. Este tema se destaca en el documento de Aparecida.

"La opción preferencial por los pobres es uno de los rasgos que marca la fisonomía de la Iglesia latinoamericana y caribeña. De hecho, Juan Pablo II, dirigiéndose a nuestro continente, sostuvo que convertirse al Evangelio para el pueblo cristiano que vive en América significa revisar todos los ambientes y dimensiones de su vida, especialmente todo lo que pertenece al orden social y a la obtención del bien común.

"De nuestra fe en Cristo brota también la solidaridad como actitud permanente de encuentro, hermandad y servicio, que ha de manifestarse en opciones y gestos visibles, principalmente en la defensa de la vida y de los derechos de los más vulnerables y excluidos, y en el permanente acompañamiento en sus esfuerzos por ser sujetos de cambio y transformación de su situación.

"El Santo Padre [Benedicto XVI] nos ha recordado que la Iglesia está convocada a ser 'abogada de la justicia y defensora de los pobres' ante 'intolerables desigualdades sociales y económicas' que 'claman al cielo'. Tenemos mucho que ofrecer, ya que no cabe duda de que la Doctrina Social de la Iglesia es capaz de suscitar esperanza en medio de las situaciones más difíciles, porque, si no hay esperanza para los pobres, no la habrá para nadie, ni siquiera para los llamados ricos.

"La opción preferencial por los pobres exige que prestemos especial atención a aquellos profesionales católicos que son responsables de las finanzas de las naciones, a quienes fomentan el empleo, los políticos que deben crear las condiciones para el desarrollo económico de los países, a fin de darles orientaciones éticas coherentes con su fe.

"Nos comprometemos a trabajar para que nuestra Iglesia Latinoamericana y Caribeña siga siendo, con mayor ahínco, compañera de camino de nuestros hermanos más pobres, incluso hasta el martirio. Que sea preferencial implica que debe atravesar todas nuestras estructuras y prioridades pastorales. La Iglesia latinoamericana está llamada a ser sacramento de amor, solidaridad y justicia entre nuestros pueblos.

"Se nos pide dedicar tiempo a los pobres, prestarles una amable atención, escucharlos con interés, acompañarlos en los momentos más difíciles, eligiéndolos para compartir horas, semanas o años de nuestra vida, y buscando, desde ellos, la transformación de su situación. No podemos olvidar que el mismo Jesús lo propuso con su modo de actuar y con sus palabras: 'Cuando des un banquete, invita a los pobres, a los lisiados, a los cojos y a los ciegos'.

"Sólo la cercanía que nos hace amigos nos permite apreciar profundamente los valores de los pobres de hoy, sus legítimos anhelos y su modo propio de vivir la fe. La opción por los pobres debe conducirnos a la amistad con los pobres. Día a día, los pobres se hacen sujetos de la evangelización y de la promoción humana integral: educan a sus hijos en la fe, viven una constante solidaridad entre parientes y vecinos, buscan constantemente a Dios y dan vida al peregrinar de la Iglesia. A la luz del Evangelio reconocemos su inmensa dignidad y su valor sagrado a los ojos de Cristo, pobre como ellos y excluido entre ellos. Desde esta experiencia creyente, compartiremos con ellos la defensa de sus derechos".

El documento también habla acerca de la generación y utilización de los capitales: "Alentamos a los empresarios que dirigen las grandes y medianas empresas y a los microempresarios, a los agentes económicos de la gestión productiva y comercial, tanto del orden privado como comunitario, por ser creadores de riqueza en nuestras naciones, cuando se esfuerzan en generar empleo digno, en facilitar la democracia, y en promover la aspiración a una sociedad justa y a una convivencia ciudadana con bienestar y en paz. Igualmente, a los que no invierten su capital en acciones especulativas sino en crear fuentes de trabajo preocupándose de los trabajadores, considerándolos 'a ellos y a sus familias' la mayor riqueza de la empresa, que viven modestamente por haber hecho, como cristianos, de la austeridad un valor inestimable, que colaboran con los gobiernos en la preocupación y el logro del bien común y se prodigan en obras de solidaridad y misericordia".

Sobre los niños dice: "Vemos con dolor la situación de pobreza, de violencia intrafamiliar (sobre todo en familias irregulares o desintegradas), de abuso sexual, por la que atraviesa un buen número de nuestra niñez: los sectores de niñez trabajadora, niños de la calle, niños portadores de HIV, huérfanos, niños soldados, y niños y niñas engañados y expuestos a la pornografía y prostitución forzada, tanto virtual como real. Sobre todo, la primera infancia requiere de una especial atención y cuidado. No se puede permanecer indiferente ante el sufrimiento de tantos niños inocentes".

Y refiriéndose a la juventud, menciona: "Por otro lado, constatamos con preocupación que innumerables jóvenes de nuestro continente atraviesan por situaciones que los afectan significativamente: las secuelas de la pobreza, que limitan el crecimiento armónico de sus vidas y generan exclusión; la socialización, cuya transmisión de valores ya no se produce primariamente en las instituciones tradicionales, sino en nuevos ambientes no exentos de una fuerte carga de alienación; su permeabilidad a las formas nuevas de expresiones culturales, producto de la globalización, lo cual afecta su propia identidad personal y social. Son presa fácil de las nuevas propuestas religiosas y seudorreligiosas. La crisis, por la que atraviesa la familia hoy en día, les produce profundas carencias afectivas y conflictos emocionales".

"Es necesario en América Latina y el Caribe superar una mentalidad machista que ignora la novedad del cristianismo, donde se reconoce y proclama la 'igual dignidad y responsabilidad de la mujer respecto al hombre'."

El documento también habla sobre ecología. Sostiene: "La riqueza natural de América Latina y el Caribe experimenta hoy una explotación irracional que va dejando una estela de dilapidación, e incluso de muerte, por toda nuestra región. En todo ese proceso, tiene una enorme responsabilidad el actual modelo económico que privilegia el desmedido afán por la riqueza, por encima de la vida de las personas y los pueblos y del respeto racional de la naturaleza. La devastación de nuestros bosques y de la biodiversidad mediante una actitud depredatoria y egoísta involucra la responsabilidad moral de quienes la promueven, porque pone en peligro la vida de millones de personas y en especial el hábitat de los campesinos e indígenas, quienes son expulsados hacia las tierras de ladera y a las grandes ciudades para vivir hacinados en los cinturones de miseria. Nuestra región tiene necesidad de progresar en su desarrollo agroindustrial para valorizar las riquezas de sus tierras y sus capacidades humanas al servicio del bien común, pero no podemos dejar de mencionar los problemas que causa una industrialización salvaje y descontrolada de nuestras ciudades y del campo, que va contaminando el ambiente con toda clase de desechos orgánicos y químicos. Lo mismo hay que alertar respecto a las industrias extractivas de recursos que, cuando no proceden a controlar y contrarrestar sus efectos dañinos sobre el ambiente circundante, producen la eliminación de bosques, la contaminación del agua y convierten las zonas explotadas en inmensos desiertos.

”Pensemos cuán necesaria es la integridad moral en los políticos. Muchos de los países latinoamericanos y caribeños, pero también en otros continentes, viven en la miseria por problemas endémicos de corrupción. Se necesita mucha fuerza y mucha perseverancia para conservar la honestidad que debe surgir de una nueva educación que rompa el círculo vicioso de la corrupción imperante. Realmente necesitamos mucho esfuerzo para avanzar en la creación de una verdadera riqueza moral que nos permita prever nuestro propio futuro".

"Los desafíos que enfrentamos hoy en América Latina y el mundo tienen una característica peculiar. Ellos no sólo afectan a todos nuestros pueblos de manera similar sino que, para ser enfrentados, requieren una comprensión global y una acción conjunta. Creemos que 'un factor que puede contribuir notablemente a superar los apremiantes problemas que hoy afectan a este continente es la integración latinoamericana'.

"La dignidad de reconocernos como una familia de latinoamericanos y caribeños implica una experiencia singular de proximidad, fraternidad y solidaridad. No somos un mero continente, apenas un hecho geográfico con un mosaico ininteligible de contenidos. Hay que sumar y no dividir. Importa cicatrizar heridas, evitar maniqueísmos, peligrosas exasperaciones y polarizaciones. Los dinamismos de integración digna, justa y equitativa en el seno de cada uno de los países favorece la integración regional y, a la vez, es incentivada por ella.

"Compete también a la Iglesia colaborar en la consolidación de las frágiles democracias, en el positivo proceso de democratización en América Latina y el Caribe, aunque existan actualmente graves retos y amenazas de desvíos autoritarios. Urge educar para la paz, dar seriedad y credibilidad a la continuidad de nuestras instituciones civiles, defender y promover los derechos humanos, custodiar en especial la libertad religiosa y cooperar para suscitar los mayores consensos nacionales."

Dentro de este contexto, Bergoglio, un latinoamericano, resulta elegido papa. Es el primer papa no europeo en un momento en que Europa atraviesa una importante crisis y una secularización de su cultura que la ha llevado a apartarse incluso de sus raíces cristianas. En países como Holanda o Alemania cada vez son más frecuentes las noticias acerca de iglesias de la confesión cristiana oficial que se cierran y se venden por falta de fieles. O que permanecen como monumentos, tal vez como recuerdo de una fe que en una época existió y evangelizó al continente americano.

Es interesante revisar los números de los anuarios estadísticos del Vaticano. En el mundo hay 1120 millones de católicos, según cifras de 2010. Representan aproximadamente el 16% de la población mundial, estimada en 6974 millones. El 48,6% de los católicos vive en el continente americano y el 41,3%, en América Latina, mientras que el 23,7% vive en Europa, el 11,7% en Asia, el 15,2% en África y el 0,8% en Oceanía. Además, el 44% de los líderes de la Iglesia católica en todo el mundo —incluido el Papa, cardenales, obispos, sacerdotes, diáconos, religiosos, misioneros y catequistas— provienen de América Latina.

Entre 2009 y 2010, el número de obispos en todo el mundo creció casi un 1%. Europa perdió un representante y Oceanía, 3. En tanto que América sumó 15 nuevos obispos, África 16 y Asia 12.

Analizar la evolución de la feligresía católica en América Latina y en Europa entre 1900 y 2010 también resulta ilustrativo. En 1900, en Europa había 181 millones de católicos, y en 2010, 277 millones. En América Latina, por su parte, en 1900 había 59 millones y pasaron a ser 483 millones en 2010.

Quiere decir que, mientras que en ciento diez años el número de católicos creció un 50% en Europa, en América Latina lo hizo en cerca de un 900%.

A la luz de estos números, que surja un papa argentino en momentos en que la Iglesia pierde miles de fieles a diario, no es poco.

Bergoglio es un papa latinoamericano. Y recoge el clamor latinoamericano como una síntesis de la situación de la Iglesia en América Latina. Y la figura de Francisco vuelve a atraer a la gente a la Iglesia. Después de todo, ¿no ha estado clamando el mundo entero por un líder semejante para la Iglesia católica, y anhelándolo? ¿No se ha hablado hasta el cansancio del lujo, del derroche, de los claroscuros, del manejo del poder y hasta de las corrupciones de la institución? Pues bien, Francisco es una antítesis de todo eso. Ahí lo tienen. Ya está. Ya ha llegado. ¿Podrá él solo con el legado que le dejan? No está solo. La gente cree que él podrá.

Capítulo X

Un hombre de todas las religiones

Bergoglio suele decir que para ser un buen católico, antes hay que ser un buen judío. Es capaz de finalizar una misa en un colegio católico anunciándoles a los presentes que va a orar como los evangélicos. Sin miramientos, una vez dijo que le gustaría que muchos cristianos tuvieran el compromiso y la integridad de un amigo suyo ateo. Todas las semanas se reunía a orar durante una hora con el jardinero del Arzobispado, que es pentecostal. Y hace pocos días, les pidió a los católicos que se reconciliaran con los musulmanes. ¿Quién es Francisco? Ciertamente, un hombre de todas las religiones.

Está convencido de que todas las creencias tienen un punto en el que se conectan. La habilidad es encontrar ese punto y dejar de lado las diferencias, para avanzar en el diálogo y la unidad.

Durante sus años al frente de la Iglesia de Buenos Aires y de la Argentina, Jorge Bergoglio tuvo tres obsesiones: la pobreza, la educación y el diálogo interreligioso. Trabajó como pocos para tender lazos duraderos con otros cultos. Se hermanó con diferentes credos y estableció relaciones de amistad con rabinos, pastores y líderes musulmanes, entre otros. Y se dice que trabajó como pocos porque lo hizo en silencio. Nunca quiso anuncios altisonantes al respecto. En cambio, se ocupó del contacto personal y de conocer no sólo a los líderes de otros movimientos religiosos sino también a su gente.

Mucho se habla en estos tiempos de la necesidad de tender puentes, escuchar diferentes voces y buscar acercamientos. De celebrar la diferencia en lugar de simplemente tolerarla. De que lo diverso no tiene por qué estar disperso sino unido para trabajar hacia lo que se supone es un objetivo común y superador: el bien común, la paz y el entendimiento social.

El hombre que fue elegido el 13 de marzo de 2013 para dirigir la Iglesia católica en el mundo se caracterizó desde siempre por buscar el diálogo y el acercamiento con diversos y variados actores de la sociedad, pero sobre todo dentro de su área de incumbencia: las religiones y la espiritualidad.

Desde el primer momento, como número uno de la Iglesia local, Bergoglio se propuso ser el continuador de una obra que había iniciado su antecesor, monseñor Antonio Quarracino. Si bien no puso los pilares, que ya habían sido colocados, fue el constructor de un sólido edificio que alcanzó su punto más alto en el encuentro con los líderes de todas las religiones en el Vaticano, ya como Francisco.

En ese "cónclave histórico", celebrado en el espectacular marco de la Sala Clementina del Palacio Apostólico, el Papa recibió a representantes de treinta y tres confesiones cristianas (anglicanos, evangélicos, luteranos, metodistas y ortodoxos, entre otros) y de las religiones judía, musulmana y budista, en un colorido crisol de credos, en el que desfilaron por la sala kipás judíos, *takiyahs* musulmanes, capuchas armenias y túnicas budistas.

En ese encuentro, Francisco brindó un apasionado discurso en el que convocó a la unidad y a sembrar el diálogo interreligioso. "La Iglesia católica es consciente de la importancia que tiene la promoción de la amistad y el respeto entre hombres y mujeres de diferentes tradiciones religiosas —dijo—. Y podemos hacer mucho por el bien de los que son más pobres, de los más débiles, de los que sufren, para promover la justicia, para promover la reconciliación, para construir la paz."

Como arzobispo de Buenos Aires, Bergoglio también había encabezado y fomentado encuentros con judíos, musulmanes y evangélicos. Desde la mesa del Diálogo Argentino, a la que sentó a representantes de los distintos cultos, hasta encuentros ecuménicos en los que diferentes credos se juntaron a debatir sobre los temas que atraviesan a toda la sociedad y, por supuesto, a todas las creencias religiosas. En cuestiones como el matrimonio igualitario, por ejemplo, la Iglesia hizo causa común con los demás credos, que se mostraron unidos en su condena al casamiento de personas del mismo sexo.

De esos encuentros, no sólo surgieron documentos que fueron difundidos y publicados por los principales medios de comunicación argentinos, sino una amistad con varios representantes de las diversas religiones, que hoy celebran, junto con los católicos, la designación del cardenal argentino como papa.

Un fiel reflejo de la alegría argentina por la asunción de Bergoglio lo constituye el hecho de que esa felicidad ha quedado plasmada en ciudadanos de distintas religiones, no sólo en los católicos. Una encuesta que realizó la consultora D'Alessio Irol a una semana del cónclave preguntó a 418 personas de distintas religiones si les parecía relevante la elección de Francisco como nuevo papa. El 95% de los católicos dijo que sí; el 100% de los judíos dijo que sí; el 89% de los evangélicos dio esa misma respuesta, al igual que el 90% de los ateos y el 85% de los agnósticos, además del 89% de los fieles de otras religiones.

También les preguntaron si sentían orgullo y por qué. El 61% dijo que porque era argentino, el 55% por ser latinoamericano, el 58% porque el Papa estaba cerca de la gente, el 55% por su forma de ser y el 41% por el impulso que dará al diálogo interreligioso.

Dentro del judaísmo hay diversas posturas con respecto al diálogo interreligioso. Están los que adhieren de palabra —ya que hoy es "políticamente correcto" hacerlo—, los que no están interesados en fomentarlo, y aquellos que interactúan y se involucran de lleno, hasta casi desdibujar los límites entre una religión y otra. El rabino Sergio Bergman, sin duda, pertenece a este último grupo. Él mismo se define como un "*freelance* de la Iglesia católica" y no duda en identificar a Bergoglio como su mentor y rabino.

"'*Rabi*' significa maestro —explica Bergman en su oficina del primer piso del emblemático templo de la calle Libertad, en el centro porteño, la primera sinagoga del país—. Un rabino es un maestro en la ley confesional, pero, en mi visión, es un término mucho más amplio. Por eso digo que Bergoglio es mi rabino, mi maestro."

La última ceremonia que compartieron ambos referentes religiosos fue en diciembre de 2012, cuando Bergoglio llegó hasta la sinagoga de la calle Arcos, entre Olazábal y Blanco Encalada, en el barrio porteño de Belgrano, a encender las velas de Hanukkah, en coincidencia con la Navidad cristiana. No fue la única ocasión: hace algunos años el arzobispo de Buenos Aires encabezó la ceremonia y dio el sermón de Iom Kipur, el día judío del arrepentimiento, considerado la festividad más santa y solemne del año, en la sinagoga de la calle Libertad. "Yo le agradecí el coraje de haber venido al templo en el día más sagrado e importante para nosotros. Y él me dijo: 'Acá el que tiene coraje y valor sos vos. El templo está lleno de todos tus feligreses y me das la palabra a mí. ¡Estás loco!'. Y tenía razón: más de uno se levantó y se fue."

Otra muestra de esta reciprocidad entre ambas religiones y líderes fue la misa celebrada en la Catedral luego de la muerte de Juan Pablo II, en 2005. "No sabían bien qué hacer con un rabino como yo en una misa de esa envergadura, y me ubicaron en un lugar de honor, honrándome, pero sobre todo honrando nuestra unión", reconoce Bergman. Juntos, fuera de los templos e iglesias, armaron la primera experiencia de comedor comunitario judeocristiano, que funcionó en la sinagoga de la calle Arcos, primero, y en la sede de Cáritas en la calle Moldes, después. Y las villas de emergencia eran otro punto de encuentro para ellos.

A pesar de su estrecha relación, el líder de la Red Comunitaria de la Fundación Judaica asegura que Bergoglio nunca tuvo vínculos exclusivos ni excluyentes con ninguna persona, sector ni institución de la sociedad. "No hay ningún ámbito social donde no tenga un referente. Nunca hizo diferencia con ninguno. No dijo: 'Yo estoy en contacto con el judaísmo a través de determinado rabino o institución'. Él dialogaba con todos los rabinos e instituciones, reformistas o conservadoras, de izquierda, de centro y de derecha, en una especie de constelación. Eso habla de su impronta. Todo esto hizo que yo me atreviera, por decisión propia y bajo mi exclusiva responsabilidad, a tomarlo como mi maestro."

Con el rabino Abraham Skorka, rector del Seminario Rabínico Latinoamericano y líder de la comunidad Benei Tikva, Bergoglio comparte la autoría del libro *Sobre el cielo y la tierra*, que recoge diálogos entre ambos religiosos. En 2012, Skorka fue testigo de la unidad judeocristiana cuando recibió de manos del rector de la Universidad Católica Argentina, presbítero Víctor Fernández, el doctorado honoris causa. Fue un hecho inédito ya que se convirtió en el primer rabino en América Latina en recibir ese reconocimiento de parte de una universidad católica. "Las instituciones cristianas podemos acoger la sabiduría presente en un rabino más allá de las diferencias que subsisten", dijo Fernández al entregar la distinción, aplaudido en primera fila por el cardenal Jorge Bergoglio y el nuncio apostólico, monseñor Paul Tscherrig.

Bergoglio, que fue acusado por los kirchneristas de liderar la oposición tras las duras declaraciones por la pobreza imperante, la falta de diálogo y los egoísmos personales, también ha tendido lazos con el rabino Daniel Goldman, de la Comunidad Bet-El, con quien ha colaborado en la creación del Instituto de Diálogo Interreligioso, junto con el musulmán Omar Abboud. La cercanía de Goldman con el gobierno jamás fue un escollo para el intercambio, en una clara muestra de que nadie ha quedado fuera de su órbita de diálogo.

Bergman cuenta que su relación con el hombre que fue elegido para presidir la Iglesia católica en el mundo comenzó en el contexto de grave desintegración social, económica y moral provocado por la crisis de 2001. Ese año, el presidente Eduardo Duhalde había convocado a la Iglesia para que se erigiera como garante y custodia de la paz social. Y haciéndose eco de ese pedido, monseñor Jorge Casaretto, obispo de la diócesis de San Isidro, en la zona norte del conurbano, llamó a una mesa de diálogo con diversos actores y referentes para reconstruir la Argentina después del colapso.

"Fue Bergoglio quien amplió la mesa de diálogo a todas las religiones. Él dijo: 'No es la Iglesia sola la garantía, sino las religiones, la fe'. Fue el punto de inflexión en mi vínculo con él. Ya no era el líder de la Iglesia católica argentina sino un referente cívico y personal para mí", dice el rabino, que además le reconoce a Bergoglio el liderazgo en la emergencia, pero sin figurar. "Se puso al frente poniendo al frente a los demás. Él acompañó todo ese proceso, que después fue malversado por los argentinos en 2003, cuando empezó a recuperarse la economía."

Sin embargo, decir que el diálogo entre judíos y cristianos en la Argentina empezó en 2001 es faltar a la verdad y desmerecer las muchas señales de acercamiento y recon-

ciliación entre unos y otros durante las décadas de 1980 y
1990, e incluso mucho antes, con el Concilio Vaticano II,
convocado por Juan XXIII en 1962, en un intento de reformar una Iglesia que se alejaba de sus fieles y miraba
de reojo y con desconfianza al resto de las religiones. El
guante fue recogido por los que vinieron después. Basta
recordar las palabras de Juan Pablo II cuando, dentro de
una sinagoga, se refirió a los judíos como "nuestros hermanos mayores en la fe".

En la Argentina, una inequívoca señal en esta dirección
la dio el cardenal Antonio Quarracino cuando inauguró
un mural que rinde homenaje a las víctimas de la Shoá
en la Catedral Metropolitana, el 14 de abril de 1997. El
monumento, todo un símbolo de la unión entre judíos y
cristianos, está compuesto por dos paneles de vidrio, entre
los cuales se sitúan hojas de libros de rezo rescatadas de
las ruinas de los campos de concentración de Treblinka y
Auschwitz.

"Siento que somos parte de una herencia de maestros
que iniciaron el diálogo interreligioso. Nosotros cosecha-
mos lo que ellos sembraron. Yo crecí en ese diálogo, para
mí fue algo natural, no una novedad —asegura Bergman—.
Yo me inicié en una comunidad que era reformista; muchos decían, allá por los ochenta, que se había transformado en una Iglesia porque venían obispos, sacerdotes. Y
como joven representé a la comunidad judía cuando vino
Juan Pablo II al país. Bergoglio es continuador de algo que
empezó con Quarracino. Por eso digo que con Bergoglio
hubo una continuidad; no empezamos de cero. Pero con
Francisco todas esas cosas van a adquirir otra dimensión,

algo a gran escala. Él se va a encargar de coronar un recorrido", confía el rabino.

En 2006 se produjo un nuevo punto de inflexión en la relación entre Bergoglio y Bergman porque el rabino decidió desprenderse de su imagen de referente de una comunidad de origen para convertirse en un referente cívico y luego político, mediante su participación en la organización política Propuesta Republicana (PRO) que lidera el actual jefe de gobierno porteño Mauricio Macri. Cuando Bergman sostiene que su aspiración "es ser rabino de la sociedad argentina", asegura que toma ese modelo de Bergoglio. Y en función de ese modelo decide armar una "pastoral rabínica" que salga del templo y salga a la calle, a peregrinar. "Cuando digo que mi rabinato es un magisterio para la sociedad y no para una comunidad de origen, mi referente es Bergoglio. Es un maestro de la espiritualidad cívica. Él siempre dice que 'a la diferencia no hay que tolerarla, sino celebrarla'. No es que la acepto, sino que me alegro de que seas diferente. Y esta es la idea que va a desarrollar Francisco en su papado."

No obstante la alegría que produce el hecho de que Bergoglio haya llegado a lo más alto de la pirámide eclesiástica, muchos no dudan en expresar que todavía están tratando de superar una pérdida. "Los que lo tratamos personalmente estamos atravesando un duelo. Yo sentí que perdí a mi rabino, pero es un duelo gozoso en la trascendencia; nadie me va a poder sacar lo que de Bergoglio vive en mí. Y en esa trascendencia, la pérdida no es total, evoluciona. Yo ya tengo internalizada la brújula, tengo trazado el norte. Quiero verlo por tener el gusto de verlo, pero no tengo la necesidad de poseerlo, sino de liberarlo para la gran misión que tiene ahora a gran escala, para la que Dios lo llamó."

Para el rabino Bergman, no hay dudas de que Bergoglio sigue muy presente en Francisco. "El papa nos dejó un mensaje pleno de bondad y amor, uniendo las iglesias cristianas, aun las ortodoxas orientales, que hacía un milenio no estaban presentes en estas instancias. Dio señales inequívocas de unidad para la tarea ecuménica dando un especial lugar al vínculo judeocristiano."

El año 2001 no sólo quedó marcado a fuego en la memoria colectiva de los argentinos. Para el mundo también constituyó una bisagra. Los aviones que se estrellaron contra las Torres Gemelas en Nueva York y el que cayó en el Pentágono marcaron un antes y un después en las relaciones políticas internacionales, y también en la forma en que el mundo occidental fijó su mirada en Oriente. La desconfianza, el temor y el afán de revancha iban en aumento, al tiempo que se agigantaba la figura de un nuevo enemigo mundial: el islam.

"Aquellos años eran particularmente duros en cuanto a la problemática que enfrentaba nuestro país y, desde otro lugar, era un momento difícil para el islam en el mundo. El 11-S, la guerra en Afganistán y posteriormente en Irak, pusieron a nuestro credo en una situación compleja, de duda, y con una gran cuota de desinformación. El rumbo que nos marcó nuestro entonces presidente del Centro Islámico, Adel Mohamed Made, fue salir a decir qué es el islam y no lo que no es, desde nuestro lugar de argentinos de fe islámica'", recuerda Omar Abboud, que por entonces ocupaba la Secretaría de Cultura del Centro Islámico.

En esas mesas de opinión y difusión de los valores del islamismo, Abboud conoció al padre Guillermo Marcó, ex vocero del entonces cardenal Bergoglio. Aunque antes había tenido un contacto más bien protocolar con el arzobispo de Buenos Aires en los Tedeum del 25 de Mayo y mediante las acciones de ayuda comunitaria en las que el Centro trabajaba junto con Cáritas y la Asociación Mutual Israelita Argentina (AMIA), "fue él, Marcó, en su generosidad y vocación por profundizar el diálogo, el que me presentó a Bergoglio, con quien empezamos a compartir una respetuosa relación —cuenta—. Para ese momento, entre los años 2003 y 2004, ya conocía y era amigo del rabino Daniel Goldman, con quien habíamos compartido un lugar en el consejo de Políticas Sociales del Ministerio de Desarrollo Social de la nación, además de múltiples foros relacionados con el ámbito de lo religioso. Nació allí la idea, con el apoyo del cardenal, de crear lo que es hoy el Instituto de Diálogo Interreligioso".

Entre todas las actividades que el instituto realizaba, organizó, por primera vez, la visita del cardenal al Centro Islámico de la República Argentina. "Fue recibido por toda la comisión directiva, encabezada por Adel Made. Una gran reunión en la que se acordó seguir trabajando desde los credos en defensa de la vida y en contra de cualquier tipo de terrorismo y fundamentalismo —dice Abboud—. Todavía recuerdo las palabras que dejó escritas en el libro de visitas del Centro Islámico: 'Doy gracias a Dios, el Misericordioso, por la hospitalidad fraterna, por el espíritu de patriotismo argentino que encontré y por el testimonio de compromiso con los valores históricos de nuestra patria'. Desde ese momento, el intercambio con Bergoglio fue habitual, y se multiplicaron las actividades con diferentes actores de la Iglesia y la comunidad judía".

Como testimonio de esta fraternidad entre credos, en 2005 se firmó un convenio entre las distintas entidades religiosas en contra del fundamentalismo, un acontecimiento que no tenía antecedentes en otras latitudes. "Para ese momento, tuvimos que lamentar la desaparición física del presidente del Centro Islámico, Made, y el cardenal asistió a las honras fúnebres y acompañó en oración a toda nuestra comunidad —cuenta Abboud—. Finalmente, el documento entre las tres entidades fue rubricado por el arzobispo porteño, cardenal Jorge Bergoglio; el presidente del Centro Islámico, Helal Masud; de la DAIA [Delegación de Asociaciones Israelitas Argentinas], Jorge Kirszenbaum, y de la AMIA, Luis Grinwald. El documento también fue refrendado por el padre Guillermo Marcó, el rabino Daniel Goldman y yo, quienes trabajamos en la elaboración del texto."

Al mismo tiempo que se multiplicaban los gestos de acercamiento entre los credos, la relación con el cardenal se volvió frecuente y podía estar revestida de la más estricta formalidad institucional así como de una simple e informal conversación. En todas las horas compartidas, Abboud tuvo la posibilidad de conocer en profundidad a quien hoy ocupa el lugar de Pedro y no tiene dudas de que como papa continuará sembrando el diálogo, tal como lo hizo cuando era arzobispo. "Francisco es una persona que no camina, vive en estado continuo de peregrinaje, con un profundo sentido de misión y un ejercicio constante de la misericordia y la comprensión hacia los demás —destaca—.

El flamante Papa ha abierto una puerta para poder generar una mejor convivencia con el islam. Jorge Mario, Su Santidad Francisco, es una persona que conoce de qué se trata la religión islámica, sus valores, sus prácticas y su cultura."

En este complejo contexto mundial, el diálogo interreligioso es una de las necesidades esenciales para Abboud. "En la República Argentina este diálogo existe, aunque los musulmanes de nuestro país son una minoría, la actitud del cardenal siempre ha sido de extrema generosidad y abierta para construir puentes —reconoce—. El diálogo interreligioso no es una cuestión sincrética que busca un tipo de unidad que diluya las propias identidades. Ni necesariamente es de orden teologal ya que, si nos remitimos exclusivamente al ámbito de lo sagrado, es decir a la forma de creer o de rendir testimonio al Creador, la posibilidad de acercar posiciones es casi nula. Sí es una búsqueda permanente de acordar valores con el otro, para dar la mayor cantidad de pasos juntos en paz y armonía, ejercer la solidaridad y, por sobre todo, no ponerse de acuerdo en el error, aunque esto implique a veces la propia autocrítica."

Es un camino que comenzaron a transitar juntos durante los años de la crisis, y que no quisieron abandonar. Casi todos los representantes de los distintos credos afirmaron que fue durante la última debacle económica de 2001 cuando comenzaron a avanzar por los senderos del diálogo interreligioso. ¡Bendita crisis!, entonces. Y los evangélicos no son una excepción. Cuando el país vivía sus horas más difíciles, pastores miembros del Concejo Nacional Cristiano Evangélico se reunieron con representantes de la Conferencia Episcopal y emitieron un documento conjunto, en vísperas de la mayor crisis financiera de la nación. Pero, a medida que los tiempos arreciaban, las declaraciones eran insuficientes. Entonces, sacerdotes y pastores decidieron que era hora de dejar atrás las diferencias dogmáticas para pedir —rogar— de rodillas que Dios se apiadara del país. Y así lo hicieron. Semanalmente se reunían a orar en una oficina de la Curia porteña.

En este acercamiento, los pastores quedaron asombrados por el trato y el respeto que el padre Bergoglio les ofrecía y, a la vez, empezaron a experimentar que el poder de la oración se potenciaba cuando se dejaban atrás las diferencias y se levantaba la bandera de la fe.

Ese fue sólo el comienzo. En octubre de 2012, unas seis mil personas participaron del Sexto Encuentro Fraterno de Comunión Renovada de Evangélicos y Católicos en el Espíritu Santo (CRECES), del que Bergoglio fue mentor y garante. Sin que existiera diferencia entre pastores y sacerdotes, entre evangélicos o católicos, sino simplemente como hermanos, participaron del evento que tuvo por orador principal al padre Raniero Cantalamessa, el predicador de la Casa Pontificia, que viajó exclusivamente desde el Vaticano para sumarse a esta experiencia.

Bergoglio estuvo entre la multitud como un fiel más. Tomó mate, comió empanadas y cuando le llegó el turno de transmitir su mensaje, recibió una larga ovación. Cantos y olas de aplausos retrasaron varios minutos el inicio de la alocución del cardenal. Todos querían escuchar las palabras de quien, desde el silencio y el perfil bajo, había sido uno de los principales impulsores del diálogo ecuménico e interreligioso en la Argentina. Claro que nadie sabía que cinco meses más tarde ese mismo hombre sería el papa.

"Jesús pasó más que nada su tiempo en las calles. Él sigue pasando en medio de nosotros. La gente no dejaba pasar oportunidad de estar con Jesús. De tocarlo, de apretujarlo, de recibir de él. Yo no les tengo miedo a los que combaten a Jesús, porque ellos ya están vencidos. Les tengo más miedo a los cristianos distraídos, dormidos, que no ven a Cristo pasar. Hemos perdido dos cosas: la capacidad de asombrarnos ante las palabras del Señor. Estamos atiborrados de noticias que van dejando de lado la buena noticia. Y también, hemos perdido la ternura. Jesús se acercaba a la llaga humana y la curaba. Recuperemos esas dos características: no nos acostumbremos a ver al enfermo, al hambriento sin asombro y sin ternura", dijo.

Desde que comenzaron los encuentros fraternos de CRECES, en 2004, Bergoglio estuvo presente. Al principio participaba como un fiel más. Llegaba y se sentaba entre la gente, anónimo, en las gradas y disfrutaba mezclado en medio del pueblo, de la devoción conjunta de cristianos de distintas formaciones pero de una misma fe. Participaba de los cantos y hasta levantaba sus manos en expresión de adoración, un gesto que se suele identificar más con los evangélicos que con los católicos.

Recién en 2006 subió al escenario. Fue durante el tercer encuentro ecuménico. Cuando subió al escenario, en el estadio Luna Park, en el centro porteño, Bergoglio se arrodilló y pidió que los pastores y sacerdotes oraran en forma conjunta por él, en un gesto de humildad y unidad que sería difícil de olvidar para todos los presentes.

De rodillas, el cardenal primado de la Argentina recibió la bendición con imposición de manos por parte de los pastores y sacerdotes del encuentro; entre ellos, el padre Cantalamessa; el pastor Giovanni Traettino, obispo de la Iglesia Evangélica de la Reconciliación en Italia; Mateo Calisi, presidente de la Fraternidad Católica de las Comunidades y Asociaciones Carismáticas de Alianza (Asociación Privada de Fieles de Derecho Pontificio); Jorge Himitian, pastor de la Comunidad Cristiana de Buenos Aires; Carlos Mraida, de la Iglesia Bautista del Centro, y Norberto Saracco, pastor de la Iglesia Evangélica Pentecostal.

"¡Qué lindo ver que no nos tiramos piedras, que no nos sacamos el cuero! ¡Qué lindo ver que nadie negocia en el camino de la fe!", dijo después el cardenal al hablar con verdadero fervor de pastor ante la multitud reunida en el Luna Park. Después permaneció toda la tarde en el encuentro, compartiendo las gradas y los gestos más cotidianos con el público. Cuando los periodistas llegaron para ser parte de una conferencia de prensa, los responsables se vieron en la difícil tarea de encontrar a Bergoglio, que se había perdido entre la multitud.

Desde el escenario también tuvo otro gesto de unidad. Entre los presentes había un reducido grupo de católicos que había llegado hasta el lugar con el fin de manifestar su descontento con el diálogo fraterno que Bergoglio propiciaba. Uno de ellos se acercó al escenario y desplegó un cartel de la Virgen María y comenzó a hacerles señas a pastores y sacerdotes, como intentando marcar las diferencias entre ellos. Con mucho amor y sin estridencias, Bergoglio se acercó hasta ese joven, tomó la imagen de la Virgen, la enrolló y la guardó en su portafolios.

Los gestos de Bergoglio signaron ese y los sucesivos encuentros. Los asistentes coinciden en que no fue sólo un encuentro entre católicos y evangélicos. Lo que se vivió ahí fue una verdadera fiesta de la unidad.

El padre Cantalamessa fue predicador de Juan Pablo II y de Benedicto XVI, y ahora lo será de Francisco. En aquella oportunidad, durante una conferencia de prensa con medios nacionales afirmó: "Yo he dicho en presencia del Papa que lo que he visto en Buenos Aires es algo pionero: son cristianos que expresan su fe en conjunto. Católicos y evangélicos, sin divisiones. Esta expresión es como el Pentecostés. Los cristianos deben vivirlo así: como un nuevo Pentecostés".

El testimonio sobre lo que estaba sucediendo en los encuentros ecuménicos de CRECES llegó, según los propios dichos del padre capuchino, a oídos del papa Benedicto XVI y hasta llamó la atención del Vaticano. "La Iglesia está siguiendo en forma muy atenta lo que está ocurriendo en Buenos Aires. Atentos a este signo, que creo yo es un signo profético de los nuevos tiempos. Esta es la forma de alejar el fundamentalismo religioso: cristianos que se abrazan, que se encuentran a compartir su fe." Claro que lo que no iba a sospechar por entonces Cantalamessa era que el próximo papa iba a ser el hombre que estaba sentado a su lado, justamente.

Aquella tarde de octubre de 2012, miles de cristianos asistieron a ese encuentro ecuménico que en cada nueva edición amplía su convocatoria. Su lema fue "El Evangelio, poder de Dios" y movilizó a comunidades de distintos puntos del país. Desde temprano, las calles que rodean el Luna Park estaban colmadas. Todos juntos, sacerdotes, laicos, pastores, religiosas y muchas familias con hijos pequeños participaron de la fiesta. No había distinciones entre unos y otros. Todos estaban ahí con el mismo propósito: celebrar el poder de compartir su fe en Jesucristo.

Las alabanzas estuvieron dirigidas por el pastor Sebastián Golluscio y se celebraron en un clima fraternal. Allí se vio a sacerdotes y pastores compartiendo el mate, y la ronda llegó hasta las manos del propio arzobispo de Buenos Aires. El pastor Himitian fue el encargado de leer la "Declaración común del encuentro fraterno", un documento conjunto que se difunde en cada ocasión.

"El Espíritu Santo abrió nuestros ojos espirituales, y comprendimos cosas muy simples pero grandiosas. Cosas muy conocidas pero a la vez ignoradas. Comprendimos que la Iglesia es más que un edificio material donde se rinde culto a Dios. Todos los que somos hijos de Dios, somos por lo tanto hermanos. Cristo fundó una sola Iglesia, y quiere que su Iglesia manifieste en el mundo la unidad y la santidad que caracterizan a Dios", leyó ante la multitud.

Al día siguiente de ser nombrado papa, Francisco llamó a una colaboradora cercana, que ha sido una de las promotoras de los encuentros entre católicos y evangélicos. "Le quiero agradecer lo que está haciendo por la Iglesia con sus hermanos 'los herejes'", le dijo con toda ironía.

"Su elección como papa ha sido una respuesta a nuestras oraciones", aseguró el pastor Norberto Saracco, rector del seminario FIET de Buenos Aires y uno de los coordinadores del Concejo de Pastores de la ciudad. "Bergoglio es un hombre de Dios. Es un apasionado por la unidad de la Iglesia, y no simplemente en el nivel institucional. Su prioridad es la unidad a nivel del pueblo."

UN CRISOL DE RELIGIONES

El único ciclo televisivo que Bergoglio realizó en toda su vida lo encontró debatiendo temas universales con el rabino Skorka y con el evangélico Marcelo Figueroa, ex director de la asociación civil Sociedad Bíblica Argentina. Se emitía por Canal 21, la señal televisiva del Arzobispado. Desde que se instauró el canal, Bergoglio se opuso a que fuera un instrumento de propaganda de su actividad pastoral.

Un día, le ofreció a Figueroa —a quien había conocido casi diez años antes, cuando él era director de la Sociedad Bíblica Argentina— trabajar juntos. "Trabajábamos juntos en el servicio ecuménico haciendo centralidad en la Biblia y su lugar en el encuentro interconfesional. Con el tiempo, esa relación institucional se fue transformando en un trato fraternal profundo y finalmente en una genuina amistad personal", detalla.

En la primavera de 2010, Bergoglio lo invitó a colaborar en el Canal 21. "Luego de varias reuniones y propuestas, llegué a la conclusión de que sería interesante y significativo llevar a la pantalla un programa de diálogo interreligioso. Sería una forma de mostrar en los medios el encuentro fraterno entre las diferentes confesiones de fe, una realidad genuina, fecunda, y creciente en Buenos

Aries desde hacía por lo menos una década. Desde luego, propuse que el cardenal Bergoglio fuera un participante irremplazable", cuenta Figueroa.

Convencerlo no fue sencillo. Pero finalmente accedió y así nació el programa de televisión *Biblia, diálogo vigente*. Skorka, Figueroa y Bergoglio aportaban el pensamiento desde la propia perspectiva de fe (judía, evangélica y católica) sobre distintos temas de la actualidad. "El punto de contacto en el tratamiento fueron las Sagradas Escrituras, pero la amplitud y profundidad de los conceptos fue algo libre y variado. Los temas fueron eclécticos, pero de contenido social y con vigencia temporal permanente.

"Ninguno de los tres adoptó nunca una postura en la que se sentía el dueño de la verdad revelada, sino que cada uno se sintió como un constructor más de un pensamiento superador, en un edificio conceptual trabajado en conjunto", detalla Figueroa.

"Del padre Jorge conocí, durante este ciclo inolvidable, su enorme capacidad de escucha, su fino análisis de los temas desde lo espiritual, su bagaje de conocimientos que variaban sin escalas desde una cita filosófica a una letra de tango, su histrionismo puesto al servicio de una comunicación amena, y su enorme humildad al evitar la autorreferencialidad, salvo cuando aportaba algún suceso en el que se sentía alumno de la vida y del Señor de su vida", detalla.

Tiempo después, la sorpresa fue grande al comprobar que ese ciclo era el único que había realizado hasta la fecha el papa Francisco. "Sin dudas, un hecho histórico, un tesoro incalculable para su querido Canal 21 y un legado vivo, profundo, ameno y distendido de su pensamiento", agregó.

Capítulo XI

Cuando Dios vota: elecciones en el Vaticano

No era el favorito. Su nombre no sonaba como primera opción en las casas de apuestas ni entre los vaticanistas, esto es, los analistas políticos de los vaivenes del Vaticano. Sin embargo, siempre fue "el candidato". Desde el primer momento en que los cardenales se encerraron en la Capilla Sixtina, con los frescos de Michelangelo como testigos, con la misión de elegir al 266º sucesor de Pedro, el nombre de Jorge Bergoglio lideraba la tendencia. Y ya en la primera votación fue el número uno.

De no haber sido por su insistencia antes de partir de Buenos Aires, al decir que sus setenta y seis años lo dejaban fuera de carrera, cientos de personas hoy serían millonarios. En los días previos al cónclave, el experto de la Nottingham Business School británica detalló que las apuestas por la elección del nuevo papa podían alcanzar los 11,5 millones de euros.

Tres días antes de ascender al avión que lo llevaría a Roma, Bergoglio recibió en la sede de la Curia porteña a un grupo de religiosos del Movimiento Apostólico de Schoenstatt, una comunidad alemana que tiene su sede en Florencio

Varela, en el conurbano. Concurrieron el padre Ángel Strada y un grupo de sacerdotes y seminaristas argentinos y paraguayos. Cuando le preguntaron lo que todos le preguntaban por esas horas, Bergoglio les dijo en tono irónico: "Me he enterado que en Londres hay apuestas. Pueden apostar por mí". Enseguida se rio y aclaró: "No, quédense tranquilos. Para mí, al papa lo elige el Espíritu Santo".

El encuentro duró cerca de una hora, el último sábado que Bergoglio pasó en Buenos Aires. Eran las 9.15 cuando los religiosos llegaron a la sede de la Curia. Se habían adelantado quince minutos, pero igual el cardenal los estaba esperando en la puerta y los hizo pasar.

Strada cuenta que Bergoglio los recibió con mucho afecto, les dijo que no quería hablar todo el tiempo él y que le preguntaran lo que quisieran. La segunda cuestión se refirió a cuál debía ser el perfil del nuevo pontífice. "Les voy a decir cosas evidentes, pero son las cosas en las que yo creo. Primero, tiene que ser un hombre de oración, un hombre profundamente vinculado a Dios. Segundo, tiene que ser una persona que cree profundamente que el dueño de la Iglesia es Jesucristo y no él, y que Jesucristo es el Señor de la historia. Tercero, un buen obispo. Debe ser un hombre que sabe cuidar, acoger, tierno con las personas, que sabe crear comunión. Y cuarto, tiene que ser capaz de limpiar la Curia romana", dijo el cardenal, según palabras del propio padre Strada. "Sin saberlo, estaba haciendo una descripción de su persona", agregó.

La Iglesia no debe cerrarse sobre sí misma, les dijo. Tiene que ir a buscar a los hombres. "Bergoglio dice que nos equivocamos al pensar que en el rebaño tenemos noventa y nueve ovejas y hay una oveja descarriada que está afuera. Es exactamente al revés: en el rebaño tenemos una oveja y hay noventa y nueve que están afuera." "Hoy no hacen falta clérigos, no hacen falta funcionarios clericales, hacen falta pastores que tengan olor a oveja, pastores que estén con las ovejas, que nunca las apaleen sino que las cuiden con mucho amor", resumió.

El encuentro fue como un anticipo de lo que iba a suceder. No sólo porque aquel hombre que los recibió se convertiría en papa. También, porque los cuatro puntos que les describió fueron muy similares a los que remarcó durante la reunión congregacional previa al cónclave, en la que los 115 cardenales que iban a votar al nuevo sumo pontífice trazaron un perfil del guía que necesitaba la Iglesia católica. Asimismo, porque las palabras elegidas, "pastores con olor a oveja", serían las mismas que pronunciaría en la misa crismal del Jueves Santo, ya consagrado papa, para hablarles a los sacerdotes. Hay que aclarar que Strada dio a conocer estos pormenores de su encuentro con Bergoglio antes de Semana Santa y antes de que el cardenal cubano diera a conocer el contenido de la exposición de Francisco ante el colegio cardenalicio, previo a la elección.

De haberle tenido fe a su pálpito, los seminaristas habrían hecho alguna apuesta. Pero no, el propio Bergoglio se encargó de desalentar cualquier expectativa sobre la posibilidad de que fuera el elegido. Cuando le preguntaron cómo andaba su salud, uno de los sacerdotes le aconsejó que se cuidara: "Si lo ven tan bien, los cardenales no lo van a dejar volver".

"Ya lo tengo todo pensado —respondió Bergoglio, rápido para los remates—. Me voy a presentar en el cónclave con un bastón, para que los otros cardenales digan: a este viejito no lo vamos a elegir nunca."

Al cumplir los setenta y cinco años, Bergoglio había presentado su renuncia ante Benedicto XVI, tal como establecen las normas del Vaticano. Había pensado en retirarse, jubilarse. Para ello, comenzó a ordenar sus papeles y objetos personales. De hecho, cuando acomodó algunas cosas de su escritorio, le dio a un colaborador una pila de escritos para descartar. Quería dejar todo más o menos en su sitio para que el que fuera a ocuparse del Arzobispado encontrara las cosas medianamente en orden.

Cuando este colaborador echó un vistazo a esos papeles, de inmediato le dijo: "Pero esto es un libro". Puso manos a la obra y con muy pocos retoques, finalmente, la editorial Claretiana publicó *Mente abierta, corazón creyente*, en julio de 2012.

Bergoglio estaba decidido a dar un paso al costado. Después de haber permanecido al frente de la Conferencia Episcopal Argentina durante dos períodos de tres años, en noviembre de 2011 dejó el cargo. Planeaba jubilarse como arzobispo y comenzar una vida más tranquila, dedicada a la oración y la meditación. De hecho, ya tenía elegida una habitación en la residencia para sacerdotes y obispos eméritos del Arzobispado porteño. El cuarto que iba a ocupar, según se supo, no era muy distinto del modesto y austero diseño de los nuevos aposentos papales en los que Francisco decidió instalarse. Rechazó el lujo de la residencia oficial y en cambio optó por una despojada habitación a sólo trescientos metros de la Capilla Sixtina, en el complejo Santa Marta, dentro del Vaticano, la misma residencia en la que estuvo alojado durante el cónclave.

Sin embargo, Benedicto XVI no le aceptó la renuncia. Tenía demasiado "olor a oveja" como para que lo jubilaran, sobre todo teniendo en cuenta la esperanza de vida promedio, que ha corrido las fronteras del período activo de las personas. Además, en un contexto en que escasean los buenos pastores.

Benedicto le extendió por dos años la vigencia de su cardenalato; uno de los guiños de Joseph Ratzinger hacia quien en 2005 había desistido de la contienda a fin de que sus votos en el cónclave fueran para el candidato alemán. Semejante acto de grandeza impulsó al Papa a tener ese y otros gestos de deferencia hacia su principal oponente, no obstante haber ascendido impulsado por la rama más conservadora de la Iglesia.

En abril de 2005, cuando la salud de Juan Pablo II se agravó, no quedaban dudas de que, tras veintisiete años de papado, el cónclave para elegir un nuevo papa era inminente. Comenzaron las internas, las acordadas y los conciliábulos. El Colegio Cardenalicio, compuesto entonces por 117 miembros, debía elegir al sucesor del Karol Wojtyła. Existían dos grupos bien diferenciados. Los conservadores y los progresistas, aunque algunos vaticanistas como Gerard O'Connell prefirieron no valerse de definiciones tan ordotoxas a la hora de clasificar a los cardenales por un signo ideológico. O'Connell prefirió agruparlos en dos bloques, en función de su actitud ante el mundo y ante los otros. Así, mientras unos podían denominarse los "defensores de la fortaleza", los otros serían los "constructores de puentes".

Entre los primeros estaban aquellos que querían mantener el statu quo de la red de poder tejida en el Vaticano tras uno de los papados más largos de la historia. Con una visión jerárquica de la Iglesia, "los otros" representarían un peligro para la identidad católica, y consideran que la apertura al mundo tras el Concilio Vaticano II debilitó la fe. El candidato natural de este grupo era Joseph Ratzinger, quien entonces tenía setenta y siete años y había sido el custodio de la ortodoxia católica durante el pontificado de Juan Pablo II.

En la vereda de enfrente se encontraban los "constructores de puentes", algunos más progresistas que otros, pero todos coincidían en la necesidad de impulsar reformas en la Curia romana. O'Connell los subdividió, asimismo, en "reconciliadores", abiertos al mundo pero con cautela y prudencia, de modo de no alterar los fundamentos básicos de la Iglesia, y "los de los nuevos horizontes", impulsores de reformas más profundas, que implicaran, por ejemplo, la colegialidad —una mayor participación de los obispos en la toma de decisiones del papa— y el *aggiornamento* de la doctrina en función de las características de la sociedad actual, lo cual implicaría desde una nueva actitud hacia los divorciados como respecto de la moral sexual de los católicos.

Por aquellos días, Bergoglio comenzó a ser mencionado por los medios italianos y franceses como un favorito dentro de la línea de los "reconciliadores". Apertura al mundo, pero con cautela y prudencia. La opción parecía

encaminarse a un candidato que reuniera esas características y resultara equidistante entre los defensores del statu
quo y los reformistas a ultranza. Todavía estaba fresca en
la memoria de los cardenales electores la participación de
Bergoglio en el sínodo de obispos de septiembre y octubre
de 2001, cuando, debido a los atentados contra las Torres
Gemelas en Nueva York, había tenido que asumir como
relator del encuentro, ya que el cardenal neoyorquino, ini-
cialmente en ese puesto, se había visto obligado a renunciar
a su participación para abocarse a la tarea pastoral en su
ciudad.

En aquella oportunidad, Juan Pablo II los había convocado al primer sínodo del siglo xxi para debatir cómo debía
ser el obispo del tercer milenio, con un pedido expreso a
los obispos de todo el mundo de ser "efectivamente pobres" para ser creíbles y estar al lado de los excluidos. No
es casual, entonces, que Bergoglio haya descollado con su
participación. Sin hacer ningún tipo de campaña, y a siete
meses de haber sido nombrado cardenal, el argentino se
ubicó entre los favoritos.

En distintos momentos de su vida, su bajo perfil y su
gran elocuencia lo habían catapultado del anonimato al
papel protagónico. ¿Cómo hace Bergoglio para resultar
electo siempre y sin mover un solo dedo en su favor?, se
preguntaban los obispos latinoamericanos que habían participado de la Conferencia Episcopal de Aparecida en 2007?
"Simplemente, es él mismo", fue la respuesta.

Así, faltando pocos días para el inicio del cónclave de
2005, apareció una alternativa para el ala reformista: instalar
un candidato "bandera" capaz de disputarle la elección a Rat-

zinger para después canalizar los votos hacia una figura menos altisonante.

Ese candidato resultó ser Carlo Maria Martini, ex arzobispo de Milán, con buenas chances de ser electo sumo pontífice, aunque, debido a su edad (tenía ochenta y cinco años) y a la enfermedad de Parkinson que lo aquejaba, no se encontraba en condiciones de asumir semejante responsabilidad. (Martini fallecería finalmente un año antes de la última elección papal.)

El 2 de abril de 2005, tras la muerte de Wojtyła, se abrió la incógnita de la sucesión. Bergoglio estaba dando misa en la Villa 21 cuando se enteró de la noticia. Lo vieron consternado, ofuscado. Al día siguiente, dirigió un servicio en la Catedral Metropolitana por el eterno descanso de Juan Pablo II y se preparó para viajar a Roma.

La constitución apostólica *Universi Dominici Gregis* —que significa "Todos los de la grey de Dios"— determina que, al morir un papa, comienza a regir sobre el Vaticano el sistema de "sede vacante". El gobierno de la Iglesia católica pasa a manos del Colegio Cardenalicio, integrado por cardenales, que desde 1059 tienen el derecho y la responsabilidad de nombrar al pontífice. Para poder participar como electores, los cardenales deben tener menos de ochenta años. Los de más edad pueden ser elegidos y participar de las reuniones preparatorias, pero no pueden votar.

La ceremonia tiene ciertos rituales bien establecidos y rigurosos, que la mayoría de los obispos electores en 2005 desconocía, ya que no habían sido partícipes de la elección anterior del papa polaco. En 1996, el proceso eleccionario había sido reformado. Entre otras cosas, ese año Juan

Pablo II había establecido que el voto fuera secreto, por quórum de dos tercios o bien por mayoría absoluta.

Los cardenales electores no pueden ser más de 120 y deben reunirse dentro de la Santa Sede para elegir al sucesor. Sin embargo, la fuerza de la tradición ha hecho que, desde 1492, la votación se lleve a cabo dentro de la Capilla Sixtina. Cuando los cardenales ingresan en la capilla tienen prohibido abandonar el recinto y mantener cualquier tipo de contacto con el mundo exterior hasta que arriben a un acuerdo.

Previo a la elección de Juan Pablo II, no había habitaciones ni espacios apropiados para cubrir las necesidades que esa estadía imponía. Se improvisaban cuartos para que los cardenales durmieran en los salones contiguos, pero el ambiente era desordenado y caótico a medida que se extendían las votaciones.

Por eso, Juan Pablo II decidió levantar un complejo de ciento veinte habitaciones y veinte salones dentro del Vaticano, llamado *Domus Sanctae Marthae* (Residencia Santa Marta). Los cardenales lo estrenaron en 2005.

El cónclave debe realizarse entre el decimoquinto y el vigésimo día desde la muerte del papa. Mientras transcurren esos días, en el Vaticano se teje toda suerte de estrategias y artimañas.

El cardenal italiano Achille Silvestrini —que ya había superado los ochenta y un años— era el cerebro detrás de los reformistas, conocidos como el grupo "Faenza". Silvestrini no votaba pero era considerado un *kingmaker*, es decir, "hacedor de reyes", alguien respetado por el electorado que fija tendencia. En el polo opuesto, el colombiano Alfonso López Trujillo, el español Julián Herranz (del Opus Dei) y Angelo Sodano, secretario de Estado del Vaticano, a quienes muchos apodaban "los wojtylianos de hierro", se pusieron al frente de la cordada ultraconservadora.

Ante la ausencia de un candidato nato, comenzaron las campañas de desprestigio contra los principales postulantes, en las que reformistas y conservadores se lanzaron toda clase de dardos envenenados.

A ocho días de la muerte de Wojtyła, distintos cardenales denunciaron haber recibido en forma anónima una publicación titulada "Ob-Fidem-Et-Chlientela", un panfleto de sesgo conservador que en sus páginas atacaba a Silvestrini y lo definía como "un progresista en el campo religioso y filocomunista en el campo político". También atacaba al grupo Faenza y todo lo que hubiera significado una apertura durante el pontificado de Juan Pablo II.

Unos días más tarde, cuando los diarios europeos ya situaban a Bergoglio entre los ocho principales candidatos, comenzaron a circular publicaciones acerca de una supuesta participación y falta de defensa de dos curas jesuitas que habían sido secuestrados y torturados durante la dictadura militar argentina (véase el capítulo 4, "La difícil misión de aprender a gobernar").

En aquel momento, Bergoglio les dijo a sus colaboradores que lo último que haría sería salir a responder. "Sólo daría importancia a los difamadores", consideró.

Las campañas descalificadoras siguieron rodando y alcanzaron incluso a Ratzinger, el candidato más fuerte, que no lograba el respaldo de más de 40 electores, según se estimaba en el precónclave.

El bloque reformista decidió avanzar con su nueva estrategia para enfrentar a los "wojtylianos de hierro". La primera movida sería concentrar los votos del grupo en la figura de Martini, un intelectual que desde hacía unos años vivía en Jerusalén para profundizar sus estudios sobre la Biblia. Si bien su enfermedad le restaba posibilidades, como candidato simbólico tenía suficiente poder para encolumnar a los reformistas y después, en una segunda instancia, besar a un candidato real, hacia quien sus electores canalizarían su voto.

"El candidato podría ser un *outsider*", comentaban los vaticanistas en aquellos días.

En las congregaciones previas al cónclave los cardenales se reúnen para trazar un perfil del nuevo papa, aunque sin mencionar nombres. Con ese disparador se inicia el debate.

En la elección de 2005, fue el padre Raniero Cantalamessa, el predicador de la Casa Pontificia, el responsable de trazar un *identikit* del nuevo papa, en la décima congregación del sínodo, la penúltima antes del cónclave. Les habló de la necesidad de una mayor participación de los obispos en el gobierno de la Iglesia universal.

A Bergoglio, Cantalamessa no le resultaba un desconocido. Tenían en común la vocación ecuménica de la Iglesia, tanto así que un año más tarde el sacerdote franciscano participaría como predicador de un encuentro conjunto de católicos y evangélicos en Buenos Aires y que tuvo a Bergoglio entre sus impulsores.

Durante las congregaciones generales, Martini tuvo una participación destacada. Al igual que Cantalamessa, había apuntado a la necesidad de la "colegialidad" para enfrentar temas urgentes como el manejo de la Iglesia y las nuevas cuestiones sobre la familia y la sexualidad, entre otros.

Finalmente, las sesiones se iniciaron el 18 de abril. "El cónclave de la incertidumbre", lo denominaron. Lo cierto es que era tal la dispersión de candidatos que el diario de la Santa Sede, *L'Osservatore Romano*, que imprime su edición no bien aparece la fumata blanca, preparó sesenta tapas distintas con la foto y los perfiles de los posibles ganadores.

En su carácter de decano del Colegio Cardenalicio, Ratzinger presidió la misa "Para la elección del romano pontífice", que da comienzo al cónclave en la basílica de San Pedro. Fue una homilía pragmática, a todo o nada, que para muchos tuvo un tono bastante cercano al proselitismo religioso. Habló de la "dictadura del relativismo" y de las distintas corrientes del pensamiento, desde el marxismo y el liberalismo, hasta el "libertinaje". "Tener una fe clara muchas veces es visto como un fundamentalismo", dijo. Todo parecía encaminado a ejercer una férrea defensa del modelo conservador a la hora de conducir la Iglesia. No todos lo aplaudieron al finalizar su mensaje, e incluso hubo cruces de miradas entre las distintas facciones.

Después, los cardenales se trasladaron hasta la Capilla Sixtina y, tras realizar su voto de confidencialidad, los 115 electores comenzaron a sesionar. Bergoglio se sentó entre el cardenal indio Varkey Vithayathil y el portugués José da Cruz Policarpo, que también figuraba entre los favoritos. Cuando la cámara de televisión lo enfocó, antes de que ordenaran abandonar la sala a todas las personas ajenas a la elección, al argentino se lo vio reconcentrado y en actitud de oración.

Cuando votaron por primera vez no hubo acuerdo. Sin embargo, la estrategia de los reformistas ya se había puesto en marcha.

Hacía una semana, el semanario italiano *L'Espresso* había mencionado a Bergoglio entre los principales papables, y pronosticado que sería el elegido si se repetía "el guión que en 1978 llevó al pontificado a Juan Pablo II, cuando los candidatos italianos se neutralizaron entre sí y permitieron la elección de un cardenal polaco". El título fue más que sugestivo: Bergoglio en "*pole position*".

Finalmente, en el segundo día y en la cuarta elección, apareció la fumata blanca y una hora más tarde se proclamó ganador a Joseph Ratziger, el primer pontífice alemán en casi cinco siglos, que eligió el nombre de Benedicto XVI.

Pero, ¿qué había ocurrido entre la primera y la cuarta elección para que el "cónclave de la incertidumbre" se definiera en sólo cuatro votaciones? Si bien el secreto juramentado les impedía contar los pormenores de la elección, bajo pena de excomunión, tiempo después el hermetismo se fue suavizando y se conocieron algunos datos claves.

El único candidato alternativo a Ratzinger había sido Bergoglio, según reveló Andrea Tornielli, uno de los vaticanistas mejor informados de Italia, que actualmente escribe en el diario *La Stampa* y desde hace unos años publica sobre temas religiosos en un sitio de internet llamado VaticanInsider.

La estrategia del ala progresista de encolumnarse detrás del candidato "bandera" había dado sus frutos. Algunas fuentes indican que incluso en la primera votación Martini superó a Ratzinger. A continuación, se puso en marcha la segunda fase del plan. Martini declinó ser el elegido por sus problemas de salud y de alguna manera esos votos se trasladaron hacia el otro candidato de impronta progresista en materia social, aunque mucho más conservador que Martini en temas de doctrina: Jorge Bergoglio.

Era un moderado capaz de atraer votos de los dos sectores en pugna y con capacidad de liderar una reforma de la Iglesia.

En la segunda votación, el nombre de Bergoglio apareció en un gran número de papeletas. En la votación siguiente, las tendencias se afianzaron: tanto Ratzinger como el argentino crecían en adhesiones, al tiempo que desaparecían los candidatos minoritarios.

Pero tenían que seguir votando, ya que ninguno de los dos lograba superar los 77 votos necesarios para alcanzar los dos tercios de los electores.

La disputa estaba "cabeza a cabeza", dijeron distintos vaticanistas. A Bergoglio lo vieron nervioso. Sufría con cada nuevo voto que recibía, tanto que algunos de los cardenales temieron que, de resultar elegido, declinara aceptar tamaña responsabilidad.

No era la primera vez que le ocurría. Según él mismo contó, cuando una situación nueva se le plantea de golpe, su primera reacción es la paralización. La negativa. Después, la decisión la va madurando de otra manera, pero su primera reacción, la instintiva, la de supervivencia, es de rechazo.

Cabe destacar que Bergoglio nunca habló de lo que había ocurrido dentro del cónclave. Ni con periodistas que lo consultaron ni con sus amigos íntimos. Fiel a su coherencia, siempre consideró que los secretos del cónclave eran inviolables.

Después de la tercera votación el martes, hubo una pausa para el almuerzo. En ese *intermezzo*, Bergoglio habría intercedido ante los demás para que sus votos fueran a Ratzinger. Según precisó el teólogo Vittorio Messori, unos años después hubo "voces coincidentes" en afirmar que Bergoglio les pidió a sus pares que votaran por Ratzinger.

¿Por qué? Es difícil saberlo. Entre otras razones, se esgrime el argumento de que Bergoglio no quería ser un candidato de la división sino del consenso. Persistir en una votación tan reñida podía significar que el cónclave se prolongara indefinidamente. Además, no quería ser elegido por el voto "en oposición a" Ratzinger.

¿Podía asumir la conducción de la Iglesia habiendo llegado al cargo por la acumulación del voto residual de los reformistas y de los opositores al candidato conservador? Y si aceptaba… ¿eso le hubiera conferido el suficiente poder real como para encarar las reformas de la Iglesia que tantos pregonaban? Difícilmente. No sentía paz. Ser "el elegido" significaba otra cosa. Su momento no había llegado aún.

Probablemente sin saberlo, con su decisión de renunciar a su candidatura Bergoglio había abierto el sendero que ocho años más tarde lo conduciría al trono de Pedro.

Con su gesto, se ganó la popularidad y el aprecio de aquellos que creían que, para encarar la reforma de la Iglesia, hacía falta poner fin a las internas vaticanas. Bergoglio abrió un camino de diálogo y consenso que muy pronto lo volvería a tener como protagonista principal.

Su actitud le valió la incondicionalidad de Benedicto XVI, que supo valorar su gesto de grandeza. Quizás haya sido parte del comienzo de un papado distinto del que esperaban los sectores ultraconservadores del Vaticano, cuando lo impulsaron como candidato.

Casi ocho años más tarde, el 11 de febrero de 2013, al comprobar que el poder de su mandato estaba siendo socavado por las internas vaticanas y aquejado por sus problemas de salud, Benedicto XVI anunció que daría un paso al costado. Ponía fin así a siglos de papado vitalicio, quizás una de las reformas más vigorosas impulsadas desde su gestión, un siglo caracterizado por la vertiginosidad de los cambios sociales.

"Mi decisión de renunciar al ministerio petrino no revoca la decisión que tomé el 19 de abril de 2005 [cuando fue elegido papa]. No regreso a la vida privada, a una vida de viajes, encuentros, conferencias. No abandono la Cruz, sigo de una nueva manera con el Señor Crucificado. Sigo a su servicio en el recinto de San Pedro —dijo en su última aparición pública—. El Señor nos ha dado muchos días de sol y ligera brisa, días en los que la pesca fue abundante, pero también momentos en los que las aguas estuvieron muy agitadas y el viento contrario, como en toda la historia de la Iglesia y el Señor parecía dormir."

"De la cruz no se desciende", sentenció el cardenal polaco Stanislaw Dziwisz, arzobispo de Cracovia y ex secretario de Juan Pablo II, quien enfatizó que Wojtyła había permanecido en su puesto no obstante su prolongada enfermedad.

Tras el anuncio de su renuncia, los detractores descargaron todos sus cañones. Pero la decisión —inédita—

estaba tomada. El 28 de febrero, el Papa dejó el Vaticano, se cerraron sus puertas y comenzó a regir la sede vacante. Todas las actividades de la Santa Sede quedaron suspendidas hasta que se reuniera el Colegio Cardenalicio y se celebrara el cónclave para elegir al sucesor.

En los últimos dos años, las crisis de poder en el Vaticano se habían incrementado. Ninguna de las dos facciones dentro de los conservadores que habían impulsado la candidatura de Ratzinger en 2005 lo apoyaba ocho años más tarde. Benedicto XVI sintió ese vacío de poder. Durante el último tiempo, las internas habían dado origen a diversos escándalos que terminaron por salpicar su imagen como líder de la Iglesia católica.

El "Vatileaks" fue una de las mayores crisis de su papado. La filtración de un centenar de documentos internos, entre ellos numerosas cartas privadas dirigidas al Papa o a su secretario, desencadenaron una ola de cuestionamientos a nivel mundial.

La noticia de la filtración se conoció a comienzos de 2012. Un canal de noticias italiano hizo públicas unas cartas enviadas al Papa por el nuncio en Estados Unidos, Carlo Maria Viganò, en las que denunciaba la "corrupción, prevaricación y mala gestión" en la administración vaticana. Poco después, varios diarios filtraron otros documentos en esa misma línea, incluso uno sobre un supuesto complot para asesinar a Benedicto XVI antes de que concluyera ese año.

En medio del revuelo, Benedicto XVI creó una comisión cardenalicia, presidida por el español Julián Herranz, para esclarecer los hechos. Más de treinta personas fueron interrogadas por la comisión. El 19 de mayo de 2012, las dimensiones del escándalo resultaron inmanejables. Se publicó el libro *Sua Santità*, del periodista italiano Gianluigi Nuzzi, que compiló más de un centenar de documentos reservados enviados al Papa y a su secretario, Georg Gänswein, y de la Santa Sede, que revelan las tramas e intrigas en el Vaticano.

El 23 de mayo de 2012, el ex mayordomo del Papa, Paolo Gabriele —también conocido como el "Cuervo"—, fue detenido por la gendarmería tras hallar en su casa miles de documentos fotocopiados y numerosos originales que pertenecían al Papa. Muchos de ellos habían sido publicados por Nuzzi en su libro. Dos días después se arrestó también al responsable informático Claudio Sciarpelletti, después de encontrar entre sus pertenencias un sobre con documentos que supuestamente le había entregado Gabriele.

El "Vatileaks" fue percibido como el producto de la lucha de facciones entre cardenales italianos, que con sus manejos políticos seguían dominando el gobierno de la Iglesia. Estos grupos instalaron un verdadero poder paralelo al de Benedicto XVI, que, aunque fue muy respetado por su mensaje religioso, recibió fuertes críticas acerca de su mala administración y por no haber logrado poner fin a las luchas internas en el Vaticano.

Poco antes de dejar la sede vacante, Benedicto XVI recibió de los tres cardenales a los que les había encargado investigar, el informe final, de unas trescientas páginas. Lo leyó y decidió que el documento seguiría siendo secreto, y que sería entregado únicamente a su sucesor. Las versiones preliminares lo habrían dejado conmocionado: develaban con sumo detalle una oscura trama de las luchas de poder, de corrupción, e incluso de un *lobby gay* dentro del poder central de la Iglesia, según el diario italiano *La Repubblica*, que indicó que eso habría determinado su renuncia.

Cuando comenzó a regir la sede vacante, el decano del Colegio de Cardenales, Angelo Sodano, convocó a los cardenales a celebrar las primeras reuniones preparatorias, las congregaciones generales, en el Aula Nuova del Sínodo del Vaticano. ¿Cómo quedó repartido el electorado cardenalicio? A consecuencia de las luchas internas dentro de la Curia vaticana, los cardenales "curiales" habían quedado fracturados en dos grupos. Uno de ellos congregó a los italianos que no querían ser desterrados de la administración central después de los escándalos. La aspiración de máxima era mantener el statu quo. El máximo exponente de esta cordada era el propio decano, y ex influyente secretario de Estado de Juan Pablo II. La otra facción estaba liderada por el gran adversario de Sodano, el cardenal Tarcisio Bertone, que fue cuestionado como secretario de Estado de Benedicto XVI.

En el marco de su enfrentamiento, Sodano y Bertone tuvieron que compartir la conducción del nuevo cónclave. Mientras Sodano era el decano del Colegio Cardenalicio y presidía la mayoría de los encuentros, Bertone era el camarlengo. Finalmente, ambos cerraron filas detrás del mismo candidato, el cardenal brasileño Odilo Pedro Scherer, arzobispo de San Pablo. Era el candidato perfecto: respondía al requerimiento de ser latinoamericano, pero tenía un "corazón romano" que jugaría a favor de que las cosas permanecieran tal como estaban.

Los cables estaban cruzados.

El cardenal italiano Angelo Scola —arzobispo de Milán, de setenta y un años y miembro del grupo Comunión y Liberación— no fue impulsado por sus compatriotas sino por un grupo de norteamericanos y latinoamericanos que creían ver en él a un hombre fuerte, conocedor de las internas del Vaticano, ajeno a las intrigas de la Curia y capaz de hacerles frente para encarar las reformas necesarias.

Según las especulaciones de los días previos, otro candidato era el canadiense Marc Ouellet, prefecto de la Congregación para los Obispos y presidente de la Comisión para América Latina, quien vivió durante mucho tiempo en Colombia, es políglota y tiene sesenta y ocho años.

Aquellos que aspiraban a un cambio progresista mencionaban a dos candidatos: el cardenal norteamericano Seán Patrick O'Malley, arzobispo de Boston, y el filipino Luis Antonio Tagle, arzobispo de Manila, llamado el "Wojtyła de Oriente". Sin embargo, los cincuenta y cinco años de este último parecían ser el mayor impedimento, no por su falta de experiencia sino porque nadie quería un papado tan largo.

¿Aparecía Bergoglio en la lista de favoritos? Sí, pero entre las últimas opciones. Su edad representaba el principal obstáculo.

Cuando nadie le apostaba un dólar, el vaticanista Andrea Tornielli puso una ficha por Bergoglio. En una entrevista con la corresponsal de *La Nación* en Roma, Elisabetta Piqué, publicada tres días antes de la elección final, dijo: "Creo que Bergoglio sigue siendo una figura importante, de referencia, de estima y de atención". Si bien cuando se le preguntó por quién apostaría todas sus fichas, el italiano dudó. No jugaría "todas" las fichas, pero le pondría bastantes a Ouellet.

Era cierto. En la Argentina y en el mundo, nadie previó el resultado final.

Antes de entregar el anillo del pescador, para que fuera destruido, Benedicto XVI tuvo un gesto hacia Bergoglio. Lo designó miembro de la Pontificia Comisión para América latina (CAL).

Cuando se enteró de la renuncia de Benedicto XVI, Bergoglio se sorprendió. "Se habla de un papa conservador. Pero el suyo fue un gesto revolucionario, un cambio en seiscientos años de historia", dijo desde Buenos Aires. "Creo que se trata de una decisión muy pensada delante de Dios y muy responsable por parte de un hombre que no quiere equivocarse él o dejar la decisión en manos de otros", declaró. Dos semanas más tarde, tomó el vuelo de Alitalia con la convicción de que viajaría a elegir al sucesor. Sobre su escritorio dejó temas pendientes y asuntos sin firmar. Tenía pasaje de vuelta para el 23 de marzo.

Antes de partir, despachó unos sobres con la homilía que iba a dar en la misa crismal del 28 de marzo. Tenía la gentileza de enviársela a algunos de sus amigos, aquellos con los que le gustaba debatir de teología, aunque fueran judíos, evangélicos o musulmanes.

El 27 de marzo de 2013, la carta fue deslizada debajo de la puerta de Marcelo Figueroa (ex presidente de la Sociedad Bíblica Argentina), el conductor del programa que Bergoglio y el rabino Skorka realizaban por Canal 21, del Arzobispado porteño. Figueroa recogió el sobre, lo abrió y leyó la carta, asombrado por el contenido de ese mensaje extemporáneo que aun así se ajustaba perfectamente a las circunstancias.

* * *

Cuando el avión descendió en el aeropuerto de Fiumicino, Bergoglio esperó a desabrocharse el cinturón de seguridad como un cristiano más. También esperó su turno para descender y se dirigió al carrusel del equipaje. Mientras esperaba que su valija negra apareciera entre los flecos de goma, se le acercó un periodista que había coincidido con él en el vuelo, y este se sorprendió de que no viajara con una comitiva. Intercambiaron unas palabras y, cuando su equipaje apareció, el arzobispo rescató la valija, saludó amablemente y se fue caminando a tomar el tren hacia la estación Termini. De ahí, tomaría un ómnibus para desembarcar en el Vaticano.

Fue el único cardenal que llegó a pie.

Por delante, tendrían varias semanas de deliberaciones hasta encontrar al candidato indicado. La renuncia de Benedicto XVI había dejado sin manual de procedimientos al Vaticano, y había que poner en marcha el complejo mecanismo del cónclave.

Las congregaciones generales, en las que los cardenales describen la situación de la Iglesia en cada país y trazan un perfil del pontífice que se requiere en ese momento, fueron clave en la elección del nuevo papa. El padre Cantalamessa, predicador de la Casa Pontificia, tuvo a cargo la primera meditación.

Cantalamessa y Bergoglio se saludaron con afecto, felices de volver a verse.

A Bergoglio se le asignó una participación destacada en el primer día del encuentro. Eso no significaba que fuera uno de los candidatos más firmes, sino que se lo consideraba un *kingmaker*, una voz autorizada, un marcador de tendencias. Dos días antes de su disertación, *La Stampa* hizo mención a la importante participación del cardenal argentino, aunque volvió a insistir que Bergoglio no era considerado un "papable" a raíz de su avanzada edad. "En los últimos años, el prestigio de Bergoglio fue creciendo tanto en la Iglesia latinoamericana como dentro del Colegio cardenalicio." También dio por sentado que sería "una figura clave en las congregaciones generales y en el cónclave".

Y así fue. Cuando todos los cardenales aguardaban en silencio, Bergoglio, con voz serena, pausada y coloquial, les dirigió un mensaje que obligó a muchos a repensar el nombre de su candidato.

Las congregaciones generales desempeñaron un papel decisivo para postular y descartar candidatos. Allí se jugó su suerte uno de los favoritos, el brasileño Scherer. Uno de los ejes de la controversia había sido por qué los cardenales no podían tener acceso al informe secreto sobre el "Vatileaks". Otro punto polémico era la situación de las finanzas del Vaticano. "¿Es realmente necesario que el Vaticano tenga un banco?", cuestionó uno de los cardenales el lunes 11 de marzo por la mañana, durante la última congregación preparatoria.

El secretario de Estado de Benedicto XVI y cardenal camarlengo en la sede vacante, Tarcisio Bertone, leyó un benevolente informe de quince minutos sobre el estado y la gestión del Instituto para las Obras de Religión (IOR), conocido como el "banco" del Vaticano. De inmediato, la controversia estalló: treinta cardenales contrarrestaron y relativizaron su versión, a la luz de los escándalos y denuncias de administración fraudulenta. No fueron pocos los que especularon con que el Instituto debería ser liquidado en forma perentoria.

Scherer, el candidato de la Curia romana, como miembro de una de las comisiones encargadas de custodiar las finanzas de la Iglesia, salió a defender a Bertone y eso le costó el voto de muchos cardenales.

Durante las reuniones previas, la figura de Bergoglio había empezado a captar voluntades, sin que él se encargara de promocionarse. El desencanto que produjo el alineamiento de Scherer con la conducción dominante en el Vaticano también colaboró.

El martes, la Capilla Sixtina y la residencia de la Santa Marta amanecieron blindadas por un escudo electromagnético. Según relataron algunos de los cardenales, se utilizó un sistema similar al empleado por los Estados Unidos para evitar filtraciones. Acababa de empezar el cónclave y estaba prohibida cualquier comunicación con el exterior. Nada de teléfonos celulares ni computadoras ni Internet. Como en los viejos tiempos, los cardenales se aislaron para votar.

El primer día, se subieron a los ómnibus blancos y fueron trasladados hasta la catedral de San Pedro, donde tuvo lugar la misa "Pro Eligendo Romano Pontifice", presidida por el cardenal Sodano, rector del Colegio Cardenalicio.

Por la tarde empezó oficialmente el cónclave.

Los cardenales ingresaron en la Capilla Sixtina en doble fila, con sus atuendos rojos y cantando una invocación al Espíritu Santo. En medio de los cánticos litúrgicos, y con los magníficos frescos de Miguel Ángel sobre sus cabezas, los cardenales electores juraron, primero en conjunto —con un texto leído por Giovanni Battista, decano de la asamblea— y luego de manera individual, guardar el secreto del cónclave. La ceremonia fue transmitida en vivo por televisión.

La Capilla Sixtina tiene tres secciones, ya que fue construida como el templo de Jerusalén. En la primera se encuentra la estufa donde se queman los votos de los electores. En la segunda se ubican los electores, repartidos en cuatro largas mesas, dispuestas contra las paredes laterales. En el centro y con la imagen del Juicio Final de fondo se ubica el estrado y, detrás, la mesa en la que serán escrutados los votos.

Cada elector recibió una carpeta de cuero rojo. Adentro figuraba la lista completa de los nombres de los cardenales elegibles.

Una vez que todos realizaron su juramento, el maestro de ceremonias Guido Marini pronunció el secular "Extra omnes!" (Fuera todos), ordenando la salida de todas las personas ajenas a la elección. Con un golpe sonoro, la capilla quedó aislada.

¿Cuán real era el aislamiento? Total, según algunos de los cardenales. Las ventanas estaban cerradas y con fajas de seguridad. Ni siquiera en la sala de periodistas funcionaba Internet. La tarde en la que Francisco resultó elegido diluviaba, y cuando se preparaban para salir al balcón a dar la noticia, alguien preguntó si había mucha gente en la plaza. "Está llena, a pesar de que está lloviendo." En su aislamiento, los cardenales ni siquiera se habían enterado.

En realidad, este último fue un cónclave bastante breve. En 1268, en cambio, los cardenales tardaron dos años y nueve meses en elegir al nuevo pontífice, en la ciudad de Viterbó (cerca de Roma). Para estimularlos a decidirse, el pueblo decidió quitar el techo del Palacio de los Papas, donde estaban reunidos, selló puertas y ventanas, y los sometió a una dieta de pan y agua. Ahí nació el término "cónclave", que en latín significa "lo que se cierra con llave".

¿Cómo fue que Bergoglio, que no figuraba entre los favoritos, ganó la elección con más de 90 votos? Si bien la primera fumata fue negra, desde la primera elección quedó en claro que Bergoglio era una de las tendencias.

En las horas siguientes, fueron sumándose las adhesiones provenientes de distintos sectores. A los que habían quedado deslumbrados con su participación, se agregó luego un grupo de cardenales norteamericanos dispuestos a respaldar al argentino. También, el arzobispo de París, André Vingt-Trois.

Distintas versiones indicaron que durante la cena del martes en Santa Marta, que se extendió hasta largas horas de la noche, coñac de por medio, el francés les habría dicho a los suyos: "Bergoglio es una mejor opción que Scola". Los dos candidatos principales se alejaban y abrían paso a una nueva opción.

En la mañana de miércoles, en la segunda y tercera votación, la tendencia ya parecía marcada, pero ninguna era concluyente.

En el cónclave, cada elector recibe una pila de papeletas en blanco, en las que tiene que escribir el nombre o apellido de su candidato. Debe hacerlo en una letra distinta de la suya, para respetar el anonimato del voto. Después, en fila, cada uno deposita su voto en la urna, en el orden en que esté ubicado.

Para cada votación se elige a tres escrutadores. Uno saca la papeleta con el voto, anuncia el nombre y se la pasa a quien tiene al lado, que corrobora lo dicho. El tercer cardenal se encarga de certificar que no haya errores. Luego del recuento, se procede a quemar las papeletas en la estufa de la capilla. Se quema incluso cualquier papel que los cardenales hayan usado para tomar notas; todo debe ser destruido por el fuego.

Antiguamente, se utilizaban distintos sistemas para que el humo fuera negro o blanco. Desde arrojarle pescado hasta quemar paja húmeda o seca. Pero esos procedimientos muchas veces originaban una nube gris que no era concluyente, además de que inundaban de humo la Capilla Sixtina. Por eso, para este cónclave, la estufa incorporó un nuevo dispositivo: la chimenea cuenta con un segundo compartimento donde se coloca fuego con lactosa o con azufre para producir el humo blanco o negro que se visualizará desde la Plaza de San Pedro.

¿A quién votó el Papa? Dado el completo anonimato del voto, es difícil saberlo. Sin embargo, varios de sus allegados deslizaron un nombre, aunque no del todo seguros: Seán Patrick O'Malley, cardenal de Boston.

Este fraile capuchino tiene una historia interesante.

O'Malley es un cardenal "bloguero". Tiene una cuenta en Twitter y más de trece mil seguidores. Su estilo fresco y llano, cercano a la gente, ha representado todo un cambio para la arquidiócesis de Boston. O'Malley llegó a convertirse en la máxima autoridad de la Iglesia en esa ciudad luego de que los escándalos por pedofilia salpicaran a su antecesor, Bernard Francis Law, con quien Francisco se cruzó en la basílica de Santa María la Mayor, en el primer día de su papado. Les dijo entonces a sus colaboradores: "No quiero que frecuente más esta basílica". Law está acusado de haber encubierto a curas pederastas entre 1984 y 2002.

O'Malley lo reemplazó y desde entonces aplicó una política de "tolerancia cero" contra ese tipo de delitos. Además de sus simpatía y sencillez, el capuchino es reconocido entre sus pares por haber tomado la valiente decisión de vender la residencia del arzobispo para indemnizar a las víctimas de abusos sexuales durante la gestión de Law. Luego se mudó a una modesta habitación en un seminario y coordinó reuniones periódicas con las víctimas para escuchar sus relatos. Muy al estilo de Francisco.

No hace falta saber mucho más de él para entender por qué Bergoglio le tiene un gran afecto. De hecho, en 2012, cuando O'Malley visitó la Argentina y Paraguay para recorrer las órdenes de capuchinos, se reunieron en el departamento que Bergoglio ocupaba en la Curia y el argentino le regaló un CD con la misa criolla, una obra musical folclórica con textos litúrgicos adaptados para ese propósito.

O'Malley, de sesenta y ocho años, se paseó en el cónclave con sus sandalias franciscanas y fue un firme candidato. Debilitada la tríada Scherer, Scola y Ouellet, varios medios italianos lo ponderaban entre los cuatro principales papables.

"Si una condición para ser papa es no desear el puesto, entonces yo soy la persona que más condiciones reúno", dijo, irónico, O'Malley, que, cuando regresó a Boston, se alegró de no haber sido elegido. "El papa es un prisionero en un museo. Espero que Francisco encuentre la manera de poder salir a la calle, como a él tanto le gusta", declaró.

Aquel mediodía en que se definiría la partida, Bergoglio y O'Malley se sentaron juntos para almorzar, en la residencia de Santa Marta. Fue cuando, según distintas versiones, terminaron de tejerse los acuerdos que lo llevarían al trono de Pedro.

Se sentaron juntos y bromearon. "Pude ver que estaba bajo mucha presión a esa altura. Casi no comió nada", dijo O'Malley.

Durante las dos últimas votaciones buena parte del electorado italiano pasó sus votos a Bergoglio. Scherer cayó definitivamente en la tercera votación. Scola, por su parte —según trascendió—, al ver que sus chances se habían esfumado, habría tenido con Bergoglio un gesto similar al de 2005: habría pedido a sus pares que votaran por el argentino. En la cuarta ronda ya casi se habían alcanzado los dos tercios de los votos, y en la quinta el recuento fue definitivo.

Cuando el nombre de Bergoglio superó las 77 papeletas, estalló un aplauso. "No te olvides de los pobres", le dijo el cardenal Claudio Hummes al oído. Tuvieron que pedir orden para poder completar el recuento, que había superado los 90 votos con holgura.

"Soy pecador pero acepto", dijo Bergoglio, y anunció que su nombre sería Francisco, por San Francisco de Asís, algo que llenó de orgullo a O'Malley. Después, pasó a la llamada Sala de las Lágrimas, en la sacristía de la Capilla Sixtina, donde lo esperaban tres atuendos blancos para que se los probara y se enfundara el que mejor le calzara.

Mientras se encendía el humo blanco para avisar al mundo que la Iglesia ya tenía papa, los cardenales se prepararon para salir al balcón a revelar la identidad del nuevo líder. Antes, participaron de un Tedeum por Francisco.

Los cardenales recién entonces tomaron conciencia de su encierro y preguntaron si había mucha gente reunida en la plaza. Después, todos caminaron hacia el balcón para realizar el gran anuncio. El resto es historia conocida.

¿Cuáles habían sido las palabras de Bergogio ante la congregación general para despertar tantas simpatías entre sus pares? Bergogio se paró ante los cardenales y con tono sencillo y suave les habló de la misericordia de Dios y de la Iglesia que el mundo necesita en la actualidad: una Iglesia evangelizadora, no mundana; que salga a la periferia y evite reconcentrarse en sí misma, presa de sus internas y enfermedades. A partir de esas definiciones, trazó el perfil de cómo debía ser el papa adecuado.

"Evangelizar debe ser la razón de ser de la Iglesia. Supone en ella la parresia de salir de sí misma. La Iglesia está llamada a salir de sí misma e ir hacia las periferias, no sólo las geográficas, sino también las periferias existenciales: las del misterio del pecado, las del dolor, las de la injusticia, las de la ignorancia y prescindencia religiosa, las del pensamiento, las de toda miseria", dijo ante un auditorio que seguía sus palabras en completo silencio.

"Cuando la Iglesia no sale de sí misma para evangelizar, deviene autorreferencial y entonces se enferma. Los males que, a lo largo del tiempo, se dan en las instituciones eclesiales tienen raíz de autorreferencialidad, una suerte de narcisismo teológico", sentenció. Cultivando un hablar breve y pausado, Bergoglio suele conseguir una llamativa concentración del auditorio. No es sencillo cuando los que están sentados delante son los cardenales que van a elegir al nuevo papa. Pero aun así Bergoglio se mantuvo fiel a su estilo. Y los resultados fueron concluyentes.

"En el Apocalipsis, Jesús dice que está a la puerta y llama. Evidentemente, el texto se refiere a que golpea desde afuera la puerta para entrar... Pero pienso en las veces en que Jesús golpea desde dentro para que lo dejemos salir. La Iglesia autorreferencial pretende a Jesucristo dentro de sí y no lo deja salir", continuó. "La Iglesia, cuando es autorreferencial, sin darse cuenta cree que tiene luz propia; deja de ser el *mysterium lunae* [el misterio de la luna] y da lugar a ese mal tan grave que es la mundanidad espiritual, que según [el teólogo jesuita Henri] de Lubac es el peor mal que puede sobrevenir a la Iglesia: ese vivir para darse gloria los unos a otros", agregó.

"Simplificando: hay dos imágenes de Iglesia: la Iglesia evangelizadora que sale de sí, la *Dei Verbum religiose audiens et fidenter proclamans*, o la Iglesia mundana que vive en sí, de sí, para sí", dijo.

El diagnóstico estaba trazado: la opción era entre una Iglesia que saliera hacia afuera o una que se quedara encerrada en sí misma. ¿De cuál de las dos querían ser parte los cardenales? "Esto debe dar luz a los posibles cambios y reformas que haya que hacer para la salvación de las almas", concluyó Bergoglio.

Antes de despedirse, puntualizó las características que debía tener como sacerdote el nuevo pontífice: "Pensando en el próximo papa, [debe ser] un hombre que desde la contemplación de Jesucristo y desde la adoración a Jesucristo ayude a la Iglesia a salir de sí hacia las periferias existenciales, que la ayude a ser la madre fecunda que vive de la 'dulce y confortadora alegría de evangelizar'", remató.

Bergoglio bajó del estrado y, antes de llegar a su asiento, el auditorio estalló en aplausos.

Había sido un discurso breve, esperanzador y directo. Con una gran claridad de objetivos. "Fue una intervención que me pareció magistral, esclarecedora, comprometedora y cierta", dijo el cardenal cubano Jaime Ortega.

Después siguieron otros mensajes, pero cuando se hizo un intermedio Ortega se abrió paso entre los cardenales y esperó su turno para felicitar a Bergoglio. Estaba fascinado con sus palabras. Le pidió una copia de su escrito, porque deseaba compartir el mensaje con los suyos cuando regresara a La Habana. Bergoglio se disculpó y le dijo que no tenía una. Su discurso estaba escrito a mano y en castellano, con esa letra apretada que lo caracteriza. Finalmente, a la mañana siguiente el argentino le obsequió el original.

Tan sencillo, tan despojado, su mensaje había impactado en el electorado. Y había definido el curso de la votación.

"¿Un hombre de oración, de contemplación, capaz de sacar a la Iglesia de su egocentrismo y llevarla a la periferia donde la esperan millones de necesidades?", le preguntaron los demás cardenales.

La conclusión fue unívoca: "Ese hombre eres tú".

Capítulo 12

El papa de la gente y sus desafíos

Finalmente llegó. Está ahí. Vestido con un color que él jamás hubiera elegido. Encarnando un sueño que nunca tuvo. De pie delante de una plaza que de pronto adquirió el tamaño del mundo. Hay vértigo en su mirada. Está a punto de romper el estricto protocolo del Vaticano. Lo sabe. Hay insurrecta obediencia en su actitud y en su atuendo. Brilla la revolución en su mirada. Aunque preferiría estar del otro lado de las cortinas rojas del balcón, sabe que está ahí por una sola razón: contarle al mundo el secreto de los pobres.

¿Por dónde empezar? Ah, sí, por el misterioso poder de la humildad, tal vez. Entonces arrodilla su corazón y pide al pueblo que rece sobre él. Agacha la cabeza y escucha. Recibe, siente. No pidió que orasen por él. Pidió que lo hicieran "sobre" él. Así, el primer acto de su gobierno como soberano de la Iglesia Universal fue justamente el de someterse. Colocarse por debajo. Pedir y recibir.

Del otro lado de esos rezos hay miles, millones de corazones, algunos felices y otros abatidos. Corazones ardientes, distantes, heridos, desanimados, indiferentes, callados y también algunos deseosos de reconciliación. Francisco recibe los ruegos como si se los hubieran hecho al oído.

279

Más que sumo pontífice, su deseo siempre fue ser un puente que muchos atraviesen para volver a acercarse a Dios.

¿Cómo reconstruir esos puentes en un mundo en el que reinan la incomunicación y la desconfianza, donde las seguridades de ayer se convirtieron hoy en tablones de madera podridos y huecos, a punto de partirse en cuanto alguien coloque un pie sobre ellos? ¿Cómo restaurar esos vínculos roídos?

Su ejemplo fue el mejor primer paso. En Roma, en el Vaticano y en el mundo, las cosas habían empezado a cambiar.

Quienes no lo conocían tuvieron que aprender primero su nombre. Después, averiguar dónde quedaba precisamente "el fin del mundo". Por último, propios y ajenos lo descubrieron: es alguien que viaja en ómnibus, que ingresa en las villas de emergencia como un vecino más. Vive atento a las necesidades de los otros. Sus pequeños gestos son lo más dilecto de su personalidad. Es un excelente orador, pero el poder de sus palabras no proviene de lo que dice ni de cómo lo dice. No es el mensaje que da, ni su retórica. Por el contrario, él es el mensaje.

Su vida, su ejemplo, su compromiso no dejan lugar a contraargumentaciones. Y así, la fuerza de la coherencia convence —en forma casi sobrenatural— a quien lo escucha.

Eso también es parte del misterio que Francisco vino a contar. Muchos incluso en su patria conocieron su obra recién cuando fue nombrado papa. Primero sintieron orgullo porque era argentino, luego lo descubrieron y entonces se sintieron orgullosos de ser ellos mismos argentinos.

La noticia atravesó varias capas de felicidad. La primera, por sentir que los argentinos tenemos plantada una bandera en casi todos los lugares de poder en el mundo. Tenemos a Lionel Messi en el Barcelona, a Diego Maradona en Dubái, a Máxima Zorreguieta en Holanda... "Sólo nos falta plantar un presidente norteamericano y el mundo es nuestro", fue uno de los chistes que circularon por las redes sociales en los días siguientes. La argentinidad se nos salía del pecho.

Pero poco a poco la noticia comenzó a perforar nuevas capas o razones de felicidad. Por su humildad, por su integridad, por la dialéctica irreprochable de sus pequeños gestos, por el coraje de querer cambiar el mundo a sus setenta y seis años...

¿Cómo no nos dimos cuenta antes? ¿Por qué no lo elegimos nosotros como presidente?, ironizaron algunos.

La mejor respuesta la escuché en la radio, mientras viajaba en taxi. Los peces no ven el agua cuando están en ella. De la misma manera, es probable que muchos argentinos hayamos necesitado verlo de lejos, desde afuera, en el Vaticano, para reconocer en Bergoglio sus cualidades de pastor.

¿Quién otro podría haber sido papa?, nos decimos. Ahora todo nos parece tan evidente... Claro que esta reflexión hecha después de los acontecimientos carece de valor.

Sus primeros gestos fueron un verdadero guiño a la fe de los más escépticos. La primera invitación a la reconciliación. Se negó a usar la estola papal, descartó la cruz de oro y, en lugar de los zapatos rojos, se calzó sus viejos compañeros de ruta, con los que había recorrido las villas y cientos de procesiones. Nada de limusinas ni de lujosas residencias papales. Tras convertirse en papa, viajó en el ómnibus blanco con los demás cardenales y hasta se presentó en Santa Marta para pagar los gastos de su estada. También llamó a su vendedor de diarios en Buenos Aires para cancelar la suscripción. El mensaje estaba claro. Nada de cuentas pendientes. Adiós al derroche de "recursos sudados del pueblo", como le dijo una vez a un presidente.

Después proclamó que quería una "iglesia pobre para los pobres". Pidió no perder la esperanza ni hacerle lugar al pesimismo, y hasta abogó por el diálogo y el perdón. Conmovió al mundo el Jueves Santo, lavándoles los pies a doce jóvenes detenidos en un instituto de menores en Roma. Se reunió con su antecesor, Joseph Ratzinger, y le pidió que rezaran juntos, como hermanos, para desalentar las versiones que algunos animan en Europa respecto de que Benedicto XVI ejercería el poder detrás de Francisco.

Durante las primeras semanas de su papado, la frase "¿Te enteraste de la que 'se mandó' hoy el Papa?" se instaló en Buenos Aires como disparador de las conversaciones cotidianas. No hay nada de irreverente en este giro lingüístico tan argentino como el papa mismo. El propio Bergoglio lo habría usado para enfatizar una conversación.

En los días siguientes, Francisco se sumó en forma sorpresiva a la misa que celebraban los jardineros del Vaticano y hasta les pidió que no se distrajeran ni se sintieran cohibidos por su compañía. Besó a los bebés y bendijo a los discapacitados que encontró en su camino el día que asumió como sumo pontífice. Eludió a los guardias de seguridad para sentir el calor popular.

Un papa cercano. Un papa de la gente. La revolución de la fe ya estaba en marcha y se propagaba de Roma a Buenos Aires y al mundo entero, levantando sus dos banderas: la austeridad y la humildad.

Los resultados estuvieron a la vista en pocos días, incluso para los más escépticos. El domingo siguiente a la elección, la escena se repitió en iglesias y en templos de los distintos credos en Buenos Aires: la asistencia por lo menos se duplicó. Durante la semana, en las parroquias ocurrió algo que hacía tiempo no sucedía: hubo filas para confesarse. Tras la elección de Jorge Bergoglio como papa se desató en la Argentina una explosión de espiritualidad. Miles de personas, que durante mucho tiempo se habían mantenido alejadas de las instituciones eclesiales, en los días siguientes al cónclave comenzaron a experimentar un resurgir de la fe.

"Fue el comentario de estos días —explica el padre Javier Klajner, a cargo de la Vicaría de Jóvenes del Arzobispado de Buenos Aires—. Las parroquias de la ciudad se llenaron como nunca." No sólo ese domingo. Todos los días, en las distintas misas, los asistentes se duplicaron. Lo mismo ocurrió en las iglesias evangélicas, según los referentes de ese credo. Los judíos y los musulmanes tampoco fueron ajenos a ese fenómeno. También entre ellos el furor por este papa ecuménico trajo aparejada, por decantación, una mayor afluencia de fieles a sus sinagogas y centros.

El renacer de la espiritualidad de los argentinos es un hecho y los especialistas en opinión pública ya se aprestan a medir el fenómeno.

Ocurre que en la Argentina, en los últimos años, creció lo que se denomina la "desinstitucionalización de la fe". Esto es, nueve de cada diez argentinos cree en Dios y el 70% se define como católico, pero sólo el 10%, unos 4 millones de personas, asiste los domingos a misa, según la extensa encuesta de espiritualidad que realizó el Consejo Nacional de Investigaciones Científicas y Técnicas en 2008. Dicho de otra manera, la fe en Dios se vivía hasta ahora fuera de los templos. Pocos antes de la elección del nuevo papa, la consultora Voices repitió la medición con 1030 casos. Los resultados fueron similares.

Volver a llevar a la gente a la Iglesia o, aún mejor, llevar la Iglesia adonde la gente esté es el gran desafío que se plantea Francisco. Las últimas cifras a nivel mundial indicaban que la Iglesia católica perdía todos los días cerca de diez mil fieles, y la mitad de los católicos se encontraban en América Latina.

"La gente está muy contenta y en estos días llenó las parroquias. Todos querían agradecer y celebrar", apunta Klajner, que estuvo a cargo de la organización de la vigilia que se realizó ante la Catedral porteña, en la víspera de la asunción de Francisco al trono de Pedro.

A todos los sacerdotes se les pidió que asistieran con alba y estola para confesar. No pararon de trabajar en toda la noche. "Los jóvenes, espontáneamente, se acercaban y pedían confesarse. Fue increíble", resume Klajner.

"Lo que se ha incrementado son las ganas de participar, a partir de una figura cercana, transparente e inspiradora como es Francisco", dijo Omar Abboud, miembro de la Mesa del Diálogo Interreligioso por parte del credo islámico.

¿En qué medida la "papamanía" se va a traducir en un retorno de los argentinos a las iglesias? Es difícil saberlo.

Fortunato Mallimaci, sociólogo especialista en religión que tuvo a cargo la encuesta realizada por el CONICET, se muestra escéptico. "Hay que ver, pasada la efervescencia de la pasión por el personaje del Papa, qué va a ocurrir.

"Supongamos que en los próximos tiempos unos cien mil argentinos quieren acercarse a la experiencia religiosa que creen ver en el papa Francisco... ¿Cuántos Jorge Bergoglio van a encontrar en las iglesias? ¿Quién los va a atender?", destaca el sociólogo, polémico.

"Las iglesias en América Latina no están preparadas para recibir el aluvión de fe que desata la figura del Papa. Al contrario, han desarrollado instituciones cerradas, a las que no es fácil acceder. Muchos hablan de los curas villeros, pero en las villas porteñas hay sólo veinte sacerdotes para trescientas mil personas. No es sólo la estructura de la Curia romana lo que se debería reformar. También es el funcionamiento orgánico de una iglesia de puertas abiertas o de puertas cerradas", agrega.

Los desafíos que plantea este *boom* de la fe no son pocos. La encuesta de Voices señala que el sentido de la religión es "hacer el bien a las otras personas", mientras que sólo uno de cada diez expresa que la religión es "seguir normas y restricciones". Esto indica que, a pesar de ser elevado el grado de pertenencia a la religión, en amplios estratos de la población la religión no se canaliza a través de los ritos prescritos por el culto, sino mediante una relación personal con Dios; por ejemplo, a través de la oración.

Según los resultados de Voices, seis de cada diez argentinos reza semanalmente. En 1984, el 81% se definía como católico, mientras que en su último relevamiento se reconocía como tal el 70%. No obstante, cuando se le preguntaba a la gente qué importancia tenía Dios en su vida, en una escala de 1 a 10, hace casi dos décadas la respuesta más recurrente era 7, mientras que en 2000 fue 8,5, y 7,5 en 2013. Con lo cual la valoración se ha incrementado. La tendencia es la individuación de las creencias. El creer cada uno por su cuenta, más allá de la Iglesia.

"En estos días, mucha gente empezó a sentirse identificada con el cercano y solidario Francisco. Pero ¿qué va a pasar con esos jóvenes cuando la Iglesia les plantee que no pueden tener relaciones sexuales prematrimoniales, que no pueden usar métodos anticonceptivos? Quizás esa disociación entre la realidad en que se vive y el dogma que se predica es lo que termina alejando a los fieles", plantea Mallimaci.

"Los preceptos cristianos no van a cambiar. El error es pensar la moral sexual fuera del encuentro con Jesucristo. No es cumplir reglas, es descubrir el sentido", apunta Klajner.

"Es evidente que el nombramiento de Jorge Bergoglio como nuevo papa ha provocado una conmoción en nuestro país. Una gran expectativa se ha generado. Y esto también produce, de aquí en más, que los efectos de su liderazgo no pasarán inadvertidos", afirmó el pastor de la iglesia del Centro, Carlos Mraida.

El pastor evangélico está convencido de que el liderazgo de Francisco tendrá consecuencias tanto en el plano religioso como el marco social. "En el plano religioso se vislumbran al menos dos cosas. La primera es un freno al proceso de desacralización de la sociedad que algunos sectores han pretendido imponer en nuestra nación. La respuesta masiva de los argentinos ante este nombramiento, no sólo de católicos, demuestra que esos intentos de pérdida de valores, de cambios en la educación, en los medios de comunicación, son generados por una pequeña minoría de nuestra nación. Que la inmensa mayoría de los argentinos creemos en Dios, y queremos vivir según valores y conceptos que compartimos prácticamente todos. Y que uno no tiene que pedir disculpas por ser alguien de fe, por vivir coherentemente con esa fe, y por opinar y participar activamente en los diferentes niveles de nuestra sociedad, no a pesar de nuestra fe, sino a causa de nuestra fe", declaró Mraida.

Desde su punto de vista, se vislumbra la posibilidad cierta de un fortalecimiento de la Iglesia católica en el mundo, y en la Argentina en particular. "Luego de varios años de pronunciado declive, tanto en el número de feligreses, en el número de vocaciones, en el nivel espiritual y aun moral, el liderazgo de Francisco hará que muchos católicos que estaban decepcionados con la Iglesia tengan una apertura nueva."

Sin embargo, Mraida considera que esta posibilidad de fortalecimiento se verá confirmada con el tiempo, "únicamente si los obispos y sacerdotes argentinos toman y reproducen las características del liderazgo de Bergoglio. Es decir, un corazón pastoral y cercano a la gente; una voz profética ante las injusticias sociales; una apertura humilde y práctica hacia las otras Iglesias cristianas; un diálogo fluido con las otras religiones; un perfil personal de despojo, humildad y respaldo moral; y sobre todo un compromiso con la evangelización centrada en Jesucristo y no meramente una 'iglesificación'", apuntó.

De lo contrario, "si los agentes pastorales no repiten el liderazgo de su papa, toda la expectativa generada quedará focalizada únicamente en admiración hacia la persona de Francisco, pero no redundará en el fortalecimiento de la Iglesia católica argentina".

"La conmoción y la euforia iniciales deben ahora transformarse en compromiso. ¿De qué nos serviría este legítimo orgullo si no lo tradujéramos en promesa de una vida de fe y de fidelidad al Evangelio? Y puesto que la fe se fortalece dándola, sepamos que el bautismo y la confirmación nos obligan a transmitir a los demás la riqueza de la fe que tenemos, primero con nuestro ejemplo y después con la palabra", expresó el obispo de Mar del Plata, monseñor Antonio Marino, en la misa del Domingo de Ramos en la catedral local. "Yo quisiera que todos, después de estos días de gracia, tengamos el valor, sí, el valor de caminar en presencia del Señor, con la cruz del Señor, de edificar la Iglesia sobre la sangre del Señor que se derramó en la cruz, y de confesar la única gloria: a Cristo crucificado. Y así, la Iglesia irá hacia delante. Deseo para todos nosotros que el Espíritu Santo y la oración de la Virgen, nuestra Madre, nos concedan esta gracia: caminar, edificar, confesar a Jesucristo", subrayó Marino.

Ya muchos comenzaron el camino hacia la reconciliación. Muchos puentes ya han sido cruzados. "Revelar el secreto de los pobres" dio sus primeros frutos. De todos modos, aún existen en la sociedad actual algunos debates instalados que Francisco deberá retomar para completar su tarea de reemplazar los peldaños roídos de esos puentes por estructuras sólidas que animen a las personas a cruzar hacia el otro lado, sin temor a caer en mitad del camino.

¿Cuáles son los principales desafíos de su papado? Algunos apuntan a la necesidad de encarar reformas profundas en la estructura de la Curia romana para devolverle credibilidad a la Iglesia. También, a que impulse una política de tolerancia cero contra los casos de abusos sexuales, durante muchos años silenciados por las autoridades eclesiásticas.

¿Qué otros puentes tenderá Francisco? ¿Aceptará, por ejemplo, el matrimonio entre personas del mismo sexo? Todo indicaría que no. Bergoglio fue categórico al oponerse a la ley de matrimonio que habilitó en la Argentina, desde julio de 2010, la unión de personas del mismo sexo. "No seamos ingenuos: no se trata de una simple lucha política; es la pretensión destructiva al plan de Dios", declaró poco antes de la sanción de la norma.

También se opuso a la ley de identidad de género, aprobada en mayo de 2012 y que autoriza, entre otras cuestiones, a travestis y transexuales a registrar sus datos de acuerdo con el sexo elegido. En cambio, el celibato sí es un punto que, de hallar consenso, podría reformarse. En el círculo íntimo de Francisco lo explican claramente: Bergoglio no tranza con la doctrina fundamental de la iglesia. Sobre todo en aquellos temas en los que la postura de Dios fue explícita. Sin embargo, el celibato no es una de ellas, sino que se trata de una disposición transitoria de la administración de la Iglesia que bien podría revocarse. Eso sí, la posibilidad de no optar por el celibato, según Francisco, se extendería hasta la línea de los sacerdotes.

Los obispos, en cambio, para estar al servicio de Roma deberían ser personas solteras consagradas exclusivamente a Dios y a su servicio.

En sus años como obispo auxiliar y también como arzobispo, se le presentaron casos de sacerdotes a su cargo que entraron en crisis con su vocación ministerial por haberse enamorado de una mujer. Debido a la incompatibilidad que hoy rige en cuanto a este tema, cuando se le presentaba un caso de este tipo Francisco obligaba a los religiosos a realizar una pausa para volver a pensar si su vocación era servir a Dios como sacerdote o como laico.

Respecto del aborto, Bergoglio es intransigente. Fue incluso uno de los que más insistieron en que se incorporara el concepto de "niño por nacer como persona" y no como extensión del cuerpo de la madre. "Una mujer embarazada no lleva en el vientre un cepillo de dientes, tampoco un tumor. La ciencia enseña que, desde el momento de la concepción, el nuevo ser tiene todo el código genético", dijo Bergoglio.

Por otra parte, para muchas personas, sus estilos de vida y sus elecciones familiares y cotidianas históricamente han constituido un impedimento al momento de bautizar a sus hijos. Esto alejó a millones de personas de la Iglesia, en una sociedad como la porteña, en la que, por ejemplo, más de la mitad de los hijos llegan al mundo en hogares en los que los padres no están casados. Bergoglio es un ferviente promotor de no privar a nadie de "la bendición de unirse al pueblo de Dios" mediante el bautismo. Como vimos, en 2012 había pedido a los sacerdotes de las diócesis de Buenos Aires que bautizaran a todos los bebés, incluidos los nacidos de una relación extramatrimonial. "Con dolor lo digo y, si parece una denuncia o una ofensa, perdónenme, pero en nuestra región eclesiástica hay presbíteros que no bautizan a los chicos de las madres solteras porque no fueron concebidos en 'la santidad del matrimonio'", dijo en aquella oportunidad.

Entregar la comunión a personas divorciadas y vueltas a casar también es uno de los ejes de la polémica. En un extremo se sitúan aquellos que piensan que la Iglesia debe *aggiornarse* a los tiempos que corren. Así, permitir que comulguen personas separadas y vueltas a unir podría significar el retorno de miles de fieles a las filas del catolicismo. En el otro extremo se ubican los que consideran que debe mantenerse la doctrina original de la Iglesia, sin dejarse tentar por los vaivenes propios de los tiempos que corren. ¿Si la renuncia de Benedicto XVI implicaría el final del papado vitalicio, cómo interpretar el sacramento de mantener el matrimonio hasta la muerte?

Estos son sólo algunos de los puentes que deberá restaurar Francisco en su tarea pastoral. No son pocos los desafíos que hay por delante. En su reencuentro con los cardenales, al día siguiente del nombramiento, muchas heridas del pasado parecieron cerrarse.

Alguien le preguntó si tenía pensado visitar Japón como papa, sin saber el significado que tenían esas palabras para él. Francisco contestó que una vez ya había estado. Seguramente recordó esa incógnita que le había quedado en su juventud acerca de por qué Dios le había dado un alma misionera y el deseo de trabajar en ese país, pero no la salud en sus pulmones para hacerlo realidad.

Romano Guardini, el teólogo alemán cuyos escritos admiraba y fueron objeto de estudio de esa tesis que no llegó a finalizar en Alemania, también estuvo allí. "Tal vez la mitad de nosotros está ya en la vejez", dijo a los cardenales en el último encuentro en la Capilla Sixtina tras el cónclave. "La vejez es, me gusta decirlo así, la sede de la sapiencia de la vida. Donémosles esta sabiduría de la vida a los jóvenes. Me viene a la mente aquello que un poeta alemán decía sobre la vejez: el tiempo de la tranquilidad y de la oración." Estaba hablando de Guardini, con los ojos cargados de emoción.

Quizás esa era la razón. Tal vez su obra lo había deslumbrado en la juventud pero debió transitar la vejez para comprender acabadamente aquello que decía Guardini al señalar que era la etapa más importante de la vida, en la que uno se prepara para lo único que queda por delante: el encuentro con el Señor.

"*Fratelli cardinali*", les dijo. "Esta fase final del cónclave estuvo cargada de significado. En estos días hemos sentido el afecto y la solidaridad de la Iglesia universal. De todos los rincones del mundo se levantó férvida y coral oración por el nuevo papa, hecha por el pueblo cristiano. Con esa sugestiva imagen del pueblo orante en mi mente, deseo agradecer", dijo.

Se suponía que debía hablar en latín en el último encuentro poscónclave, pero Francisco dejó de lado esa opción y prefirió dirigirse a sus pares en italiano. Hizo un reconocimiento especial al papa Benedicto XVI, por su humildad. "Encendió en nuestro corazón una llama que se alimentará con sus oraciones", dijo.

Después, llevó su exhortación a los cardenales un nivel más allá: "Cuando caminamos sin cruz, cuando edificamos sin cruz y cuando confesamos un Cristo sin cruz, no somos discípulos del Señor. Somos mundanos, somos obispos, sacerdotes, cardenales, papas, pero no somos discípulos". Después, los invitó a vivir de manera irreprochable. "Cuando no se confiesa a Jesucristo, se confiesa la mundanalidad del demonio."

La revolución ya estaba en marcha. El verdadero desafío no lo tenía Francisco sino esos hombres que estaban sentados frente a él. ¿Cómo se las arreglarían las autoridades del Vaticano para evitar que el Papa escapara de sus muros, se colara entre la gente y recorriera la ciudad, para seguir en contacto con los pobres? Después de todo, ese era su secreto. Ellos ya lo sabían: de alguna manera, Francisco iba a conseguir escabullirse y salir de los museos y las catedrales para hacer lo que más le gusta en esta tierra: recorrer las calles.

Cómo conocí a Bergoglio

Pude entrevistarlo en distintas oportunidades y circunstancias, pero, en momentos en que proliferan las anécdotas de quienes dicen haberlo conocido muy bien, mi historia es mínima.

Sólo puedo decir que una vez lo vi multiplicar los alimentos, como hizo Jesús con los panes y los peces. Fue en octubre de 2012. Yo colaboraba con el equipo de prensa de los encuentros ecuménicos de católicos y evangélicos que tenían al padre Bergoglio entre sus organizadores.

En el estadio donde se realizaba la reunión, la administración no permitía el ingreso de un catering externo, de modo que, durante el receso, todos los presentes debíamos comprar el almuerzo dentro del mismo predio. Las opciones no eran variadas: sólo empanadas, y encima pocas. Era feriado nacional y no se había previsto otra cosa.

A Bergoglio le preguntaron si prefería ir a almorzar al exclusivo barrio de Puerto Madero, que queda cerca de ahí y concentra numerosos paseos y restaurantes, pero él dijo que se quedaría a comer con todos los demás.

Cuando los que trabajábamos en la prensa del evento fuimos convocados para el almuerzo, ya era demasiado tarde, no quedaba casi nada. Nos dirigimos al final del salón.

A nuestro paso, Bergoglio se acercó, nos saludó a cada uno con un beso y agradeció nuestra labor.

Después, nos instalamos en la última mesa. La camarera nos trajo un platito con cinco empanadas. (Éramos ocho.) Alguien tomó la iniciativa y comenzó a partirlas a la mitad. Compartir, ese era el espíritu del encuentro. Y no quedaba otra opción.

Desde su mesa, en la otra punta del salón, Bergoglio siguió nuestros movimientos y entendió. Después se puso de pie y empezó a preguntar en las demás mesas si iban a seguir comiendo. Rescató de manos de pastores y sacerdotes las últimas empanadas, las reunió en un plato y nos las sirvió.

Conmovidos por su pequeño gesto, nos sentimos halagados y avergonzados. Había multiplicado los alimentos.

Ese pequeño milagro suyo quedó grabado en nuestros corazones. El hombre que hoy ocupa el trono de Pedro había visto una necesidad y la subsanó, cuando los demás ni siquiera se habían percatado del hecho.

Ese es el hombre que, a los setenta y seis años, se propone cambiar el mundo.

¿Lo logrará?

Agradecimientos

A Silvina Premat, con quien soñamos juntas este libro. A Laura Reina, mi álter ego y amiga, que se ofreció y trabajó a mi lado. A Silvia Palacio, que leyó los capítulos y pescó lo que a mí se me había pasado. A Gastón Márquez, que me alimentó física y emocionalmente durante la investigación de este libro. A Soledad Vallejos, que me ofreció su aliento. A mis compañeros Hugo Alconada Mon, Santiago Dapelo, Diego Melamed y Teresa Buscaglia, que me ayudaron a cualquier hora. A mi hermano Juan Pablo y su esposa Soledad, que me recibieron en su hogar para poder terminar el libro, cuando mi casa quedó bajo el agua, al igual que otro medio millón de hogares argentinos, a comienzos de abril de 2013. Y sobre todo, a esa persona tan amiga del Papa que me contó las mejores historias y, muy fiel al estilo del padre Bergoglio, me pidió que no la mencionara.

A todos ellos, gracias.

Anexo

ENTREVISTA CON ALICIA OLIVEIRA, EX ABOGADA
DEL CENTRO DE ESTUDIOS LEGALES Y SOCIALES (CELS)
(22 de marzo de 2013)

> *"Me consta que a muchos, en aquellos años,*
> *les salvó la vida."*

Cuando muchos atacaban a Bergoglio, Alicia Oliveira salió a defenderlo y contó la otra cara de la historia de la participación del papa Francisco durante los años de la dictadura militar en la Argentina, hechos que Bergoglio, por alguna razón, nunca mencionó, ni siquiera cuando declaró ante la Justicia. Esta comprometida luchadora por los derechos humanos y amiga personal del Papa integró la comitiva que acompañó a la presidenta argentina Cristina Fernández de Kirchner durante la ceremonia de asunción de Francisco.

—*¿Cómo se conocieron?*
—Fue en los setenta. Él era un curita, nomás. Éramos dos pichones. Vino con un amigo para hacerme una consulta jurídica. Tuvimos afinidad enseguida y desde entonces nos hicimos amigos. Yo no hablo con él de temas espirituales, ni

legales, ni de los derechos humanos. Le cuento mis problemas cotidianos, hablo de mis hijos, nos juntamos a cenar. Somos amigos. Es el padrino de mi hijo menor, que se llama Alejandro Jorge, por él. Cada tanto mi hijo me reclama y me dice: me pusiste el nombre de Videla…

—*¿Es cierto que en aquellos años le advirtió que la iban a detener y que le ofreció que se fuera a vivir a la casa de ejercicios del Colegio Máximo?*

—Sí. Yo era jueza penal en la Capital Federal, la primera que hubo. Mi relación con la Policía Federal no era muy buena, porque no se respetaban los derechos de los menores de edad al ser detenidos. En febrero de 1976, Jorge me vino a buscar. Desde hacía un mes los diarios decían que iba a haber un golpe de Estado. "Lo que se viene es muy sangriento, muy terrible, venga a vivir conmigo", me dijo. Pero yo no acepté. "Prefiero que me lleven presa antes que ir a vivir con los curas", le dije.

—*¿Tuvo que refugiarse en otro lugar?*

—Después, sí. El 24 marzo de 1976, el día del golpe militar, me llamaron a casa y me dijeron que a mi amiga Carmen Argibay (hoy jueza de la Corte Suprema de Justicia de la Nación) la habían detenido y que venían por mí. Nunca vinieron, no sé por qué. Pero cada vez que escuchaba el ascensor, el corazón se me paralizaba. Nunca vinieron. El 5 de abril llegó al juzgado una cédula que ordenaba mi cesantía. A los poquitos días me llegó un maravilloso ramo de rosas a mi casa, con comentarios elogiosos sobre mi trabajo como jueza, pero sin firma. Yo sabía que era Jorge, porque le conozco esa letra de hormiga.

—*¿Le consta que escondió a personas perseguidas por la dictadura militar y que las ayudó a salir del país, para salvar sus vidas?*

—Sí. Él venía a mi casa dos veces por semana y me contaba. Además, los domingos yo iba a visitarlo a la Villa San

Ignacio, en San Miguel, donde los jesuitas tienen otra casa de ejercicios espirituales. Casualmente está justo frente a Campo de Mayo, delante de la Puerta 4. [*Campo de Mayo es una de las principales bases militares del país, donde, durante el último gobierno de facto, funcionaron cuatro centros clandestinos de detención y tortura.*] Ahí vi —no me lo contaron— cómo Bergoglio celebraba misa y organizaba el almuerzo para despedir, supuestamente, a quienes habían participado de los ejercicios espirituales. Pero en realidad eran personas cuyas vidas corrían peligro y a las que él ayudó para que pudieran salir del país.

—*¿Le habló alguna vez de Yorio y Jalics?*

—Estaba preocupado por ellos. Trabajaban en el Barrio Rivadavia. Una vez me dijo: "Estos muchachos no entienden que los militares ven a alguien rubio en la villa y creen que son subversivos". Los quería proteger, pero ellos no querían salir de ahí, no querían recibir órdenes.

—*¿Podría haber hecho algo más por ellos?*

—Eso es relativo. Siempre se puede hacer más, pero bastante hizo, porque otros no hicieron nada. Hizo todo lo que pudo, eso me consta. A otros, por mucho menos se los llevaron.

—*¿Podría haber denunciado públicamente lo que ocurría? ¿Le faltó valor, como dijo Pérez Esquivel?*

—Hoy creo que no. Tal vez en otra época sí se lo recriminé. Hoy me doy cuenta de que de la forma en la que actuó ayudó a muchos a evitar una muerte segura.

—*¿Usted tuvo que exiliarse en esos años?*

—Exiliarme, no. Un juez federal de la dictadura decidió que el CELS afectaba la llamada "ley de seguridad nacional". Cuando allanaron las oficinas, se llevaron a todos lo que trabajaban y a algunos los fueron a buscar a sus casas. Yo me salvé porque había salido media hora antes a tomar el tren. Pero entonces tuve que permanecer escondida durante dos meses, hasta que se resolvió.

En ese tiempo, mis hijos eran chiquitos y Mariano, el del medio, siempre fue muy pegado a mí. Además, por todo lo que estaba pasando, él se despertaba soñando con que "los hombres malos se la llevan a mamá". Si pasaba mucho tiempo y no me veía, iba a pensar que me habían matado. Entonces, como ellos iban al colegio de El Salvador y Jorge [Bergoglio] trabajaba ahí, me llevaba por unos pasillos secretos para que los pudiera ver.

—*¿Cómo recibió la noticia de que su amigo era papa?*

—Fue un papelón. Estaba en un bar tomando un café, a una cuadra de mi casa. Levanté la cabeza y vi: "Se eligió papa a Jorge Bergoglio". Me puse a llorar como loca. El dueño del bar vino y me preguntó: "¿Qué le pasa, señora? ¿Es un hombre muy malo?". Y yo le contesté: "No, lloro porque voy a perder a un amigo".

—*¿Por qué decidió hablar, contar ahora esta historia?*

—Un amigo en común me convenció. Me dijo: son mentiras, hay una campaña en su contra y nadie mejor que vos para contarlo. Por eso lo hice. Hace unos días, en casa sonó el teléfono, atendí y era Jorge… "el Papa". Le conté brevemente lo que estaba pasando en el país, con esta campaña en su contra. Me dijo: "Gracias, Alicia, por salir".

Los sacerdotes que Bergoglio salvó
(22 de marzo de 2013)

Los sacerdotes Enrique Martínez Ossola, Miguel La Civita y Carlos González eran seminaristas riojanos cuando en su provincia comenzaron a asesinar a religiosos y laicos comprometidos con el trabajo con los más desposeídos. Un mes antes de ser asesinado, el cardenal de esa provincia le pidió a Bergoglio que recibiera y protegiera a estos estudiantes. Entre el 4 de junio y el 4 de agosto de 1975, se produjeron ocho asesinatos. A los tres seminaristas también los fueron a buscar, pero gracias a que se habían trasladado a Buenos Aires, al Colegio Máximo de San Miguel, sin que nadie lo supiera, lograron salvar sus vidas. En la actualidad, Martínez Ossola está al frente de la parroquia Anunciación del Señor, en La Rioja, y La Civita, de la parroquia de Villa Eloísa, en la provincia de Santa Fe.

—*¿Cuál fue la primera impresión que tuvieron del hombre que hoy es papa?*

Martínez: Recién habíamos llegado al colegio, se acercó y nos dijo: "Hola, soy Jorge. ¿Ustedes son los riojanos". Nosotros pensamos "Este es un curita de acá". "Sí, ¿y vos dónde estás?", le dije. "Acá… soy el provincial." Casi nos desmayamos. Era la máxima autoridad de los jesuitas y se movía como un cura más.

La Civita: Recién llegábamos. Nos había mandado Angelelli para que completáramos unos estudios ahí. No nos había dicho nada. No sé si nos mandó para protegernos o para que termináramos nuestros estudios, pero eso nos salvó la vida.

—*¿Qué hizo después de la muerte del arzobispo Angelelli? ¿Los protegió?*

Martínez: Él estaba en un encuentro de los jesuitas en Perú. Regresó de inmediato. Eran como las dos de la mañana cuando sentimos que alguien se acercaba por el pasillo del seminario a nuestro cuarto. Estábamos temblando de miedo, después de lo que había pasado. "Muchachos, abran, soy Jorge", nos dijo. Se quedó con nosotros y después nos dio instrucciones.

La Civita: Se puso a nuestra disposición. Nos dijo que anduviéramos siempre los tres juntos, para dificultar un secuestro, que no saliéramos de noche, que no usáramos la escalera principal, sino el ascensor, entre otras cuestiones. Se ocupó.

—*¿Desprotegió a Yorio y a Jalics?*

Martínez: No. Ellos tenían un proyecto, el de hacer una comunidad, y cuando su superior les dijo que no, por un problema de seguridad, ellos lo interpretaron como que los querían "fondear". No vieron que era para protegerlos. Nosotros también teníamos el proyecto de estudiar en La Rioja, pero eso se tuvo que modificar, por pedido de nuestro superior, que vio un peligro que nosotros no veíamos y que de alguna manera así nos salvó la vida. Pueden haber entrado algunas cuestiones de ego.

La Civita: Hemos visto cómo se movía detrás de esa situación. Se preocupaba y se ocupaba. Buscaba respuestas para que aparecieran.

—*¿Es cierto que en la casa de ejercicios espirituales se ocultó a gente perseguida por el régimen militar?*

Martínez: Sí. Entonces nosotros lo sospechábamos. Después lo confirmamos. Los ejercicios ignacianos son en completo silencio. Había un ala del seminario en la que funcionaban. Tiene una gran cantidad de cuartos individuales. Quienes los usan son laicos y van allí para pasar todo un período en silencio. No hablan con nadie. Después de un fin de semana, se van. Por eso, era ideal para ocultar a personas perseguidas. En apariencia, no se estaba haciendo nada raro.

La Civita: Hemos visto que utilizaba los retiros espirituales para refugiar gente. Desde allí, mucha gente partía para el exterior con documentos y todo.

—*¿Pudo haber hecho más?*

Martínez: Francisco es el papa, pero no es Súperman. Me consta que hizo todo lo que pudo. Y más.

—*¿Siguieron en contacto con Bergoglio?*

La Civita: Volvimos a encontrarnos cuando se cumplieron los treinta años de la muerte de Angelelli. Igual, siempre seguimos en contacto.

Martínez: Sí. Cuando nos ordenamos, en 1978, él vino a predicarnos en un retiro espiritual que hicimos en una casita, en un campo medio desértico en La Rioja. Éramos nosotros tres y él. Una tarde, nos habíamos metido en una acequia porque no aguantábamos el calor que hacía. "Qué fiaca salir para hacer nuestra preparación espiritual", dijimos. "No hay problema, muchachos", nos dijo. Fue, se puso la malla, buscó su Biblia y se metió. "No importa, la hacemos acá."

Biografía del Sumo Pontífice presentada en el Vaticano el 13 de marzo de 2013

JORGE MARIO BERGOGLIO, S.I.

El cardenal Jorge Mario Bergoglio, S.I., arzobispo de Buenos Aires (Argentina), Ordinario para los fieles de Rito Oriental residentes en Argentina y desprovistos de Ordinario del propio rito, nació en Buenos Aires el 17 de diciembre de 1936. Estudió y se diplomó como Técnico Químico, para después escoger el camino del sacerdocio y entrar en el seminario de Villa Devoto.

El 11 de marzo de 1958 ingresó en el noviciado de la Compañía de Jesús, realizó estudios humanísticos en Chile, y en 1963, de regreso a Buenos Aires, se licenció en Filosofía en la Facultad de Filosofía del Colegio "San José" de San Miguel.

De 1964 a 1965 fue profesor de Literatura y Psicología en el Colegio de la Inmaculada de Santa Fe, y en 1966 enseñó la misma materia en el colegio de El Salvador de Buenos Aires.

De 1967 a 1970 estudió Teología en la Facultad de Teología del Colegio "San José", en San Miguel, donde se licenció.

El 13 de diciembre de 1969 fue ordenado sacerdote.

En el curso 1970-1971, terminó la tercera probación en Alcalá de Henares (España) y el 22 de abril de 1973 hizo la profesión perpetua.

Fue maestro de novicios en Villa Barilari, en San Miguel (1972-1973), profesor de la Facultad de Teología, Consultor de la Provincia y Rector del Colegio Massimo. El 31 de julio de 1973 fue elegido Provincial de Argentina, cargo que ejerció durante seis años.

Entre 1980 y 1986, fue rector del Colegio Massimo y de la Facultad de Filosofía y Teología de la misma casa, y párroco de la parroquia del Patriarca San José, en la diócesis de San Miguel.

En marzo de 1986, se trasladó a Alemania para concluir su tesis doctoral, y sus superiores lo destinaron al colegio de El Salvador, y después a la iglesia de la Compañía de Jesús, en la ciudad de Córdoba, como director espiritual y confesor.

El 20 de mayo de 1992, Juan Pablo II lo nombró obispo titular de Auca y auxiliar de Buenos Aires. El 27 de junio del mismo año recibió en la Catedral de Buenos Aires la ordenación episcopal de manos del cardenal Antonio Quarracino, del Nuncio Apostólico Monseñor Ubaldo Calabresi y del obispo de Mercedes-Luján, monseñor Emilio Ogñénovich.

El 13 de junio de 1997 fue nombrado arzobispo coadjutor de Buenos Aires, y el 28 de febrero de 1998, arzobispo de Buenos Aires por sucesión, a la muerte del cardenal Quarracino.

Es autor de los siguientes libros: *Meditaciones para religiosos* de 1982, *Reflexiones sobre la vida apostólica* de 1986, y *Reflexiones de esperanza* de 1992.

Es ordinario para los fieles de rito oriental residentes en Argentina que no cuentan con un ordinario de su rito.

Gran Canciller de la Universidad Católica Argentina.

Relator General Adjunto en la 10ª Asamblea General Ordinaria del Sínodo de los Obispos de octubre de 2001.

Desde noviembre de 2005 a noviembre de 2011 fue Presidente de la Conferencia Episcopal Argentina.

Juan Pablo II le ha creado y publicado cardenal en el Consistorio del 21 de febrero de 2001, titular de San Roberto Bellarmino.

Era miembro de:

- las siguientes congregaciones: para el Culto Divino y la Disciplina de los Sacramentos; para el Clero; para los Institutos de Vida Consagrada y de la Sociedad de Vida Apostólica;
- el Pontificio Consejo de la Familia;
- la Comisión Pontificia para América Latina.

EXPEDIENTE JUDICIAL DE LA CAUSA "ESMA":
"CASO EN EL QUE RESULTARON VÍCTIMAS
ORLANDO VIRGILIO YORIO Y FRANCISCO JALICS"
(extracto)

Así también, pudo demostrarse que los padres Orlando Virgilio Yorio y Francisco Jalics fueron privados ilegalmente de su libertad, la mañana del domingo 23 de mayo de 1976 por miembros de las fuerzas de seguridad, fuertemente armados, algunos vestidos de fajina y otros con ropa color verde y boinas rojas, y efectivos de la Policía Federal Argentina, en momentos en que ambos religiosos se encontraban en la casa que compartían en el Barrio Rivadavia de esta ciudad y en la que también funcionaba la Comunidad Jesuítica.

Que la vivienda fue allanada y el padre Yorio aislado e interrogado de manera intimidatoria respecto de Pinochet, Angola y sobre cierta documentación que habían hallado en ese lugar y en relación a Mónica Quinteiro, quien también habría sido secuestrada y cuyo caso no conforma el objeto procesal de este juicio.

Que del domicilio se llevaron un canasto grande, lleno de papeles, libros y algo de dinero.

También se probó que pasado el mediodía y sin mediar orden de detención, fueron trasladados hasta la ESMA, encapuchados y esposados y luego alojados en el "Sótano". Que posteriormente fueron conducidos hasta el tercer piso e ingresados a otros dos sectores y finalmente, alrededor del 27 o 28 de mayo de ese año, a una quinta de la zona de Don Torcuato, ubicada en la esquina de Ricchieri y Camacuá y donde las condiciones de cautiverio se mantuvieron.

Que estando en dicho centro clandestino de detención, el padre Yorio fue amenazado con aplicarle picana eléctrica, narcotizado e interrogado con el fin de obtener información sobre su actividad en las villas.

Asimismo quedó acreditado que los nombrados fueron sometidos a sufrimientos físicos y psíquicos derivados de las condiciones inhumanas de alojamiento, siendo ingresados en una habitación sin luz, en la que permanecieron, sin ningún tipo de atención, arrojados sobre las baldosas, encapuchados, con las manos esposadas a la espalda y los pies atados. La comida era escasa, trayéndoles una vez al día pedazos de pan y un poco de café.

Que, como consecuencia de las gestiones efectuadas, entre otros, por la Orden religiosa a la cual pertenecían los damnificados y el interés demostrado por las cúpula de la Iglesia Católica, durante la noche del 23 de octubre de 1976 fueron liberados, luego de ser drogados y trasladados en helicóptero hasta un campo ubicado en la localidad de Cañuelas, provincia de Buenos Aires.

Asimismo, se tuvo por probado que los padres Yorio y Jalics sabían que por su actividad en las villas eran objeto de persecución por parte de la dictadura y que sus vidas corrían peligro. Este hecho era conocido por el hermano de Yorio y por sus superiores eclesiásticos, quienes, incluso, le quitaron al primero de ellos, días antes de su secuestro, la licencia para oficiar.

De las presiones recibidas por los damnificados, dieron cuenta en el debate Rodolfo Yorio y Silvia Elena Guiard.

Rodolfo Yorio señaló que la situación era bastante conflictiva dentro de la Provincia Eclesiástica. Agregó que antes del secuestro de su hermano Orlando la autoridad máxima de la Iglesia Católica Argentina, Monseñor Aramburu, había tomado la decisión de que su hermano no podía oficiar más misas. Sin embargo, relató el testigo, que la autoridad directa, que era Bergoglio, lo autorizó a seguir, en forma privada, celebrándola.

Agregó que su hermano pertenecía a la Compañía de Jesús, en la que una de sus características más importante era la obediencia y que todas las acciones de los sacerdotes estaban autorizadas por Bergoglio. Asimismo, recordó que éste también les advirtió que "tenía muchas presiones, muy malos informes de ellos", que sabía que eran todos falsos y que debían abandonar el trabajo pastoral en las villas.

Al respecto, expresó que en un primera instancia se les dijo de hacer el trabajo en otro lugar; lo que, memoró, ellos aceptaron en tanto y en cuanto sea dentro de la opción "por los pobres"; es decir, por los carenciados. Sin embargo, relató, la situación se puso cada vez más rígida y Bergoglio les informó que no soportaba las presiones y le dio un tiempo para que se incardinen. Explicó, que así como un soldado no puede carecer de un superior, un cura tampoco. Que, adunó, por ese motivo lo fueron a ver al Obispo de Morón, recomendados por su superior.

Con relación al conocimiento de su hermano acerca de que su opción pastoral podía traerle algún perjuicio en su integridad física, Rodolfo Yorio recordó que siempre aquél le manifestaba que debía dejar la Orden, a lo que le respondía que tenía que alejarse de la villa porque lo iban a matar.

Silvia Elena Guiard, a su turno, relató que Yorio y Jalics pertenecían a la Compañía de Jesús y que recibían presiones hacía un tiempo por parte del Provincial de la Orden, Jorge Bergoglio. Agregó que siempre supo de las presiones y que fueron en aumento, hasta que, explicó la testigo, un par de meses antes, fueron expulsados o forzados a quedar fuera de la compañía, en una situación de desamparo institucional. Adujo que días antes de ser secuestrados, Monseñor Aramburu les había quitado la licencia para oficiar en la Capital Federal y que el día de los hechos fue el primer domingo que no celebraban misa.

Asimismo, merece destacarse la copia simple de la presentación de Orlando Yorio, del 24 de noviembre de 1977, dirigida al R.P. Moura, aportada al debate por su hermano Rodolfo Yorio, quien reconoció la firma del damnificado inserta en la página 27 del documento. En dicha presentación, aquél, luego de sintetizar su carrera apostólica, relató los pormenores vividos en torno a la presión que, supo, provenía de "Roma" y de nuestro país. Que también, por otra parte, demuestra que los damnificados estaban advertidos que la tareas que venían desarrollando les estaban vedadas y que ello era peligroso.

Al respecto, por su contundencia, resulta ilustrativo reseñar lo siguiente:

"A mediados de 1971, el entonces P. Provincial (P.O. Farell), me llamó para decirme que el P. General insistía en la importancia de la investigación teológica en Latinoamérica y que, en la Provincia, en ese momento, la persona que estaba en mejores condiciones para prepararse a

ello era yo. Cuatro años y medio después (fines de 1975), el
P. Bergoglio (nuevo provincial) me iba a informar que mi envío
a estudios especiales sólo fue una excusa. En 1971, en la Consulta de Provincia (en la que estuvo presente el P. Bergoglio) se
había planteado que mi trabajo, tanto en el Máximo como en la
comunidad de Ituzaingó, era altamente nocivo y que había que
buscar una manera de alejarme. Pedí consejo a un profesor de
Teología de V. Devoto muy estimado en Argentina (P. Gera) y la
conversación con él me convenció de la urgencia de reflexionar
desde la Teología en el hecho político latinoamericano. A fines
de 1972 nos instalamos en el departamento de la calle Rondeau,
un barrio sencillo y antiguo de Buenos Aires. Yo fui nombrado
responsable de la comunidad. El Superior de la comunidad era
el mismo P. Provincial, pero el Rector del Máximo hacía las
veces de observador. Teníamos reunión comunitaria semanalmente. Yo informaba periódicamente al Rector del Máximo y
al Provincial. Poco tiempo después de instalados (mediados de
1973) comenzaron a llegarnos rumores indirectos (a través de
laicos y religiosos) de serias críticas que algunos jesuitas hacían
de nosotros. Dos veces, por lo menos, hablamos al P. Provincial de estas habladurías y él nos tranquilizó (hacer oraciones
extrañas, convivir con mujeres, herejías, compromiso con la
guerrilla, etc.).

"*Comunidad del Barrio Rivadavia (1975)* A fines de 1974,
nombrado Provincial el P. Bergoglio se interesa especialmente
por nuestra comunidad. Tenemos una o dos reuniones con él
donde nos expresa sus temores sobre nuestra disponibilidad
(nuevo tema de las críticas) expresamos también nuestra disposición de ir adonde el Provincial nos mandara. El P. Bergoglio nos insistió especialmente preguntándonos si estábamos
dispuestos a disolver la comunidad, contestó que no tenía
nada en contra de lo que habíamos hecho. Que necesitaba

al P. Rastellini para enviarlo a otro sitio. Que los otros tres siguiéramos en la misma experiencia, pero que cambiáramos de diócesis. Que tratáramos con el obispo de Avellaneda para instalarnos allí. Después de unos días el P. Bergoglio me habló diciéndome que no iba a ser posible la ida a Avellaneda, que en lugar de trasladarnos a Avellaneda, nos mudáramos a un barrio pobre (Barrio Rivadavia). Nos contestó, el Provincial, que quedáramos tranquilos que garantizaba por lo menos una presencia de tres años de la Compañía en ese sitio. A comienzos de 1975 nos trasladamos a una casita del Barrio Rivadavia. Al poco tiempo de ubicados en nuestro nuevo destino, el P. Ricciardelli, sacerdote del equipo pastoral de Villas y destinado a ser párroco de la Villa Miseria vino a traerme un aviso especial. El Arzobispo (Mons. Aramburu) lo alertó contra nosotros. El P. Bergoglio había ido a ver al Arzobispo para informarle que nosotros estábamos sin permiso en el barrio (esto ocurrió entre marzo y mayo de 1975). Inmediatamente me comuniqué con el P. Bergoglio. Me tranquilizó diciéndome que el Arzobispo era un mentiroso. También al poco tiempo de estar allí (marzo de 1975) recibí una nota muy escueta del Colegio Máximo que por razones de reestructuración yo no tendría más clases, sin más explicaciones. Un mes más tarde (agosto 1975) El P. Bergoglio me llamó. Allí me comunicó que había unos primeros informes muy graves contra mí, pero que él no los tendría en cuenta. Pero de este segundo pedido de informes, también negativo, me había hecho un resumen por escrito de los cargos que se me hacían. El P. Bergoglio me contestó que había un problema anterior, que según él era la raíz para que en la Provincia hubiese una idea falsa sobre mí. Era el problema de la comunidad. Reunidos los tres con el P. Bergoglio, éste nos dice que hay muchas presiones sobre él en contra de nuestra comunidad. Presiones provenientes de la provincia, provenientes de Roma, provenientes de otros sectores de la Iglesia argentina. Que las presiones son muy fuertes, que él no puede resistirlas. Nos habla de la disolución de la comunidad (era noviembre de 1975). Tratamos de buscar las razones. Desacuerdos de origen político, provocados sobre todo por mis incursiones en la Teología de la liberación y por las tensiones del país. En diciembre de 1975, nos volvimos a reunir con el P. Bergoglio. Seguía afirmando que las presiones desde Roma y desde Argentina eran cada vez más fuertes. Para esta época también se acentuaron rumores provenientes de la Compañía sobre participación nuestra en la guerrilla. Las fuerzas de extrema derecha ya habían ametrallado en su casita a un sacerdote y habían raptado, torturado y abandonado muerto a otro. Los dos vivían en villas miserias. Nosotros habíamos recibido avisos en el sentido de que nos cuidáramos. En ese mes de diciembre (1975) dado la continuación de los rumores sobre mi participación en la guerrilla, el P. Jalics volvió a hablar seriamente con el P. Bergoglio. El P. Bergoglio reconoció la gravedad del hecho y se comprometió a frenar los rumores dentro de la Compañía y a adelantarse a hablar con gente de las fuerzas armadas para testimoniar sobre nuestra inocencia. En el mes de febrero (1976) el P. Bergoglio estaba de regreso de Roma. Nos leyó una carta del P. General donde le decía que disuelva la comunidad en el término de 15 días, que envíe al P. Jalics a EE.UU. y a los dos argentinos nos envíe a otras casas de la Provincia. La situación del país hacía que nuestra vida peligrara, si no teníamos una protección eclesiástica segura. Para agravar las cosas, por ese tiempo recibí un aviso de Mons. Serra (Vicario zonal) donde me comunicaba que yo quedaba sin licencias en la Arquidiócesis. La razón que me daba para quitarme las licencias era una comunicación que había hecho a la Arquidiócesis el P. Provincial en el sentido de que yo salía de la Compañía. Fui a hablar con el Provincial. Me contestó que sólo era un trámite de rutina. Que no tenían porque quitarme las licencias. Que eran cosas de Mons. Aramburu. Que yo siguiera celebrando misa en privado, que él me daba licencias hasta que consiguiera obispo. Esa fue la última vez que vi al Provincial antes de salir de la prisión. La entrevista fue entre 7 o 10 días antes de que me prendieran. Nos dimos cuenta que nuestro sacerdocio y nuestras vidas corrían mucho peligro".

Por lo demás, las circunstancias de modo, lugar y tiempo en que aconteció el secuestro, cautiverio y posterior liberación en el centro clandestino de detención que se erigió en la ESMA, se encuentran probadas, en primer lugar, a través de los dichos elocuentes y directos de Francisco Jalics y de Orlando Virgilio Yorio, los cuales fueron incorporados por lectura al debate (legajo n° 92 de la Cámara Nacional de Apelaciones en lo Criminal y Correccional Federal de la Capital Federal, fojas 12.415/28 de la causa n° 13, fojas 5445/68 de las actas mecanografiadas correspondientes a la prestada en la causa 13/84). Al respecto, el padre Jalics manifestó que desde el comienzo del cautiverio hasta su fin estuvo junto al padre Yorio.

Que vio en el cinturón de una de las personas que lo tomaron prisionero, el ancla distintiva de la Marina. Dijo que identificó que se encontraba cautivo en la ESMA en razón de la distancia recorrida desde el lugar donde fueron detenidos hasta el primer destino, también por haber oído aviones y el tránsito continuo de automóviles.

Agregó que, además, dos días después de su captura, se realizó la celebración con motivo del 25 de mayo y logró escuchar, desde el segundo o tercer piso del edificio y donde funcionaba una biblioteca o archivo según pudo identificar, movimientos de tropas y el comienzo de un discurso en el que se dirigía a los miembros de la Escuela de Mecánica de la Armada.

Manifestó que supo, también, que fueron conducidos a una casa particular ubicada en la calle Camacuá y Ricchieri, en la localidad de Don Torcuato, luego de haber escuchado hablar de ello a las personas que los trasladaban.

Asimismo, Orlando Virgilio Yorio relató que distinguió el lugar de detención por el movimiento externo de la ESMA y por la forma de expresarse de ciertos oficiales al momento de identificar su posición, diciendo que estaban a "su popa" respecto de otro vehículo.

Otros indicios que llevaron a ese religioso a concluir que estaba en la ESMA, dijo, fueron los cortos viajes a los que eran sometidos para conducirlos de un lado al otro. Cuando fue llevado, por unas horas, a cierto lugar donde escuchó ruido de entrada de agua a tanques por lo que dedujo estar en el piso más alto de ese edificio.

Sumado a ello, recordó Yorio que durante su cautiverio, una persona le llevó la comunión que le había enviado el padre Bossini y que pudo hacérsela llegar por amistades que tenía en la ESMA. Explicó que luego de su liberación, Bossini le comentó que cuando se presentó en aquel lugar pudo ver a las personas que habían participado en el operativo producido en la villa y por el cual fue secuestrado.

Agregó que tras ser sacado de su domicilio fue ingresado en el asiento trasero de un automóvil color negro, con tres personas armadas y que a las tres o cuatro cuadras cubrieron su cabeza con una capucha de lona.

Que estando en el "Sótano" percibió que se trataba de un lugar de grandes dimensiones y donde había mucha gente y personas que custodiaban a esos individuos. Asimismo oyó una radio y música.

Expresó el padre Yorio que cuando fue llevado al cuarto pequeño y oscuro ubicado al menos dos pisos más arriba del

315

"Sótano", y equipado con una cama de hierro de una plaza, pidió ir al sanitario y se lo negaron, permaneciendo alrededor de dos o tres días en penumbras, sin beber agua, ni alimentarse, encapuchado, engrilletado y con las manos atadas con una soga por la espalda.

Recordó también que sus captores ingresaban al recinto únicamente para insultarlo y amenazarlo de muerte.

Que luego del 25 de mayo, le inyectaron una sustancia que lo adormeció, aunque pudo percibir que ponían en marcha un grabador y luego de ello comenzaron a interrogarlo. Recordó que le decían que con su trabajo en las villas unía a los pobres y que ello era subversivo.

Señaló que también le preguntaron acerca de por qué el Cardenal Aramburu le había quitado, una semana atrás, la licencia para celebrar misa y que cuando quiso responder mencionó a Monseñor Serra, siendo ese dato, al parecer, suficiente pues cortaron su relato sin exigirle que prosiguiera con su respuesta. Agregó que suponía que la pregunta se refería a un conflicto que venía sucediendo desde hacía un tiempo, en razón de conversaciones que tuvo con el padre Provincial de la Orden, quien, señaló, le pidió que debía retirarse y que las razones eran secretas, provenientes de Roma y de la Argentina.

También, Yorio recordó que, alrededor del 27 o 28, lo vuelven a interrogar en los siguientes términos "Mire, Padre, sepa que tomarlo a Ud. para nosotros ha sido un gran trauma, sepa que nosotros buscábamos un jefe montonero y resulta que nos encontramos con un hombre a quien hay que darle trabajo, no soy militar, y me gustaría mucho conversar con Ud. que podríamos hablar sobre muchas cosas si Ud. se quedara acá. Pero entiendo que a Ud. lo que más le debe interesar es salir en libertad, y yo estoy en condiciones de decirle que Ud. va a salir en libertad; nada más que, por estar cosas de los hombres, tendrá que pasar un año en un Colegio, no deberá aparecer en público.Ud. es un cura idealista, un místico diría yo, un cura piola, solamente tiene un error, que es haber interpretado demasiado materialmente la doctrina de Cristo. Cristo habla de los pobres, pero cuando habla de los pobres, habla de los pobres de espíritu y Ud. hizo una interpretación materialista de eso, seguramente influenciado por una infiltración marxista que hay en la Iglesia latinoamericana y se ha ido a vivir con los pobres materialmente".

Por otra parte, Yorio memoró que estando en Don Torcuato le quitaron la capucha y le colocaron en su reemplazo un antifaz. Que también lo esposaron por delante y le dejaron un solo grillete unido con una cadena a las esposas. Les dieron de comer y los llevaron al baño. Mencionó que en ese lugar había alrededor de ocho personas que se turnaban para custodiarlos.

Agregó que en la casa se producían reuniones. Escuchó conversaciones propias de oficiales y entre oficiales y familiares de detenidos y que en el marco de las mismas oyó que acuñaron la frase "Villa Capucha".

Relató que supo que en determinado momento se produjo en la casa una especie de allanamiento por parte de otras fuerzas de seguridad. Que ese día desaparecieron los guardias que siempre estaban custodiándolos e ingresaron otras personas.

Declaró, además, que el 23 de octubre de 1976, alrededor de las 17:00 le aplicaron una inyección que los mareó inmediatamente. Posteriormente los hicieron descender y los introdujeron en una camioneta. Al cabo de una hora aproximadamente les aplicaron otra inyección en la nalga que les generó una sensación de mareo mayor, finalmente les dieron una tercera inyección en el brazo y ya no pudo recordar más.

Manifestó que al despertarse se encontraron en el suelo, tirados, que ya no tenían esposas ni grilletes, sólo una venda en sus ojos. Lograron darse cuenta que estaban en medio de un campo, pantanoso y alambrado.

Yorio, por último, recordó que tras incorporarse, caminaron alrededor de un kilómetro y llegaron a un rancho, que su dueño les informó que estaban en la localidad de Cañuelas y que vio la tarde anterior un helicóptero que había descendido por la zona (declaración del 23/8/83 en causa n° 6.511 cuya copia luce a fs. 583/7 del legajo n° 92; declaración en la causa n° 4.333 que integra el legajo n° 92: fs. 348/53 —14/6/84—, fs. 588/91 —21/9/84—; fs. 634 —10/10/84—; declaración del 22/6/84 ante la CONADEP en el marco de la causa n° 6.328 agregada a fs. 380/6 del legajo n° 92).

Las afirmaciones precedentes encuentran correlato con los testimonios brindados por Silvia Elena Guiard y Rodolfo Yorio y por las declaraciones incorporadas por lectura al debate de Rodolfo Alfredo Ricciardelli y María Elena Funes de Perniola (fs. 517/20 y 715/19 del legajo n° 92 de la Cámara Nacional de Apelaciones en lo Criminal y Correccional Federal de la Capital Federal, respectivamente).

A su turno, Silvia Elena Guiard señaló que el día del suceso vio un gran cordón de personas bordeando la avenida, algunos vestidos con uniforme de fajina, botas y boinas rojas y portando armas largas.

También memoró que en la casa de los curas estaba parte del operativo. Respecto de ello, la señora María Elena Funes de Perniola testificó que el 23 de mayo de 1976 se produjo un operativo en la villa del Bajo Flores, por miembros de las fuerzas de seguridad que vestían de civil y se distinguían usando una boina roja.

Señaló que fue detenida y previo a ser retirada del lugar, la autorizaron a buscar sus documentos, que estaban en la casa del padre Yorio. Refirió que al ingresar al domicilio vio que allí se estaba llevando adelante otro procedimiento y que el propietario de la casa, junto con Jalics y Bossini, era custodiado.

Aseguró la declarante que el padre Yorio y ella estuvieron en el mismo lugar y ello lo supo, a través de conversaciones mantenidas con el mencionado religioso, con posterioridad a su liberación.

A su turno, Rodolfo Yorio manifestó que su hermano Orlando Virgilio Yorio fue secuestrado el 23 de mayo de 1976, junto al padre Jalics. Que ese domingo hubo un gran despliegue de personal uniformado, con vestimenta de fajina y no identificado, que tras allanar su casa, procedieron a detenerlos. Aseguró que estuvieron cautivos en el centro de detención clandestino que funcionaba en la ESMA y en una casa quinta ubicada en la localidad de Don Torcuato, donde permanecieron por cinco meses.

Dijo que tomaron conocimiento sobre el secuestro de su hermano a través de un llamado telefónico realizado por la señora Cenobia que era vecina de los religiosos.

Asimismo refirió que en la ESMA lo interrogaron respecto de su actividad y sobre historia.

Finalmente, refirió que, tras ser liberado, Orlando estaba bastante más delgado, demacrado y aturdido. Que las secuelas médicas fueron sobretodo cardíacas y de presión sanguínea. Al respecto, dijo que, como consecuencia de cargar la bala de cañón cada vez que iba al sanitario, le quedaron marcas que por un tiempo no se le borraron.

Por su parte, Rodolfo Alfredo Ricciardelli dijo que tuvo conocimiento a través del padre Bossini y por dichos de los vecinos del lugar, que el 23 de mayo de 1976 se realizó un operativo militar en la zona de la villa del Bajo Flores.

También, supo a través del coronel Flouret, que era uno de los asesores del Ministro Harguindeguy, que los padres Yorio y Jalics estuvieron detenidos en la ESMA. Relató que el nombrado refirió que "ellos" no podían avanzar más en sus averiguaciones y del interés que existía por parte tanto del Ministerio del Interior como del Presidente acerca del paradero de los sacerdotes, ya que, explicó, "la Santa Sede, el Obispo y el Nuncio reclamaban a tambor batiente por ellos".

Recordó que a las dos o tres semanas, aproximadamente, los damnificados recuperaron su libertad. Que, inmediatamente se comunicó telefónicamente con el Coronel Flouret, "quien enterado expresó que había sido gracias 'ustedes' que los padres habían aparecido, y que esta nueva búsqueda era 'oficial' pues tanto el Ministro como el Presidente querían saber dónde habían estado detenidos los padres, ofreciéndose incluso a acompañarlos personalmente a prestar la declaración que se les recibiría".

Ricciardelli agregó que los sacerdotes concurrieron a la Superintendencia de Seguridad Federal a fin de prestar declaración, la que, manifestó, no reflejaba fielmente lo que había sucedido, por recomendación de los funcionarios que los atendieron. Que en ella afirmaron no conocer ni quiénes los detuvieron ni dónde estuvieron cautivos.

Por otra parte, adunó que Monseñor Serra concurrió a la ESMA a los pocos días del procedimiento de secuestro, siendo atendido por el subdirector, quien le negó que los religiosos permanecieran o hubieran permanecido allí detenidos.

Emilio Mignone, cuya declaración se incorporó por lectura al debate, relató que Bossini, durante cuatro días, llevó a la puerta de la ESMA, la comunión para los sacerdotes y que las "sagradas formas" fueron recibidas por un suboficial (fs. 108/110 del legajo n° 92, caratulado "Lorusso, María Esther Rosa y otros", de la Cámara Nacional de Apelaciones en lo Criminal y Correccional Federal de la Capital Federal). Dicho extremo fue corroborado por Jorge Vernazza, cuya declaración también fue incorporada por lectura al debate (fs. 499/500 del legajo n° 92 mencionado), quien, agregó, que enterado de que los religiosos se encontraban en dicho lugar, comunicó la novedad al Monseñor Serra y que al presentarse éste en la ESMA, su director le negó aquellas detenciones.

Por lo demás, también Mignone hizo referencia a las gestiones realizadas en pos de dar con el paradero de los religiosos. Al respecto, señaló que a fines de septiembre circuló la versión de que estos dos sacerdotes habían sido muertos y que ante esta afirmación reiterada por fuentes oficiales el Cardenal Aramburu —Arzobispo de Buenos Aires—, se apersonó al Ministro del Interior, General Harguindeguy, quien dispuso una investigación que encomendó al Coronel Ricardo Flouret.

Asimismo, señaló que fue recibido, el 1° de julio de 1976, a las 16:00, en el Edificio "Libertad" por el Almirante Montes, quien le confirmó que los sacerdotes habían sido arrestados por la Infantería de Marina.

Dicho extremo fue corroborado por José María Vázquez, cuya declaración se incorporó por lectura al debate, quien manifestó que junto con el Dr. Mignone se reunieron con el Almirante Montes, para averiguar sobre el paradero de su hija que se encontraba desaparecida, y en esa oportunidad éste le confirmó que los Padres Jalics y Yorio fueron detenidos por la Marina, pero fueron liberados a los cinco meses (a fs. 5485/9 de la causa n° 13).

Franciso Jalics, por su parte, refirió que un hermano suyo fue a hablar personalmente con Jimmy Carter, quien se encontraba en campaña electoral por la presidencia de EE.UU.; que otro de sus hermanos le escribió al Nuncio de la Argentina, Monseñor Laghi. Asimismo, que el Padre General de los jesuitas gestionó ante el Embajador de la Argentina en Roma, que Monseñor Serra fue a la ESMA sin poder entrar y que, supo por amigos, que Monseñor Aramburu habló tres veces con el

General Videla. Agregó que el padre Provincial Bergoglio habló con el Almirante Massera y varios allegados hablaron con diferentes oficiales de la Marina.

Por otro lado, relató que, una vez liberados, le dijeron que era muy peligroso quedarse en el país, ya que "nos habían tenido que liberar porque era muy conocido que la Marina nos había secuestrado pero ya liberados podían matarnos en la calle para que no habláramos".

Por último, Jorge Bergoglio relató que, una vez liberados los damnificados, lo primero que procuró fue asegurar su integridad física; para lo cual les solicitó que no dijeran adónde habían estado y los sacó del país. Respecto, de esto último, recordó que informó a las autoridades, al Obispo local y a Roma.

Asimismo, declaró que a partir de 1974 se desempeñó como Provincial de la Compañía de Jesús en la Argentina, cargo que ocupó hasta el 8 de diciembre de 1979.

Relató que a Orlando Yorio y Francisco Jalics los conoció en 1961 o 1962, en el Colegio Máximo y que el primero de ellos nunca faltó a sus votos.

Por otra parte, Bergoglio explicó que en aquella época todo sacerdote que trabajaba con los más pobres era blanco de acusaciones. Al respecto, memoró que en junio de 1973 viajó a La Rioja para intervenir en el caso de dos jesuitas que estaban en una misión allí, que realizaban tareas con los pobres y fueron considerados "zurdos". Agregó que cuando el Padre Arupe, general de la compañía, arribó a nuestro país, en agosto de 1974, e hizo una visita a dicha provincia, despertó el desagrado de muchos sectores, que lo expresaron públicamente, en razón de que los jesuitas trabajaban con los más pobres.

Bergoglio recordó que estaba "instalado", desde antes del golpe militar, que los curas que trabajaban con los pobres eran considerados "zurdos".

Asimismo, señaló que los padres Yorio y Jalics dejaron la compañía antes del golpe; cree que fue cuando murió el padre Mugica.

Por otro lado, declaró que el General de los Jesuitas era un hombre que apoyaba el trabajo con los pobres y que se entrevistó, para ver la manera de seguir actuando, con todos los religiosos de esa compañía que trabajan con los pobres. Agregó que no era el único trabajo que Yorio y Jalics tenían, que el Barrio Rivadavia tenía trabajos de ejercicios, de dirección espiritual y clases, que ayudaban los fines de semana en la Villa 11-14 y que solían comentarle lo que pasaba en ese lugar.

Relató que entre 1975 y 1976 había una preocupación normal de todos los sacerdotes, como consecuencia del asesinato del Padre Mugica. Por lo tanto, se tenían que mover con cuidado y bajo ciertos recaudos, como por ejemplo, no ingresar solos a los barrios y de noche estar acompañados.

Por otra parte, Bergoglio manifestó que la comunidad del Barrio Rivadavia se disolvió por una política de reordenamiento de la provincia Argentina, donde las pequeñas comunidades se disolvían para fortalecer obras puntuales, colegios, residencias y puestos misiones. Que en esa época existían ocho pequeñas comunidades y se fueron redistribuyendo jesuitas. Pero eso no implicaba dejar de trabajar en la Villa 11-14. Aclaró que redistribuir significaba trasladar a los sacerdotes para fortalecer otras comunidades que estaban débiles.

Explicó que los padres Yorio y Jalics no eran lo únicos integrantes de esa comunidad en el Barrio Rivadavia, pero la redistribución implicó que también se fueran porque se cerraba esa comunidad.

Manifestó que residencia y comunidad eran dos cosas distintas; que el Barrio Rivadavia era una residencia, por lo tanto no era una parroquia, ni una oratoria, vivían Jesuitas que trabajaban en diferentes partes.

Señaló que la redistribución, cree, involucró a los padres Yorio y Jalics en la segunda mitad de 1974, y que como consecuencia de ello, el primero fue al Colegio Máximo y el segundo a la provincia Chilena, y que podían continuar con sus funciones en la Villa 11-14 pero, desde su nueva residencia.

Que, ante esto, los padres decidieron representar al Superior con el objeto de que no se disuelva esa comunidad, lo que significa que cuando les dan una orden con la que no están de acuerdo, tienen el derecho, según el voto de obediencia, de exponer los motivos por la cual no la consideran conveniente. Que si bien pasó a estudio, igualmente se resolvió que se disuelva, proceso que duró un año y medio en el que intervino el Padre General.

Al respecto, Bergoglio refirió que aquél dijo que se disolvía la comunidad o ellos debían buscar otras alternativas; que significaba salir de la Compañía.

Agregó que cuando se resolvió la negativa de la representación, le solicitaron a los sacerdotes su salida de la Compañía.

Dijo que lo resuelto se le comunicó al padre Yorio el 19 de marzo de 1976 y a partir de ese momento debía buscar un obispo. Que los sacerdotes no fueron aceptados, desconociendo los motivos de ello.

Por otra parte, Bergoglio señaló que no supo de la existencia de un acuerdo entre la iglesia y los militares, para que, en caso de que algún padre fuese secuestrado, debían informarle previamente al obispo.

Declaró que el secuestro de Jalics y Yorio ocurrió aproximadamente entre el 22 o 23 de mayo, siendo estos detenidos en una redada junto con un grupo de laicos. Aclaró que algunos de ellos quedaron en libertad en esos primeros días. Que supo del secuestro el mismo día a las primeras horas de la tarde, por intermedio de un llamado telefónico de una persona del barrio, y que, al tiempo, supo que los responsables pertenecían a la Marina, aunque desconocía que estuvieran alojados en la ESMA.

Destacó que algunos jesuitas se entrevistaron con los laicos liberados quienes les informaron que estuvieron detenidos en una dependencia de la Marina. Señaló que no buscó tener contacto directo porque le pareció que era la mejor manera de proceder, ya había otra gente que se estaba ocupando del tema.

No le consta, pero escuchó que por aquellos días les habían suspendido las licencias a los damnificados. Refirió que lo autorizó a seguir dando misa.

Por otro lado, Bergoglio refirió que con el fin de conocer el paradero de los mismos se reunió dos veces con el comandante Massera, la primera vez lo escuchó, le dijo que no sabía nada al respecto y que iba a investigar. Que como no recibió respuesta, transcurrido un par de meses, le pidió una nueva entrevista; la que, recordó el testigo, "fue muy fea", no duró ni diez minutos y en la que el Comandante le refirió que ya había informado al presidente del Episcopado, Monseñor Tortolo.

Declaró que con Videla se entrevistó dos veces. Que la primera fue muy formal, tomó nota, le dijo que iba a averiguar y le comentó que se decía que estaba en la Marina. Explicó que se enteró quien era el sacerdote que celebraría misa en la residencia del Comandante y lo suplantó, y que después de celebrarla le pidió hablar. Que en esa oportunidad le dio la impresión que se iba a preocupar más e iba a tomar las cosas más en serio.

Bergoglio relató que una vez que fue liberado Yorio, se comunicó telefónicamente con él y se reunieron para hablar. Que había que sacarlo del país; razón por la que Yorio, con el secretario de la Nunciatura, concurrió al Departamento de Policía, con una cobertura diplomática para que no pasara nada ahí adentro. Que aseguró sus integridades físicas, solicitándole que no dijeran dónde estaban.

Por otro lado, Bergoglio memoró que supo que dentro de la ESMA les llevaron la comunión a los damnificados.

Por último, explicó que el trabajo que realizaban los "curas villeros", era variado en los diferentes países, en algunos estuvo muy involucrado con mediaciones políticas y una lectura del Evangelio con una hermenéutica marxista; lo que, explicó, dio lugar a la Teología de la Liberación, y en otros, en cambio, optaron por la piedad popular, dejando de lado la política, dedicándose a la promoción y acompañamiento de los pobres.

Asimismo, como prueba documental merecen destacarse de un modo genérico las constancias obrantes en el legajo nº 92 de la Cámara Nacional de Apelaciones en lo Criminal y Correccional Federal de la Capital Federal, caratulado "María Esther Rosa Lorusso y otros", como así también el legajo CONADEP nº 6.328 correspondiente a Orlando Virgilio Yorio.

También, da sustento a lo expuesto la copia del habeas corpus interpuesto el 9 de agosto de 1983, en favor de Antokoletz, Mignone, Vázquez Ocampo, Lugones, Pérez Weiss, Lorusso Lamle, Teresa y Pablo Ravignani, Fidalgo, Berardo, Elbert, Ballestrino de Careaga, Oviedo, Horane, Bullit, Hagelin, Fondevilla, Ponce de Bianco, Duquet, Domon, Villaflor y Auad, en el que se hace referencia al hecho que damnificó a los sacerdotes Yorio y Jalics (fs. 1.718/62 de la causa nº 14.217).

Por último, merece destacarse de la copia simple de la presentación efectuada por Orlando Yorio, citada precedentemente, lo siguiente: "el domingo 23 de mayo a media mañana, se hicieron presentes unos doscientos hombres armados (según versiones posteriores) paralizaron la Villa. Requisaron totalmente nuestra casa, llevándose mis papeles y documentos. Llevaron presos a ocho jóvenes catequistas que había en ese momento.

Nos llevaron presos al P. Jalics y a mí. A los catequistas le preguntaron sobre cómo celebraba la Misa y sobre mi teología. Los dejaron libres uno o dos después. Según me enteré al salir. Con el P. Jalics estuvimos cinco meses encadenados de pies y manos y con los ojos tapados. Totalmente incomunicados. Los primeros cuatro o cinco días yo los pasé sin comer, sin tomar agua, sin ir al baño. Un mes y medio después me pude cambiar la ropa con la suciedad. Al 6º día me ubicaron junto al P. Jalics. Me empezaron a dar de comer y pude ir al baño. Allí estuvimos encadenados y sin ver luz, e incomunicados totalmente, los cinco meses. Sólo me interrogaron durante los primeros días, me drogaron para hacerme hablar inconsciente. Habían recibido serias acusaciones de que yo era guerrillero. Me pedían que aclare por qué no tenía licencias, me preguntaron sobre mi actividad en la Villa. Sobre mis opiniones de Historia Argentina. Si tenía relaciones sexuales con una catequista. Antes de empezarme a dar de comer recibí la única explicación que me dieron. Había habido serias denuncias contra mí. Haberme tomado presos para ellos había resultado ahora un gran problema, porque había habido una reacción fortísima de la Iglesia y de muchos sectores en todo el país. Que yo era un buen sacerdote. Pero que tenía una equivocación: haberme ido a vivir junto a los pobres. Que eso era una interpretación materialista del evangelio. Que Cristo cuando habla de la pobreza habla de la pobreza espiritual. Que en la Argentina los pobres son los ricos y a ellos yo tendría que atenderlos. Que aunque no soy culpable de nada, sin embargo por "esos problemas de los hombres" aunque voy a quedar libre voy a tener que ir a pasar un año en un colegio. Después de esto me trasladaron y estuve los cinco meses antedichos sin recibir nuevas explicaciones. El 23 de octubre por la noche fuimos anestesiados y abandonados dormidos en el medio del campo al sur de Buenos Aires. Llevados seguramente en helicóptero por la distancia y los pantanos adyacentes. Al día siguiente al mediodía, apenas llegados a Buenos Aires y conseguimos un teléfono le hablé al P. Provincial. Dos días después (26 de octubre, 1976) nos reunimos con el P. Bergoglio en casa de mi madre. Yo estaba sin documentos y no podía moverme. Ese día quedamos en que el P. Provincial trataría mi incardinación con Mons. Novak. Ese día me dijo que no era necesario que yo firmara las dimisorias porque para hacer el trámite más expedito él había hecho un acta bajo testigos, con lo que quedaba clara mi salida de la Compañía. Yo entendí que eso se había hecho en ese momento y en razón de que yo no podía salir de casa de mi madre y para acelerar mi incardinación. El Provincial no me dijo que con esa acta me habían expulsado, tampoco me dijo que eso había sido el 20 de mayo (o sea tres días antes de caer preso) como Ud., P. Moura, le informó al P. Jalics. Además, después de los cinco meses de cadenas, falta de luz, incomunicación y sustos, yo me sentía mareado con todas las emociones; poder moverme, ver la luz, ver los seres queridos y la cantidad ininterrumpida de gente que hasta la noche tarde pasaban por la casa de mi madre. Interiormente me sentía inseguro y con deseo que se arreglen las cosas de cualquier manera después de los sustos y amenazas de muerte vividos en la prisión. Para agravar las cosas al día siguiente la policía empezó a buscarme y tuve que esconderme. El P. Bergoglio informó a Mons. Novak sobre mi persona verbalmente. Lo hizo delante de mí para que no hubiese más problemas, según dijo. Informó muy favorablemente. Dijo además que yo no salía de la Compañía por ningún problema sacerdotal, ni religioso, ni disciplinar. Que el único problema era el de tensiones entre grupos humanos. El P. Bergoglio con protección de la Nunciatura hizo el trámite de mis documentos. Me facilitó mi documentación de la Compañía. Pagó mi viaje a Roma porque la diócesis no podía hacerlo. Aquí

328

en Roma intervino para que se me recibiera en el Colegio Pío Latino y para facilitar mi ingreso en la Gregoriana. En el trámite de incardinación y de mi traslado a Roma entiendo que se comportó con mucha diligencia y corrección. Mi obispo quedó muy agradecido de ello. Pero explicaciones sobre lo ocurrido anteriormente no pudo darme ninguna. Él se adelantó a pedirme que por favor no se las pidiera porque en ese momento se sentía muy confundido y no sabría dármelas. Yo tampoco le dije nada. Qué podía decirle. Volviendo al tema del acta bajo testigos. Ud., P. Moura, en junio, cuando lo vi junto con el P. Jalics me habló de una reunión ante testigos donde el P. Bergoglio me hizo una intimación o algo por el estilo. Ahora el Profesor Cardone me ha vuelto a hablar de ello. Esa reunión no existió ni nada por el estilo. Yo nunca recibí ninguna intimación. Según Ud. le dijo al P. Jalics esa reunión había sido el 20 de mayo, tres días antes de mi prisión. La última vez que yo vi al P. Bergoglio fue entre 7 o 10 días antes de mi prisión a propósito del problema de mi licencia y allí él mismo me dio licencias para celebrar en casas de la Compañía, cosa que no creo se le hubiese ocurrido hacer si me intimaba la salida. Además estuvimos solos, sin testigos. Además, si hubiese existido esa reunión ¿a qué venía la explicación que me dio en casa de mi madre, después que quedé libre, diciéndome que para hacer los trámites más expeditos había hecho firmar mi acta por testigos? ¿Cómo se explica que haya un acto ficticio en el que se me expulsa de la Compañía, sin que yo lo sepa, justo tres días antes de mi prendimiento?".

En síntesis, lo expuesto permite afirmar que la reacción eclesiástica, entre otras, reflejada en las diversas gestiones realizadas tanto por los superiores de la Orden a la que pertenecían los religiosos como por otras autoridades de la Iglesia Católica Argentina, persuadieron acerca de la liberación de los secuestrados al régimen imperante.

Asimismo, el conocimiento que Jalics y Yorio tenían del peligro que corrían sus vidas, por la actividad desplegada, era de conocimiento público, ya que precisamente el régimen dictatorial creía ver en el trabajo pastoral en las villas una fachada que escondía la guerrilla. A ello se suma la mención que hace el hermano de Yorio en ocasión de señalarle que lo iban a matar si continuaba su actividad, así como las advertencias eclesiásticas traducidas en el retiro de su licencia.

Por otra parte, el evento relatado fue probado en el marco de la sentencia dictada por la Cámara Nacional de Apelaciones en lo Criminal y Correccional Federal, en la causa n° 13/84, correspondiendo a los casos individualizados con los números 197 y 198.

Como conclusión, cabe señalar que la evidencia descripta por su concordancia, uniformidad y poder convictivo persuaden plenamente al Tribunal de lo afirmado al inicio.

Bibliografía

Amato, Alberto, "Un conservador moderado que nunca le sacó el cuerpo a la discusión política", *Clarín*, 14 de marzo de 2013.

Ambrogetti, Francesca y Sergio Rubín, *El jesuita*, Buenos Aires, Vergara, 2010.

Alconada Mon, Hugo, "'Soy Bergoglio, cura': vida íntima y obra del Papa que llegó del fin del mundo", *La Nación*, 17 de marzo de 2013.

Bergoglio, Jorge y Abraham Skorka, *Sobre el cielo y la tierra*, Buenos Aires, Sudamericana, 2010.

"Bergoglio studierte einst in Frankfurt am Main", *Die-Welt*, Alemania, 14 de marzo de 2013.

Dapelo, Santiago, "La pobreza, una preocupación que lo desvela desde joven", *La Nación*, 18 de marzo de 2013.

Di Stefano, Roberto, "El mito jesuita: una teoría conspirativa que movilizó multitudes en la Argentina", *La Nación*, 17 de marzo de 2013.

"Elegirán al rector de la Universidad del Salvador", *La Nación*, 25 de mayo de 1975.

"El éxtasis familiar por el loco de la guerra", *La Nación*, 17 de marzo de 2013.

"El sobrino del Papa: 'Mi tío asume una responsabilidad infernal'", *Perfil*, 17 de marzo de 2013.

"En el cónclave, las divisiones van más allá de la ideología", *La Nación*, 5 de abril de 2005.

"Era estudioso y místico, nosotros éramos un poco más festivos", *Perfil*, 16 de marzo de 2013.

"Exigente y admirador de Borges, así lo recuerdan sus ex alumnos", *Clarín*, 15 de marzo de 2013.

Fernández, Oriana y Sergio Rodríguez, "La casona donde Bergoglio pasó sus años en Chile", *La Tercera*, Santiago de Chile, 15 de marzo de 2013.

Fernández Moores, Ezequiel, "El papa cuervo", *El País*, 18 de marzo de 2013.

"Il primo beato del Pontefice, un prete ucciso dal regime", *La Stampa*, Roma, 19 de marzo de 2013.

"Los jesuitas tienen nuevo provincial", *La Nación*, 5 de agosto de 1973.

"Miembros de la Compañía de Jesús en Chile y la elección de Francisco", *La Tercera*, Santiago de Chile, 18 de marzo de 2013.

"Monseñor Bonet Alarcón le donó sangre en 1957, cuando sufrió una afección pulmonar", *La Nación*, 19 de marzo de 2013.

"Para los empresarios es quien puede lograr lo imposible: diálogo", *La Nación*, 14 de marzo de 2013.

Rivas, Tomás, "La juventud de Bergoglio, entre parroquias, amigos y baile", *La Nación*, 14 de marzo de 2013.

"Soy Bergoglio, cura: vida íntima y obra del Papa que llegó del fin del mundo", *La Nación*, 17 de marzo de 2013.

"¿Un jesuita franciscano?", *El País*, 14 de marzo de 2013.

Aguilar es un sello del Grupo Santillana
www.librosaguilar.com/ar

Argentina
Av. Leandro N. Alem, 720
C 1001 AAP Buenos Aires
Tel. (54 11) 41 19 50 00
Fax (54 11) 41 19 50 21

Bolivia
Calacoto, calle 13, n° 8078
La Paz
Tel. (591 2) 279 22 78
Fax (591 2) 277 10 56

Chile
Dr. Aníbal Ariztía, 1444
Providencia
Santiago de Chile
Tel. (56 2) 384 30 00
Fax (56 2) 384 30 60

Colombia
Calle 80, n° 9 - 69
Bogotá
Tel. y fax (57 1) 639 60 00

Costa Rica
La Uruca
Del Edificio de Aviación Civil
200 metros Oeste
San José de Costa Rica
Tel. (506) 22 20 42 42
y 25 20 05 05
Fax (506) 22 20 13 20

Ecuador
Avda. Eloy Alfaro,
N 33-347
y Avda. 6 de Diciembre
Quito
Tel. (593 2) 244 66 56
Fax (593 2) 244 87 91

El Salvador
Siemens, 51
Zona Industrial Santa Elena
Antiguo Cuscatlán -
La Libertad

Tel. (503) 2 505 89
y 2 289 89 20
Fax (503) 2 278 60 66

España
Avenida de los Artesanos, 6
28760 Tres Cantos (Madrid)
Tel. (34 91) 744 90 60
Fax (34 91) 744 92 24

Estados Unidos
2023 N.W. 84th Avenue
Miami, FL 33122
Tel. (1 305) 591 95 22
y 591 22 32
Fax (1 305) 591 91 45

Guatemala
26 avenida 2-20
Zona n° 14
Guatemala CA
Tel. (502) 24 29 43 00
Fax (502) 24 29 43 03

Honduras
Colonia Tepeyac Contigua
a Banco Cuscatlán
Frente Iglesia Adventista
del Séptimo Día,
Casa 1626
Boulevard Juan Pablo
Segundo
Tegucigalpa, M. D. C.
Tel. (504) 239 98 84

México
Avda. Rio Mixcoac, 274
Colonia Acacias
03240 Benito Juárez
México D.F.
Tel. (52 5) 554 20 75 30
Fax (52 5) 556 01 10 67

Panamá
Vía Transísmica,
Urb. Industrial Orillac,

Calle segunda,
local 9
Ciudad de Panamá
Tel. (507) 261 29 95

Paraguay
Avda. Venezuela, 276,
entre Mariscal López
y España
Asunción
Tel./fax (595 21) 213 294
y 214 983

Perú
Avda. Primavera 2160
Santiago de Surco
Lima 33
Tel. (51 1) 313 40 00
Fax (51 1) 313 40 01

Puerto Rico
Avda. Roosevelt, 1506
Guaynabo 00968
Tel. (1 787) 781 98 00
Fax (1 787) 783 12 62

República Dominicana
Juan Sánchez Ramírez, 9
Gazcue
Santo Domingo R.D.
Tel. (1809) 682 13 82
Fax (1809) 689 10 22

Uruguay
Juan Manuel Blanes, 1132
11200 Montevideo
Tel. (598 2) 410 73 42
Fax (598 2) 410 86 83

Venezuela
Avda. Rómulo Gallegos
Edificio Zulia, 1°
Boleita Norte
Caracas
Tel. (58 212) 235 30 33
Fax (58 212) 239 10 51

Evangelina Himitian

es periodista y escritora. Licenciada en periodismo por la Universidad de Ciencias Empresariales y Sociales, tuvo a su cargo durante seis años la cátedra de Periodismo Ambiental en esa casa de estudios. Desde 1999 trabaja en el diario La Nación, en las secciones Información General y Sociedad, y se especializa en investigar temas vinculados con la pobreza, la familia y distintos fenómenos sociales en el ámbito de la Justicia civil. También conduce un programa radial que ya lleva cinco años en el aire.

En 2005 fue becada por la Fundación Nuevo Periodismo Internacional, que dirige Gabriel García Márquez en Cartagena de Indias, Colombia.

En 2007 recibió una distinción de la Asociación de Entidades Periodísticas de Argentina en la categoría Interés General, y en 2009 obtuvo el primer premio de ese certamen en la categoría Derechos Humanos. Desde 2006 trabajó en el equipo de prensa de los encuentros ecuménicos impulsados, entre otros, por el padre Jorge Bergoglio.

Jorge Bergoglio (izquierda) y su hermano Oscar.

Jorge y sus padres, Regina y Mario.

La familia Bergoglio. Detrás, María Elena, Regina, Alberto, Jorge Mario, Oscar, Marta y su marido; sentados, los abuelos Juan y María, y Mario.

J.H.S.

Padre Hurtado, 5 de mayo de 1960

Srta. María Elena Bergoglio
<u>Buenos Aires. ARGENTINA.</u>

Querida María Elena:
Pax Christi.

En primer lugar quiero felicitarte por la carta que me mandaste. Es una de las cartas más hermosas que he recibido hasta ahora. En sólo 18 líneas me dices 11 cosas. Muy bien por la síntesis.

Me alegro por tus estudios. Aprovecha ahora a estudiar todo lo que puedas, porque después falta tiempo para todo. Espero que para fin de año me escribas las cartas en inglés.

Pero lo que tienes que cuidar más es tu formación espiritual. Yo quisiera que fueras una santita. Porqué no haces la prueba? Hacen falta tantos santos... Te voy a contar algo: Yo doy clases de religión en una escuela a tercero y cuarto grado. Los chicos y chicas son muy pobres; algunos hasta vienen descalzos al colegio. Muchas veces no tienen nada que comer, y en invierno sienten el frío en toda su crudeza. Tu no sabes lo que es éso, pues nunca te faltó comida, y cuando sientes frío te acercas a la estufa. Te digo ésto para que pienses...Cuando estás contenta, hay muchos niños que están llorando. Cuando te sientas a la mesa, muchos no tienen más que un pedazo de pan para comer, y cuando llueve y hace frío, muchos están viviendo en cuevas de lata, y a veces no tienen con qué cubrirse. Los otros días me decía una viejita: "Padrecito, si yo pudiera conseguir una frazada, qué bien me vendría, porque de noche siento mucho frío". Y lo peor de todo es que no conocen a Jesús. No lo conocen porque no hay quien se lo enseñe. Comprendes ahora porqué te digo que hacen falta muchos santos?

Quisiera que me ayudases en mi apostolado con estos niños. Tú bien puedes hacerlo. Por ejemplo: Qué te parece si haces el propósito de rezar todos los días el Rosario? ¡Claro que cuesta trabajo! Pero tu oración será como una lenta lluvia de invierno, que, al caer sobre la tierra, la hace fértil, la hace fructificar. Necesito que éste, mi campo de apostolado, fructifique, y por éso te pido ayuda.

Me quedo, pues, esperando una pronta carta tuya en la que me digas cuál es el propósito que has hecho para ayudarme en mi apostolado. No te olvides que de "tu propósito" depende el que algún niño sea feliz.

Recibí la carta de Marta. Díle que ya le voy a escribir antes del 16 de Junio, y que la noticia del compromiso, <u>me alegró muchísimo.</u>

A Oscar que no sea vago y que escriba. Lo mismo a Alberto. Saludos a toda la familia, y a los amigos. Y tú recibe un abrazo de tu hermano:

Jorge

-Saludos del P. Belgrano a todos Uds.
Está en Chile estudiando por un mes.-

Carta enviada por Jorge Bergoglio a su hermana, María Elena.

Bergoglio con Enrique Martínez Ossola, Miguel
La Civita y Carlos González, los sacerdotes que
protegió durante la dictadura militar argentina.

Con el ex presidente argentino Raúl Alfonsín. Detrás, Antonio Cafiero y José Ignacio López.

Con el presidente argentino Néstor Kirchner.

Con la presidenta argentina Cristina Fernández de Kirchner.

El cardenal Bergoglio compartió el escenario del encuentro ecuménico
con otros líderes religiosos y hasta tomó mate con ellos.

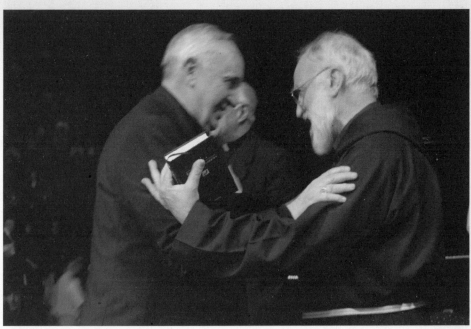

Bergoglio saluda al padre Raniero Cantalamessa durante su visita al país en octubre de 2012.

El arzobispo de Buenos Aires con Guillermo Borger, presidente de la mutual judía argentina AMIA.

Tras una misa oficiada en la puerta de un taller clandestino. En el incendio que destruyó ese edificio murieron seis personas, víctimas del trabajo esclavo.

El cardenal Bergoglio oficia misa por las víctimas de la trata de personas, en la plaza Constitución, en la ciudad de Buenos Aires.

Durante una misa contra la trata de personas y la esclavitud sexual.

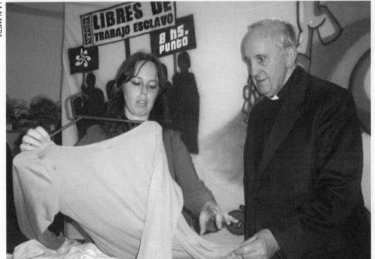

Con Tamara Rosenberg, responsable de la cooperativa de trabajo Mundo Alameda.

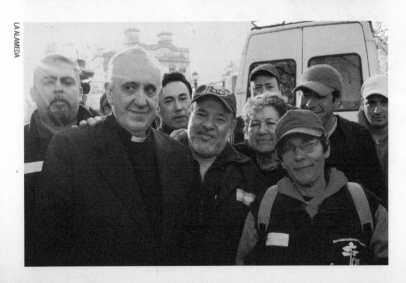

Con "cartoneros" integrantes de la cooperativa de reciclado de residuos El Álamo.

*Tras la misa central en el santuario porteño de San Cayetano para venerar
al patrono del pan y el trabajo.*

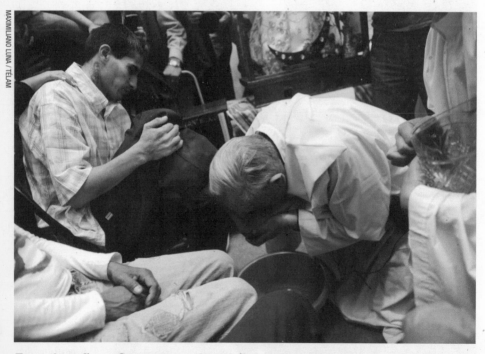

*En su último Jueves Santo como arzobispo de Buenos Aires, Bergoglio les lavó los pies
a doce jóvenes que luchan por vencer su adicción a las drogas.*

se dirige a su departamento en la sede de la curia, junto a la Catedral metropolitana.

LEONARDO ZAVATTARO / TÉLAM

El cardenal Bergoglio en el momento de la consagración, uno de los más sagrados de la Eucaristía.

Berga

Junto a José M. Di Paola, el "padre Pepe", referente de los curas villeros.

La presidenta argentina, Cristina Fernández de Kirchner, es recibida por el flamante papa Francisco.

El papa Francisco se dispone a presidir su primera misa de Pascua de Resurrección como Sumo Pontífice.

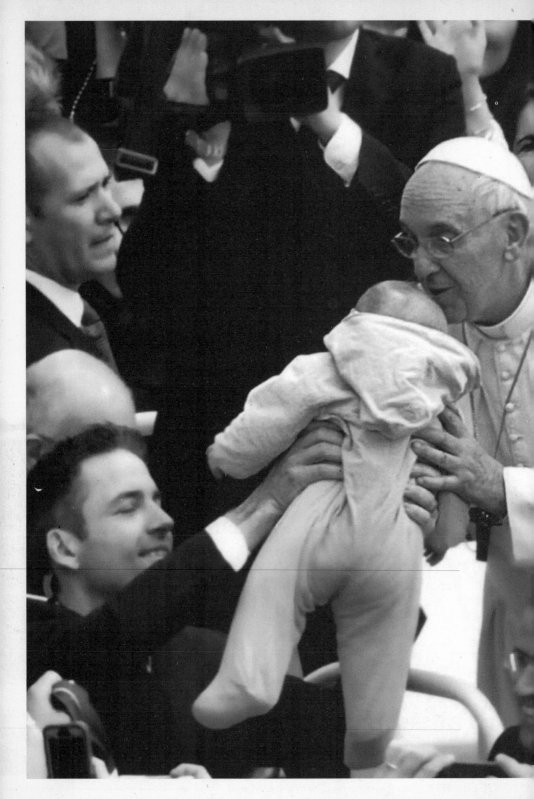

Francisco recorre la Plaza de San Pedro, en la ceremonia de asunción como Papa.

Con el atuendo papal más austero y la misma cruz que usa desde que es sacerdote. Ese es el sello de su papado. Una iglesia pobre y para los pobres.